가야인의 불교와 사상

인제대학교 가야문화연구소
김 해 시

주류성

가야인의 불교와 사상

엮은이 인제대학교 가야문화연구소

펴낸이 최병식

펴낸날 2017년 12월 27일

펴낸곳 주류성출판사

서울특별시 서초구 강남대로 435 (서초동 1305-5)

TEL | 02-3481-1024 (대표전화) • FAX | 02-3482-0656

www.juluesung.co.kr | juluesung@daum.net

값 20,000원

잘못된 책은 교환해 드립니다.

ISBN 978-89-6246-333-0 93910

가야인의 불교와 사상

인제대학교 가야문화연구소
김 해 시

개 회 사

　가락국 수로왕의 탄생과 건국을 기념하는 가야문화축제가 시작되는 오늘 가야의 역사와 문화를 새롭게 조명하는 제23회 가야사국제학술회의의 개최를 기쁘게 생각합니다. 오늘 참석해 주신 국내외 연구자 여러분, 김해시장님과 김해시민 여러분, 그리고 미래 가야문화 융성의 책임을 짊어질 역사학과 고고학 전공의 학생 여러분 모두에게 감사의 말씀을 올립니다.

　향토의 역사와 문화에 대한 애정과 자부심으로 4반세기 동안 가야사학술회의를 개최하고 있는 우리 김해시의 노력은 남다르다고 생각합니다. 학술회의를 주관하는 인제대학교 가야문화연구소는 이러한 전통과 의미를 충분히 자각하여, 보다 나은 학술회의의 개최와 학술회의에서 도출된 연구결과의 전파를 위해 최선을 다하고자 합니다.

　금번 학술회의의 주제는 '가야인의 불교와 사상'입니다. 그동안 학술대회를 통해 '해상왕국의 가야', '철의 왕국의 가야' 등을 새롭게 밝혀내고, 한국고대사에서 가야사가 차지하는 의미와 비중을 높여 왔습니다만, 정작 가야인의 정신세계에 대해 깊은 연구가 진행된 바는 없었습니다.

　과연 가야인이 어떤 신앙과 사상을 가지고 있었으며, 그러한 증거들이 문자기록과 고고자료에서 얼마만큼 확인될 수 있을까를 검토하려고 합니다. 이러한 검토에는 가야불교의 전파 유무, 고대 인도와의 교류 유무, 가야인의 토착신앙 등이 포함 될 것으로 생각됩니다만, 어느 주제나 자료가 빈곤하고 연구의 축적 또한 일천한 것들 뿐 입니다. 이번의 학술회의가 이러한 주제에 대한 연구의 첫 발을 떼는 기회가 되기를 희망합니다.

끝으로 발표와 토론 참가를 수락해 주신 학자 여러분들과 학술대회를 준비하는데 많은 도움을 주셨던 김해시학술위원회, 김해시청과 인제대학교 산학협력단, 그리고 국립김해박물관 여러분께 심심한 감사의 말씀을 올립니다.

아무쪼록 오늘과 내일의 가야사국제학술대회가 계획대로 잘 진행되고 풍성한 결실을 맺을 수 있도록 끝까지 자리해 주시고 성원해 주시기를 기대합니다.

오늘 자리하신 모든 분들의 건승하심과 가정의 평안하심을 기원하겠습니다.

2017. 4. 7.
인제대학교 가야문화연구소
소장 이 영 식

환 영 사

　제23회 가야사국제학술회의를 위해 우리 김해시를 찾아주신 인도와 일본, 그리고 전국의 학자 여러분과 학생 여러분 모두 환영합니다. 아울러 언제나 존경하고 사랑하는 김해시민 여러분과 함께 가야문화축제의 중심이 되는 가야사국제학술회의의 개최를 축하하는 바 입니다.

　우리 시가 4 반세기 동안 개최하고 있는 가야사학술회의의 첫 번째 목적이 '진정한 가야사의 복원'에 있음은 분명합니다만, 가야왕도라는 우리 시만의 차별적인 브랜드를 더욱 발전시키고 풍요롭게 하기 위해 최신의 학술적 자양분을 공급한다는 목적 또한 소홀히 할 수 없다고 생각합니다. 가야사의 비밀을 밝혀 가며 우리 시의 발전과 시민들의 문화 복지의 향상을 위해 열정을 다 해 주시는 학자 여러분의 노고에 감사의 말씀을 올립니다.

　이번 학술회의의 주제는 '가야인의 불교와 사상'이라고 들었습니다. 허왕후의 도래전승에서 시작되는 가야불교에 대해서는 많은 논란이 있는 것으로 알고 있습니다. 향토에서는 역사적 사실처럼 믿는 경향이 강하지만, 학계에서는 그렇지 않은 모양입니다. 아무쪼록 금번의 학술회의가 이러한 논의에 깊이를 더 하고, 가야인의 정신세계를 새롭고 풍부하게 조명하는 기회가 되기를 바랍니다.

　이번 학술회의의 발표와 토론, 그리고 사회를 맡아 주신 한국, 인도, 일본의 학자 여러분과 언제나 학술회의의 개최를 위해 많은 노력을 기울여주시는 김해시학술위원회에도 심심한 감사의 말씀을 올립니다. 아울러 가야

사 국제학술회의를 후원해주시는 인제대학교 산학협력단과 임학종 국립김
해박물관 관장님을 비롯한 관계자 여러분께도 감사의 말씀을 올립니다. 또
한 매년 학술회의를 주관하고 학술회의의 성과를 훌륭한 단행본으로 발간
하시는 인제대학교 이영식 교수님을 비롯한 가야문화연구소 관계자 여러
분의 노고에도 심심한 위로와 감사의 말씀을 올립니다.

　부디 이번의 학술회의가 계획한대로 순조롭게 진행되고, 좋은 연구발표
와 깊이 있는 토론이 이루어지기를 기대합니다. 아울러 금번 학술회의의
성과가 가야사연구의 진전으로 이어지고, 우리 김해시의 차세대 교육과 문
화관광의 발전을 위한 자산 축적의 기회가 되기를 희망합니다.

　오늘 참석해주신 김해시민 여러분과 경향 각지에서 왕림해 주신 여러분
의 가정에 언제나 사랑과 행복이 충만하시기를 기원합니다. 감사합니다.

2017. 4. 7.

김해시장 허 성 곤

목 차

한·인 외교사에서의 아유타국과 김해

산토쉬 꾸말 굽타*

I. 서론

인도와 한국은 역사적으로 문화적 교류가 있었다. 특히 기원후 1세기의 가야 건국을 기록하면서 인도를 언급한 『삼국유사』의 내용은 상당히 중요하다. 공식적으로 372년 불교가 들어온 후, 한국과 인도는 스님들을 중심으로 많은 교류가 있었으며, 이 과정에서 인류적 공통성에 대한 지식을 만들었다. 지난 2000년 동안의 교류를 살펴보면 한국과 인도는 비슷한 역사적 개념들, 특히 불교사상·경제발전·민주주의 사회로의 발전 등에서 유사한 개념이 나타난다. 이러한 교류를 통해 두 나라의 일반사람들은 지난 수

---

* 서울대학교 규장각

많은 기간 동안 긍정적 인식을 갖게 되었으며, 현재 역사적으로 한국·인도 간의 교류를 찾으려는 연구가 진행되고 있다.

놀랍게도 한국과 인도 간의 교류는『삼국유사』에 나타나는 한국과 인도의 결혼 동맹으로부터 시작한다고 볼 수도 있다. 현대의 한국과 인도의 교류에도 결혼 동맹이 연결 고리가 되고 있다. 한국과 인도 정치지도자, 대기업 지도자, 그리고 일반 사람들은 두 나라를 방문할 때 거의 항상 결혼 동맹을 추억하게 된다.

고대 인도의 아유타 왕족과 한국의 김해 가락국 왕족간의 관계를 규명하는 연구에서는 현재까지 확실한 역사적 증거가 확인되지 않았다. 오히려『삼국유사』의 신화적인 연관성이 왜곡되고 있다.

예를 들면, 지난 20년 동안의 연구 과정에서 아유타 미쉬라 왕조의 후손과 김해와의 관계에 대한 역사적인 사실은 왜곡된 부분이 있다. 김병모 교수는 중국 푸조우 쑤(Puzhou Xu)족을 조사하면서, 허황후의 가족인 허(Heo)씨 일족이 처음 사천성(Sicheonseon)이라는 중국 지역에 정착했다가 한국의 김해로 왔다고 하였다.

또 허황후가 중국, 일본, 태국에서 김해로 나왔던 학설도 있으므로, 인도와 한국 고대 관계를 인도역사의 기록 측면에서 자세하게 비판적으로 연구할 필요성이 있다. 사실 고대 도시 아유타(Ayodhya)는 한국의 김종필 국무총리가 깊은 관심을 보인 후 한국의 주요 관심 도시가 되었다. 그의 관심을 통해, 가락중앙종친회는 현대 인도 아유타 도시의 미쉬라 왕족 후손을 허황후의 후손으로 추정하였고, 1999년 야유타시에서는 한국 허황후 후손의 대표를 초청하였다.

한국 허황후 후손들의 가통에 오랫동안 전승된 정신적 유산을 바탕으로, 허황후와 관련 있을 것으로 추정하는 인도 미쉬라 왕족의 가통을 추적 할 수도 있다. 그러나 미쉬라 왕조에 대한 가통이 아주 복잡하여, 전설과 고대 문화의 내용을 자세히 검토하여 연관성을 찾는 것이 반드시 필요하다. 게다가 전 한국 주재 인도 대사 N.빠르따사라띠(N.Parthasarathi)의 책 (비단 황후; 2007)에서는 허황옥 공주를 슈리라뜨나(Sri Ratna)로 묘사하고 있다. 이 책은 학술전문도서가 아니지만 인도 대사로서 쓰여졌기 때문에 여러 영향을 미쳤다. 인도에서는 카스트 제도가 매우 민감하기 때문에, 이 과정에서 다른 가문의 후손들에게 피해를 줄 수도 있고, 정치적 문제가 나타날 수도 있기 때문이다.

II. 허황후와 김수로신화, 역사에 대한 사실성

『삼국유사』에 따르면, 허황후는 본디 아유타국 공주로서, 성은 허씨고 이름은 황옥, 김해에 건너왔을 당시 나이는 16세라고 기록하고 있다.[1] 그런데 『삼국유사』는 1280년경에 만들어진 역사서로, 한국 고대 삼국에 관한 전설·민담·역사를 모은 책이다. 김수로왕과 허황옥의 결혼을 다룬 1세기의 내용이 역사적 사실인지 신화인지, 아니면 저자의 상상력인지에 대한 복합적인 연구가 필요하다.

이러한 연구는 현대 한국과 인도의 관계에서 매우 중요하다. 또한 우리는 이 신화에서 인도 문화의 여러 요소를 발견 할 수 있으며, 여러 해석을 할 수 있다.

무엇보다 중요한 것이 인도 역사를 새로운 개념으로 볼 수 있다는 것이다. 왜냐하면 고대 인도의 역사를 연구하거나 인도의 역사를 재구성 할

---

1) Ilyon, *Samguk Yusa*, Translated by Ha Tae-hung and Grafton K. Mintz (Seoul: Yonsei University Press, 1997), 162.

때, 중국 불교와 관련한 여러 1차 사료가 들어가는 반면, 한국에서 나타난 역사적 개념은 많이 사용하지 않았기 때문이다. 특히 『삼국유사』에 나타난 여러 개념으로 인도의 불교 역사를 새롭게 볼 수 있다.

『삼국유사』에서는 인도와 한국을 육상 실크로드가 아닌 해상 실크로드로 연결하고 있으며, 허황옥의 이야기는 불교의 확산을 보여준다. 『삼국유사』에 따르면, 허황옥은 바다를 건너올 때, 파신의 노여움을 잠재우기 위해 파사 석탑을 함께 싣고 왔다고 기록하고 있는데, 인도 역사에서 보면 매우 중요한 역사적 내용이다.

허황옥 공주의 신화를 역사적인 사실로 간주한다면 1세기에 아유타국을 통치했던 왕가는 불교의 추종자라고 생각할 수 있기 때문이다. 더불어 가야 관련 불교유적의 특징을 살펴본 학자들은 남방불교를 뒷받침할 수 있는 근거가 곳곳에 있다고 한다.[2]

한편 아유타국을 인도에서 찾으려는 연구를 비판하고 다른 지역으로 추정하려는 연구도 있지만 이러한 학설에는 동의하기가 어렵다. 『삼국유사』에 나타나는 아유타라는 이름은 명확하게 인도의 아유타국으로 추정된다. 왜냐하면 태국에서 나타난 아유타 지역은 13세기 이후에 명칭이 나타나고,[3] 일본에서 확인되는 아유타의 개념 또한 정확하게 언제, 어떤 맥락에서 나오는지 잘 알 수 없기 때문이다.

『삼국유사』와 관련해 생각해 보면, 「가락국기」에서 허황옥과 관련한 내용 중 인도와 관련한 내용이 많은 점을 주목할 수 있다. 특히 허황옥이 가지고 온 여러 물품을 '한사잡물'이라 한 점이나, 천부경·종정감사농경과 같은 내용이 나타나는 점에서 인도 고대역사를 배경으로 살펴봐야 할 필요가 있다.

---

2) 가락국사적개발연구원, 2007, 『개설 가야사』, pp. 192~3.
3) P.C. Bagchi, *India and China* (Bombay: Hind Kitab, 1950), 42.

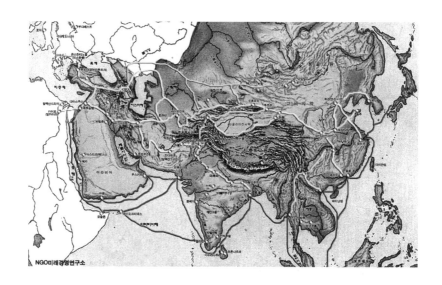

인도고대사를 전공한 이광수는 『삼국유사』에 나타난 내용들을 인도역사의 문맥에서 살펴봤다.

그는 붉은 깃발로 항해하는 배를 타고 온 허황후, 인도의 수라위르 (Suravira)의 문맥에서 확인할 수 있는 수로 (Suro)라는 이름, 인도와 한국에서 다산을 숭배하고 산에 제사지내는 행위 등에 주목하였다.[4]

문제는 『삼국유사』의 내용이 어디까지 사실성을 갖고 있는가이다. 한국과 인도뿐 아니라 세계 역사에서 신화에 대한 문제들이 나타나지만, '신화 속에 역사가 있고 역사 속에 신화가 있다'는[5] 관점에서 『삼국유사』의 내용을 인정할 필요가 있다.

특히 인도 역사를 살펴보면 고대사에서의 여러 역사적 내용들이 신화로 나타나는 경우가 많다. 인도 마우리아 왕조의 아소카왕 이전 역사들에 대

---

4) Lee Kwangsoo, *Buddhist Ideas and Rituals in Early India and Korea* (Delhi: Manohar, 1998), 89~131.

5) 장재진, 2017, 「허황후와 가야불교 연구에 대한 분석과 방향모색」, 『동아시아불교문화』 20.

한 1차 자료가 없기 때문이다. 베다 시대부터 후기베다 시대까지, 또 석가모니 시대부터 마우리아 왕조까지 역사는 사실성이 복잡하고, 이후에 만들어진 역사가 신화와 같이 붙어있다. 다시 말해, 인도 고대역사는 신화 속에 뒤섞여 있는 역사이다.

한국에서 역사학·불교학·인류학·고고학 학자들은 김수로왕과 허황옥의 결혼에 대해, 그리고 1세기 한국불교의 배경에 대해 여러 학문적 연구를 하면서 역사의 사실성을 찾으려 하고 있다. 아직까지는 여러 학자의 연구 결과에 일치된 견해가 없기 때문에 이러한 고대역사를 신화로 봐야하는지 역사로 봐야하는지에 대해서는 아직 논의가 더 필요한 부분이다.

그리고 1세기 한국과 인도의 교류를 역사적으로 연구하는 과정에서 두 나라 사이의 해양 역사와 과학 기술, 예를 들면 철, 구리, 금 기술의 교류와 이전 같은 연구들은 극히 일부만 진행되고 있다. 인도에서도 마찬가지이다. 인도에서 역사학자들은 한국에 대한 연구를 거의 하지 않고, 이러한 신화에 대한 관심도 보여주지 않고 있다. 연구자가 있더라도 인도 고대역사를 전공하면서 한국역사를 연구하는 연구자가 아닌 한국어나 정치외교를 전공하는 연구자들이 대부분이다.

Ⅲ. 인도역사와 아유타

아유타라는 이름은 힌두교의 서사시 『라마야나(Ramayana)』에서 처음 나타난다. 『라마야나』는 베다 시대 이야기지만, 서사시는 기원후 1세기 이후 집성되었다. 힌두교 서사시 『라마야나』에서는 아유타(아요디아)가 힌두교 신 라마(Rama)가 태어난 곳으로 사라유 (Sarayu) 강변에 위치한 고대 코살라(Kosala) 왕국의 수도로 나타난다.[6] 힌두교 경전 『푸라나(Purana)』에서는 베다시대 이후 이차와끄스(Ikshavakus) 시대 때에도 수도로 나타난다.

불교 경전에 따르면, 이차와끄스왕조가 수도를 아유타에서 쉬라바스티(Sravasti)로 옮겼다고 하는데, 언제 옮겼는지에 대한 역사적 기록은 없다. 기원전 6세기 인도역사에는 16개국(Mahajanapadas) 대국으로 나타나는 데, 이 중 코살라(Kosala) 대국이 야유타와 연관된다.[7] 이 시대 때 코살라 대국의 수도는 쉬라바스티(Sravasti)이지만, 아유타 또한 중요한 도시로 나타난다.[8] 아유타는 또한 자이나교의 첫 번째 티르탄카라, 리샵데브(Rishabhdev)와 다섯 티르칸카라의 탄생 장소이다. 이를 통해 아유타가 인도에서 발생한 여러 종교의 성지라는 사실을 알 수 있다.

8세기 서인도의 대표 시인 사뜨야부데브(Satyabudev)의 책 『빠음짜리우(Pumcharieu [Pum charit])』에서는 아유타가 아닌 사께따 라는 도시로 나온다. 이 책에 따르면, 힌두교 신 라마의 아버지 다스라트(Dasrath)가 사께뜨뿌리 왕국의 왕이었다. 이 내용은 『라마야나』의 내용과 많이 다르다. 『라마야나』에서는 라마 신의 아버지가 아유타의 왕으로 나타난다.[9]

기원전 6세기 불교자료에는, 아유타가 아유자(Ayojjāā(Pali)) 라는 이름으로 나타난다. 불교 책들에 언급하는 아유자(Ayojjāā(Pali))와 라마야나에서 언급하는 아유타(아요디아)가 큰 차이가 없기 때문에 『삼국유사』에 나온 아

---

6) 라마 가족의 내용 더 보기, A.K. Warder, "Classical Literature", in *A Cultural History of India*, edited by A. L. Basham (Delhi: Oxford University Press, 1975), 176.

7) 아유디아가 여러 왕국 특히 까시 (Kasi), 비데하(Videha) 같이 많이 나타난, T. Burrow, "The Early Aryans", in *A Cultural History of India*, edited by A. L. Basham (Delhi: Oxford University Press, 1975), 27.

8) Upinder Singh, *A History of Ancient and Early Medieval India* (Delhi: Pearson, 2009), 262.

9) Usha Puri Vidavkchaspati, *Bhartirya Mithak Kosh [Indian Mythology Dictionary: 印度神話 인도 신화 사전]* (Delhi: National Publishing House, 1991), 133.

유타와 밀접한 관련이 있는 것으로 생각된다. 아유타는 코살라 왕국 초기 수도였으며, 불교시대 (기원전 6~5세기)에는 100여개의 사원이 늘어진 불교 중심지로서, 아유타국이라 불리기도 했다. 석가모니 부처가 속했던 석가왕조와 코살라 왕조 사이에 갈등이 일어났을 때, 석가모니가 상담을 제공한 역사적 사실도 있다.[10] 카필라바스투국(Kapilavastu, 迦毘羅衛 ; 석가모니 부처님이 탄생한 도시국가)을 코살라 왕이 파괴했을 때, 석가왕조의 왕자 4명이 나라를 떠나야만 했다는 역사적 기록이 있다. 그들 중 한명이 중앙아시아에 정착했으며, 그 지역 사람들이 왕자를 왕으로 받아들인다는 기록도 있다.[11] 중국의 승려 현장(Xuan Zang; 602~664)은 7세기 중반, 중앙아시아의 왕들 가운데 석가왕조의 자손을 있었다는 역사적인 사실을 남겼다.

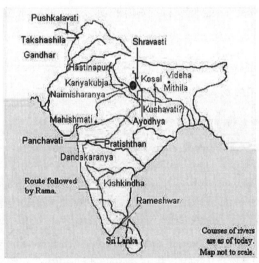

Bharat during Ramayan times.

---

10) Upinder Singh, *A History of Ancient and Early Medieval India* (Delhi: Pearson, 2009), 266.
11) Prabodh Chandra Bagchi, *India and China* (Bombay: Hind Kitab Limited, 1950), 9.

이후 마우리아 왕조 때 여러 통일국가가 탄생했는데, 특히 아소카 왕은 불교에 귀의한 뒤 아시아를 비롯한 여러 나라 포교에 힘써 불교가 인도를 넘어 세계 종교로 발전하게 된다.

아소카 왕은 불교 포교사들을 스리랑카, 미얀마 및 다른 주변 국가들로 보내기 시작하였지만, 그 이후에도 다른 국가에 불교 포교사들을 보냈는지에 대한 역사기록은 없다. 마우리아 왕조의 역사는 그리스 역사 기록과 중앙아시아 기록에서 찾아볼 수 있다. 마우리아 왕조 시대 이후 종속 왕국들은 독립되었으며 3세기까지 여러 왕국들, 특히 중앙아시아에서 인도로 들어왔던 여러 이민 왕자들이 여러 지역에서 왕국을 건국하였다. 기원전 1~3세기 사이 아유타는 사께따(Saketa)라는 이름으로 발전하고, 쿠샨왕조 카니슈카 왕은 아유타를 동부의 행정 중심으로 만들었다. 사께따는 신이 거주하시는 천국을 의미한다. 쿠샨왕조는 중앙아시아에서 인도로 이민한 민족이다. 5세기에 굽타시대에 인도를 다녀온 법현의 『고승법현전』에 사께따라는 지명이 있다. 여기에서의 사께따는 아유타와 역사적으로 아무런 관련이 없다. 카니슈카 왕에 이르러서는 인도 불교가 크게 번창하여 실크로드와 중앙아시아, 이란 일부, 아프가니스탄 일부분, 그리고 인도 북부 지역에서 발전하였다. 이 시기 불교의 가장 큰 특징은 대승불교가 성립되어 활동하기 시작한다는 것이다. 특히 이 시기에 불교가 동아시아에 들어왔다는 기록이 다수 존재한다.

『삼국유사』에 따르면 허황옥이 1세기에 한국에 불교를 소개한 것으로 나타난다. 현재 1세기 인도 아유타국의 역사는 명확하게 정리되지 못했다. 고고학 및 문헌적 자료가 많이 부족하기 때문에 아유타국의 외교 관계에 대한 탐구가 더 필요한 것으로 보인다. 특히 『삼국유사』 내용을 바탕으로 인도역사를 살펴보면 새롭게 인도 역사를 살펴볼 수 있을 것으로 생각된다. 1세기 이후에 나온 불교관련 있는 책들 가운데 『자뜨카신화(Jataka

Katha)』에서는 아유타가 아유자라로 언급되어 있다.

이광수는 한국에서 7~8세기에 「가락국기」의 허황옥 설화가 불교적으로 윤색되는 관점에서 보면, 「가락국기」의 아유타가 인도의 아유타라고 볼 수 있다고 했다.[12] 1~3세기 중앙 및 동아시아에 라마 신의 이야기가 크게 퍼졌다. 실크로드와 연결된 지역들 특히 코탄, 꾸시, 아르기, 투루판에『라마야나』의 내용 대부분이(카우살리아와 다샤라타의 큰아들로 태어난 내용, 아유디아의 왕이 된 라마, 라마와 아내 시타와 동생 셋이 14년 동안 유배 기간을 함께 보낸 내용, 시타가 랑카왕 라바나에게 납치된 내용, 라마와 라바나 사이의 전쟁과 시타를 구하기는 내용) 언급된다.[13]

하지만 중앙아시아의 라마 신화 이야기에는 많은 변화가 있었다. 코탄의 라마 신화는 255줄로 구성되어 있다. 라마가 태어날 때부터 죽을 때까지의 이야기인데, 여러 신화가 혼합되어 있다. 여기에는 미륵부처에 대한 이야기도 나온다. 힌두교 라마 신화와 불교 신화가 섞여 코탄어, 중국어, 티벳어로 구성되어 발전 되었을 것이다. 라마 이야기는 중앙아시아에 퍼졌을 뿐 아니라 몽골, 만주, 그리고 한국에도 전파되었을 것으로 생각된다.[14]

그러나 아유타를 포함한 라마 이야기는 한국에서 7세기 이전에 전혀 확인되지 않았다. 7~8세기에 아유타가 「가락국기」에 나오는 것이 불교에서는 중요하지만 힌두교에서는 그렇지 않다. 라마 신화 이야기를 허황옥 신화와 연결시키려는 연구는 이광수의 책 『초기 인도와 한국의 불교 사상과 의식(Buddhist Ideas and Rituals in Early India and Korea)』에서 살펴 볼 수 있다.[15] 하지만 이 책에서도 시타와 허황옥 신화와 관련성을 명확하게 규명

---

12) 이광수, 2003, 「가락국 허황후의 재검토」, 『한국고대사연구』 31, pp. 184~187.

13) Harold Walter Bailey, "Story-telling in Buddhist Central Asia," *Acta Asiatica, Bulletin of the Institute of Eastern Culture*, 23, Tokyo, 1973, 66~67.

14) 위 책, 70.

15) Lee Kwangsoo, *Buddhist Ideas and Rituals in Early India and Korea* (Delhi:

하지 않았다. 『라마야나』 자체가 한국의 여러 문헌기록에 언급된 적이 없기 때문이다.

굽타 왕조 시기에 이르면, 다시 아유타가 중요한 곳으로 등장한다. 꾸말굽타 왕 때 아유타가 수도로 발전했다고 하는 역사학자들도 있다. 4~7세기 중국 순례 승려 법현(Faxian)과 현장(Xuanzang)은 아유타라는 이름을 언급하고, 20개 불교 사원과 3,000명 수도사가 있었다고 설명했다.

위에 지도를 살펴보면, 아유타와 김해가 어떻게 연결되는지 알 수 있다. 인도 아유타(아요디아) 도시가 사라유(Sarayu) 강 밑이 있고, 이 사라유강이 갠지스강에서 만나 마지막으로 동쪽 벵골만으로 내린다. 벵골만에서 바다로 동아시아까지 연결된다. 1세기 이후의 인도문화 특히 불교문화가 동남아시아 쪽으로 많이 발전한 것도 사실이다. 그리고 불교에 따라 힌두교 신

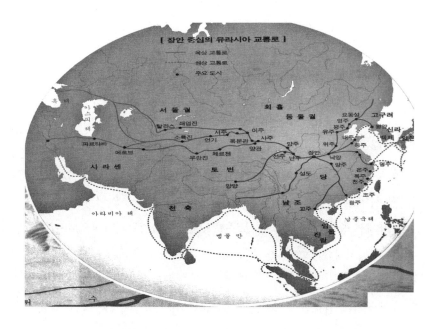

Manohar, 1998), 1~189.

화 특히 라마야나 신화가 동남아시아에서 많이 발전했다. 동남아시에서도 아유타 라는 도시가 언급되고 있지만 언급한 시기가 14세기 이후에 나타난다.

인도역사는 식민지 시대 영국 학자들이 세웠고, 식민지 이후에는 마르크스주의 역사학자들이 중요한 역할을 했다. 동아시아, 특히 한국의 역사적 증거, 고고학적 연구결과, 문헌적 자료들은 사용하지 않았다. 인도의 역사는 이후에 다시 연구하여 재구성 되어야 하며, 특히 아유타국의 역사는『삼국유사』의 내용을 배경으로 연구할 필요가 있다고 생각한다. 그러므로 아유타의 역사를 다시 찾으려면 인도 역사학자들도『삼국유사』의 내용을 토대로 연구해 볼 필요가 있다. 왜냐하면 허황옥 신화는 아유타라는 이름을 언급하고 있으므로, 인도 고대역사 맥락에서 보면 특별한 가치가 있기 때문이다.

IV. 신화의 왜곡

『삼국유사』에서는 신화적인 연관성이 왜곡되어 새로운 연결이 표면화된다. 김병모 교수는 허황옥의 시호가 보주태후普州太后인 점에 주목하여 아유타에서 중국 사천성四川省 보주普州(현재 안악현)로 집단적으로 이주하여 거주한 허씨족 중 일부가 배를 타고 가락국으로 건너온 것으로 파악하였다.

그의 설명에 따르면, 사천성 보주 일대는 서남이 중에서도 파인·파저인으로 불렸으며 전한 대에 서역을 통하여 인도와 교류가 있었고 서남이가 한과 자주 충돌했다는 점 등을 근거로 들었다. 따라서 허황옥이 이미 중국의 사천성 지역으로 이주한 이후 몇 달 살다가 가락국 김해로 이주했다고 하였다.[16] 인도고대사를 전공하는 이광수는 허황옥 가문에 대한 김병모의 가설이 역사적 사실과는 거리가 멀고, 후대에 만들어진 설화일 뿐이라고 했다.[17]

이러한 내용을 통해 허황옥 집단을 중국의 선진문물을 가지고 해상을 통해서 들어온 존재로 추정할 수도 있다. 당시 김해 가락국을 중심으로 활발한 대외교역이 진행되었다는 사실과 관련해 본다면, 아유타국에서 온 허황옥을 낙랑에서 온 유이민 혹은 수시로 왕래한 상인집단과 관련시킬 수도 있다.[18]

이와 같이 여러 측면에서 아유타국을 어떻게 파악해야 하는지에 대한 다양한 개념이 제시되고 있다. 그러나 인도역사에서는 아유타라는 도시에 대해 언급한 다양한 역사의 사실이 부족하다. 아유타라는 도시가 종교적, 특히 힌두교 맥락에서는 중요하지만, 인도역사 맥락에서 살펴보면 중요하게 나타나지 않고, 여러 번 나타나지도 않는다. 한국 뿐 아니라 현대 인도에서 허황옥의 고향에 대한 관심이 많지만 역사기록이 없기 때문에, 확실한 규명이 이루어지지 않았다. 더불어 인도 역사연구자들도 관심을 보여주지 않고 있다.

한국~인도의 고대 외교 관계에 대한 관심을 가지고 인도사학을 전공하는 연구자들도 없기 때문에 세부연구가 진전되지 않았다. 인도사를 전공하면서, 고대 인도역사를 연구하는 한국 연구자들의 아유타에 대한 설명이 아주 부족하며, 그나마 희석된 내용들, 특히 힌두교와 관련된 내용들이

---

16) 김병모, 1994, 『김수로왕비 허황옥』, 조선일보사.
　　김병모, 1994, 『허황옥 루트』, 위즈덤하우스, pp. 194~98.
17) 이광수, 1994, 「고대인도-한국 문화 접촉에 관한 연구: 가락국 허황후 설화를 중심으로」, 『비교민속학』 14.
18) 김태식, 1998, 「김수로왕 소재 허왕우 설화의 성격」, 『한국사연구』 102집, pp. 8~10.

많다. 아유타의 역사를 연구하는 새로운 접근방식이 필요하며, 특히 1세기 이후 인도와 동남아시아, 동아시아의 관계, 특히 해로, 무역 및 상업, 불교 포교 활동 등을 배경으로 분석이 필요할 것으로 생각한다. 특히 아유타라는 도시가 태국에서 발전했는데, 이 도시가 14세기에 나타나고 18세기에 사라진다.[19] 지난 20년 동안의 인도~한국 연구에서 허황옥의 신화가 많이 왜곡되었다. 예를 들어 새로운 왕실의 소개와 방한, 허황옥 공주의 새 이름 등의 측면에서 매우 심각한 문제가 있다. 이것은 역사적 신화를 왜곡할 뿐만 아니라 매우 부정적인 관점을 제시 한다.

1. 새로운 왕실의 소개와 방한

1990년대 인도 아유타의 미쉬라 왕조 후손을 한국으로 초청해 허황후의 고향 후손들로 소개하였다. 아유타 왕조의 후손이기 때문에 허황후의 피가 흐르고 있을 것이라고 주장하였다. 한·인도 교류에서 이러한 내용은 더 복잡하게 역사와 신화를 만들고 있다.

빠르따사라띠 대사는 그의 책에서 아유타(아요디아)의 통치가문의 후손인 빔렌다라 미쉬라 또한 왕가의 혈통을 지닌 것으로 확인되었다고 강조했다. 2000년 만에 허황옥 태어난 아요디아를 지켜온 파드마센 왕의 혈손인 미쉬라 씨의 내한은 그래서 더 큰 의미로 내게 다가오고 있는 것이라고도 했다.[20] 이러한 책의 내용은 한국과 인도의 관계에서 보면 아주 복잡한 문제를 일으킬 수 있다. 왜냐하면 이러한 내용은 인도 일반 사람들의 인식을 변화시킬 수 있기 때문이다. 아유타의 역사와 그것의 현대적 의미는 상

---

19) K.Subrahmanyam, "Drawing Lessons from Ayodhya & Ayutthaya," *Times of India*, Jul 6, 2005.

20) N.빠르따사라띠, 2007, 『비단 황후』, 여백미디어, pp. 276.

당히 다르고 복잡하다.

미쉬라 왕조의 역사는 300년밖에 되지 않았다. 1947년 인도가 분열되기 전, 565개의 왕국들이 있었는데, 미쉬라 왕조가 왕가에 등재되었는지도 불문명하다. 565개의 왕국들은 자유를 가지고 존재했고, 왕국은 공식적으로 영국 식민지 국가의 일부가 아니었다. 사실, 영국인이 임명한 자민다르들(Zamindar)이 있었다. 크게 보면, 귀족, 지주(대지주, 소지주, 부재지주)이다. 미쉬라 왕조의 후손에서 허황옥과의 연관성을 찾는 것은 현재 한국~인도 교류에 부정적인 영향을 끼칠 수 있다. 미쉬라 가문의 역사를 모르면서 한국의 가락중앙종친회가 미쉬라 가문을 김해와 가야에 연관시키면서 새로운 개념을 만들고 있다.[21]

또한 빠르따사라띠 대사의 책에는 '놀랍게도 서울대의대 서정선 교수와 한림대 의대 김종일 교수는 2004년 8월 17일 한국유전체학회에서 허황후의 후손으로 추정되는 김해 예안리 고분군의 왕족 유골에서 미토콘드리아 유전물질 (DNA)을 추출해 분석한 결과 우리 민족의 기원으로 분류되는 몽골의 북방계가 아닌 인도의 남방계라는 결론을 내렸다고 밝힘으로서 문헌의 기록을 뒷받침한 바 있다'는[22] 내용이 수록되어 있다. 매우 중요한 내용이지만 역사적으로 보다 많은 검증이 필요하다.

더불어 빠르따사라띠 대사의 책 『비단 황후』에는 『삼국유사』와 상관없는 내용들도 많다. 예를 들면, 파드마센은 코살라왕국의 수도 아유타의 왕이었다는 내용이다. 또한 아유타의 대한 여러 가지 내용을 왜곡해 만들면서 강조하고 있다. 책에 따르면, 아유타 백성들은 아름다운 말과 꽃을 기르는 정원을 소유하고, 노래에서 춤, 조각에서 회화에 이르기까지 다양한

---

21) 가락중앙종친회, 2015, 『가락회보』 372.
22) N. 빠르따사라띠, 2007, 『비단 황후』, 여백미디어.

예술에도 조예가 깊었다고 한다.[23] 아유타국에서 관련된 새로운 내용과 사람들이 나타나기도 한다. 특히 사티아무니, 요가난드, 사가리카, 데자스위니, 마니깜, 하리하라[24] 라는 사람들은 『삼국유사』 뿐 아니라 아유타국 역사에서도 전혀 나타나지 않는 인물들이다. 그리고 '수로왕과 공주의 혼인은 하늘이 결정한 것이다. 이처럼 성대한 경사는 당연히 왕국에 있는 모든 사람들의 축복 속에 거행되어야 한다.'라는 내용도 많은 각색이 이루어진 것이다.

2. 허황옥 공주의 새 이름

전 한국 주재 인도 대사 N.빠르따사라띠(N.Parthasarathi)의 책에서는 허황옥 공주가 슈리라뜨나 (Sri Ratna)로 묘사하고 있다. 이 책은 학술전문도서가 아니지만 인도대사가 썼기 때문에 여러 영향을 미쳤다. 빠르따사라띠는 아유타국의 공주 이름은 원래 슈리라뜨나였다가 이후에 왕비가 된후 허황옥으로 됐다고 강조했다. 그는 또한 한국의 고대 왕국이었던 가야(Gaya)와 인도의 가장 유명한 불교유적이 있는 가야(Gaya)가 밀접한 관련이 있다고 설명했다.[25] 고위직인 대사가 썼고 정부출판사인 내셔널 북 트러스트(NBT)에서 출판 되었으며, 허황옥에 대한 내용을 인도인들이 모르기 때문에 이 책이 주목받았다. 문제는 슈리라뜨나는 개념이 인도 정부기관에서 인정받기 시작했다는 점이다. 인도 대사관 홈페이지에도 2016년 한국에 방문한 인도 모디 총리도 슈리라뜨나 이름을 언급 했다. 한국에서 이 왜곡을 어떻게 생

---

23) N.빠르따사라띠, 2007, 『비단 황후』, 여백미디어, pp. 55.
24) 주)23의 책, pp. 217~226.
25) 한국일보, 4월 23일, 2008년.

각하는지 모르겠다.[26]

사실 김수로와 허황옥 전설은 현재 인도 정부 관리들 사이에 보편적으로 알려져 있다. 나렌드라 모디(Narendra Modi) 총리가 2015년 5월 한국을 방문하기 전에 언급했기 때문이다.[27] N. 빠르따사라띠, 전 주한 인도 대사(2005~2008)는 한국에서 일할 때 한국 고대 가야왕국의 김수로왕과 인도 공주가 결혼했다는 전설에 근거한 소설 작가로 인정받았다.[28] 2007년 출판된 소설책『비단 황후(The Silk Empress)』에서 두 나라를 하나로 묶은 고대의 사랑 이야기를 이야기했다. 빠르따사라띠는 이 책을 영어로 썼으며, 한국어로 번역되어 발표되었다.

크게 보면 이 책은 인도와 한국의 고대사를 연결한 허구의 소설이다. 그는 그의 책을 집필할 때 기초자료로 사용했던 역사적, 신화적 단서 중 일부를 결합했다고 했다. 그는 김수로왕과 허황옥의 결혼이 한국 최초의 국제결혼이라고도 했다.[29] 더불어 이 책을 쓰는 이유가 노무현 대통령이 2004년 9월 델리를 방문했을 때 '우리는 사촌'이라고 한 것에서부터 시작했다고 하였다.[30] 한국과 인도의 혈연적 관계를 찾으면서 한국역사 특히『삼국유사』에 나온 여러 내용들을 학술적으로 살펴봤다는 언급은 없다.

이 책이 출판된 후 2008년부터 인도 대사관 홈페이지에 슈리라뜨나 이름이 나타난다.[31] 인도 외교관들이 이 가상의 이름을 홍보하는 것으로 보인다. 인도 고등 교육부, 인적자원개발부 밑에 있는 내셔널 북 트러스트

---

26) 2015년 5월 18일 서울, 한국에서 인도 커뮤니티 리셉션에서 연설하는 모디 총리, 한국일보, 5월 18일, 2015년.

27) http://e-sandesh.com/?p=35565, 다운로드, 6월 22일, 2017년.

28) 심현철, 인도 대사 N. 빠르따사라띠 (N. Parthasarathi), 한국일보, 9월 11일, 2008년.

29) 한국일보, 4월 23일, 2008년.

30) The Seoul Times, http://theseoultimes.com/ST/?url=/ST/db/read.php?idx=5604. 다운로드, 6월 22일, 2017.

31) https://www.indembassy.or.kr/pages.php?id=21, 다운로드, 6월 23일, 2017년.

(National Book Trust; NBT)는 '김수로왕-슈리라뜨나의 독창적인 신화 이야기'를 아이들에게 적합한 만화책으로 출판했다. 2013년 6월 서울 코엑스에서 열린 서울 국제 도서전에서 『슈리라뜨나와 김수로-한국의 인도 공주의 전설』은 인도의 1,000 권이 넘는 책 중 하나로 소개되기도 하였다.[32]

V. 한국·인도의 결혼 외교

제국주의 국가의 식민지였던 시기, 한국과 인도는 서로 관심을 가지고 있었다. 한국과 인도의 독립운동을 살펴보면, 두 나라가 서로에게 여러 영향을 미친 것으로 생각된다. 인도 독립운동 지도자인 간디, 네루, 타고르 등은 한국에 대한 많은 관심을 가지고 있었으며, 여러 영향을 미쳤다. 한국의 독립운동 지도자들도 인도에 대한 관심이 보여줬으며 여러 비판을 했다.

두 나라 사이를 연결하는 데는 '한국은 동방의 등불'이라 했던 타고르의 역할이 매우 중요했다. 타고르는 한국의 독립 이후에 한국 교과서에만 언급된 것이 아니라 북한에서도 다양한 책에서 소개되었다. 또한 네루는 1932년 딸 인디라 간디에게 보낸 편지에서 한국(조선)에 대한 내용을 언급하기도 했다.

한국과 인도 간 최초의 직접적인 관계는 한국전쟁(1950~1953)때 인도가 유엔군으로 참전하면서 시작되었으며, 1973년 정식으로 수교하였다.[33] 크

---

32) Kim Se-jeong, "Old Indian-Korean love story graces book fair" [국제 도서 박람회에서 인도와 한국의 오래된 사랑 이야기], Korea Times [한국일보], 6월 23일, 2013.

33) Lee Ok-sun (The Committee for Commemoration of the 30th Anniversary of Korea-India Diplomatic Relations), ed., 『30 Years of Korea-India Relations』(Seoul:

게 보면, 한국 전쟁 이후 한국과 인도의 관계는 1973년 외교 관계를 수립하면서 양국 간 현대적인 외교 관계가 본격적으로 시작되었고, 이후 무역협정과 문화협정으로 발전했다.

1990년대까지 두 나라 사이에 무역협의에 대한 노력들은 있었지만, 정치적으로는 많은 교류가 이루어지지 않았다. 연대순으로 살펴보면, 1964년 무역협정을 체결하였고 1972년 문화교류계획서, 1985년 이중과세방지협정을 체결 했다.

1970년~1988년 사이 약 20여 명의 인도정치지도자 특히 외무차관, 체신부장관 등이 한국을 방문했다. 1990년 이후 세계화과 국제경제개발을 시작할 때 한국과 인도 교류가 새로운 방향으로 시작 됐다. 인도에서 개방경제정책을 시작 한 이후, 두 나라 사이의 교류는 사회자본, 자연자본, 기술자본을 중심으로 깊게 연결됐다.

한국과 인도 외교관계에서 지난 20년 간 한국을 방문한 인도 정치지도자들의 한국·인도 관계에 대한 인식을 살펴보면, 먼저 김수로왕과 아유타 공주의 결혼을 떠올릴 수 있다. 그들은 수로왕과 허황옥의 결혼을 반복해서 언급한다. 인도 정치자 프라납 무커지는 "우리는 한국이라는 나라를 지난 30년부터 발견한 것이 아니고, 1세기에 아유타의 공주가 한국의 김수로왕과 혼인했던 것은 두 나라에서 매우 중요한 연결 고리였다."[34] 라고 했다. 또한 2006년 한국을 방문한 인도 전 대통령 압둘 칼람은 "우리는 아시아의 오래된 국가로서 한국과 인도의 교류가 1세기 아유타의 공주가 한국에 와 결혼하면서 시작하였고, 그와 동시에 불교문화도 전파되었다. 이러한 문화적 연결에서 시작한 우리 두 나라는 현재에 밀접하게 교류하고 있다."[35] 고

Shingu Publishing Co., 2003), 339~346.

34) Press Information Bureau, Government of India, 2006/02/08.

35) *International Magazine Diplomacy* 32. (2006). http://www.diplomacykorea.com/magazine/sub.asp?pub_cd=200602&c_cd=4&srno=284, 다운로드, 6월 24일, 2017.

언급 했다.[36]

인도의 관점에서 볼 때, 지난 60년 동안 인도 정치인들이 허황옥에 보여준 관심은 별로 없었다. 근래에 이르러, 인도 민족주의 의식을 가진 일반 사람과 정치 관계자들이 관심을 보이기 시작했다. 따라서 1990~1996년에 많은 정치인들이 양국을 방문할 때, 출발점은 언제나 김수로왕과 허황옥 사이의 결혼동맹이었다. 한국과 인도의 국제결혼을 김해와 아유타로 서로 연결시키면서 외교관계를 발전 시켰다.

특히 현재 인도 정부가 많은 관심을 보이며, 김해~아유타 외교를 홍보하기 시작했다. 인도문화교류위원회(ICCR)의 성명서에 허황옥 공주의 유명한 자손 가운데 김유신(7세기), 전 대통령 김대중, 전 총리 김종필이 있다고 언급되어 있다. 인도문화교류부(Indian Council for cultural Relations; ICCR)가 2015년 김수로왕·허황옥을 중심으로 양국 간의 역사적인 관계를 탐구하기 위해 조직되었다.[37] 이 전설에 관심을 갖고 인도 정부는 델리에서 국제회의를 개최하며 역사적 사실로서 보았다.

또한, 민족주의적 관점에서 인도 정부가 이 신화를 왜곡하는 시도를 할 것으로 보인다. 이 과정에서 허황옥을 스리 라트나로 언급하고 있다. 지난 2년 간, 스리 라트나라는 이름은 인도 총리 모디가 서울에서의 인도인 거주자 모임에서 이 이름을 사용한 후 유명해졌다. 모디 총리의 한국 방문 이후 인도대사관에서도 스리 라트나라는 이름을 계속 사용 하고 있으며, 인도 일반사람들도 이 이름을 쉽게 기억할 수 있고, 부를 수 있기 때문에 인기가 많아지고 있다.

한국의 관점에서 한국 정치 지도자의 방문을 살펴보면 유사한 개념을 볼 수 있다. 1998년 이후 김종필 총리가 많은 관심 보여주고 노력한 결과 김

---

36) 연합뉴스, 7월 22일, 2011.
37) Subhra Mazumdar, ed., Horizons Volume 62 No. 4, 95.

해·아유타 외교이나 한국과 인도 결혼 외교가 시작되었다. 특히 김종필 총리가 1999년 인도를 방문할 때 아유타에 갔으며, 2000년에 역사적인 관계를 부활시켰다. 김 총리는 자신의 가족 혈통을 확립하려고 강력하게 노력하였다. 아유타에 기념비를 건립하였고, 아유타 왕 비미렌다 미쉬라에게 감상적인 편지를 썼다. 이후에 김해와 가락중앙종친회를 중심으로 여러 행사가 시작됐다.

가락중앙종친회는 인도 아유타에 1,000평 규모의 가락공원을 조성했다. 이후 매년 여러 사람들이 아유타를 방문하기 시작했다. 이러한 노력들은 일반 국민과 정치인들에게 관심을 끌었다. 2001년 인도에 세워진 허왕후 기념공원을 인도 정부와 한국 정부가 공동으로 개발하기로 결정했다.[38] 이곳 가락중앙종친회 주관으로 세워진 후 매년 50명에서 100명의 가락중앙종친회 회원들이 찾아와 참배하며, 이 때 가락중앙종친회 뿐 아니라 인도 중앙정부와 우따르 쁘라데스주에서도 참석했다.[39]

2010년 1월 이명박 대통령이 인도를 방문할 때 양국 관계가 '전략적 동반자관계(Strategic Partnership)'로 격상되었다. 이명박 대통령의 인도 방문을 계기로 2,000년의 세월을 뛰어넘은 양국 간 인연이 화제가 되었다. 김해 김씨인 영부인 김윤옥 여사가 고대 인도왕실과 혈연으로 이어져 있다는 점에서 인도 측에서도 이 대통령 부부 방문에 각별한 의미를 부여하였다고 한다.[40] 김윤옥 여사의 본관인 김해가 고대 인도 왕실과 혈연으로 이어져 있기 때문에 김 여사로서는 '할머니의 나라'를 방문하는 셈이었다. 인도 방

---

38) Business Standard, May 15, 2015.
   http://www.business-standard.com/article/news-ani/india-south-korea-to-upgrade-monument-for-queen-suriratna-hur-hwang-ok-in-ayodhya-115051801084_1.html
39) 가락종친회, 2015, 『가락회보』 372.
40) 연합뉴스, 1월 25일, 2010년.

문할 때 인도 신문에 기사들의 퍼졌던 메시지가 "한국의 영부인 김윤옥은 인도 왕실의 후손이다"였다.[41] 2011년 인도 프라티바 파틸 대통령 방한 당시, 김윤옥 여사는 "내게도 인도인의 피가 흐르고 있다"고 말했고, 정부는 경제협력관계를 맺는 등 양국 관계를 돈독히 하는 계기를 마련했다.

현재 한국학중앙연구원와 인도교육연구훈련협의회 (National Association of Educational Research and Training; NAERT)가 협약을 체결해, 인도 교과서에 김수로왕과 허왕후의 결혼 내용을 수록하기로 했다.[42] 인도정부 특히 인도 국민당 (Bharatiya Janta Party)에서 김수로왕과 허왕후신화에 대한 깊은 관심을 보여 교과서에 들어가게 되었다. 여기에서 인도국민당의 민족주의 개념을 다시 한 번 엿볼 수 있다.

VI. 결론

아유타의 공주 허황옥에 관한 신화는 한국과 인도의 교류에 대한 연구와 매우 관련 있다. 『삼국유사』에 따르면, 인도의 사회 문화적 요소가 4세기 이전 한국에 들어 왔다고 말할 수 있다. 한국에서는 불교가 4세기에 들어 왔다고 하지만, 한국에 인도 문화가 1세기부터 시작되었을 수 있다.

이외에는 허황후의 역사적 기록이 없지만 새로운 연구가 필요하다. 더불어 인도역사를 『삼국유사』의 내용을 기반으로 다시 살펴볼 필요가 있다고

---

41) Lee Tae-hoon, "India Is First Lady Kims Ancestral Home," *Korea Times*, 25 January 2010.

42) Lee Han-soo, "Indian textbooks to add more Korea-related history," *Korea Times*, 16 June 2017.

생각한다. 김수로·허황후 결혼 신화는 김해·아유타의 교류를 통해 보다 밀접한 한국·인도 관계를 만들었다. 그러나 이 과정에서 신화의 왜곡이라는 불행한 현상이 존재한다. 특히 허황옥 공주가 스리 라트나로 바뀌고, 이 이름이 대중화되고 있는 현상은 매우 불행한 일이다. 허황옥 공주의 새로운 이름 스리 라트나는 『삼국유사』에 나온 설화의 개념을 약화시킨다. 한국~인도가 보다 더 깊은 관계를 유지하기 위해서는 이러한 신화의 왜곡을 피할 필요가 있다.

「한·인 외교사에서의 아유타국과 김해」에 대한 토론문

이 영 식 (인제대학교)

『삼국유사』가 전하고 있는 허왕후 도래시기 전후에『삼국유사』「가락국기」와 금관성파사석탑 조에 '아유타국阿踰陁國'과 '서역西域 아유타국阿踰陁國'으로 각각 표기 돼 있는 인도 아요디야의 역사적 전개가 어떠했는지에 대한 정리를 주문했었는데, 허왕후가 도래했다는 1세기 경 인도 아요디야의 역사에 대한 연구가 불모에 가깝기 때문에, 오히려『삼국유사』의 서술을 가지고 인도의 역사를 살펴야 할 것이라 하였다. 학술회의 기획자의 주문에는 어울리지 않는 내용이었지만, 현대 한국과 인도에서 전개되고 있는 '허왕후 신화 만들기'에 대한 약간의 지적이 눈에 띤다. 글을 읽으면서 느꼈던 의문과 보완의 요청 한두 가지를 지적해 본다.

첫째, 아유타阿踰陁로 한역된 아요디야는 인도 산스크리트어 2대 서사시의 하나인『라마야나』(* 발표자는 최종적 집성을 1세기 후반으로 보았으나, 처음의 1편과 마지막의 7편이 2세기에 추가된 것으로 2세기 후반 ~ 3세기의 집성으로 보는 것이 정설인 듯함)에서 처음 등장했다고 하면서도, 1세기 경의 아요디야(Ayodhya)는 실제로는 힌두교 7대 성지의 하나인 사케타(Saketa)로 불렸으며, "아유타가 힌두교에선 중요하지만, 인도사에서는 그리 중요하지 않았다"라고도 했다. 따라서 13세기 말의『삼국유사』에 아요디아 곧 아유타국阿踰陁國으로 기록될 때부터 실제 역사의 사케타 왕국이 아니라『라마야나』의 이상향인 아요디야가 채용되었던 것으로 보아야 할 것 같은 데 어떻게 생각하시는지? 또한 아요디야가 아유타阿踰陁로 한역되어 중국에 소개 되는 것은 언제라고 생각하시는지를 듣고 싶다. 참고로 『라마야나』는 2만 4천 수의 서사시로 이루어진 힌두교의 가르침을 담은 영웅담으로, 경전, 극, 무용, 종이그림자극 등의 다양한 형태로 말레이시아~인도네시아~타이~베트남에 이르는 모든 동남아시아 제국과 티벳, 호탄 등의 북방으로도 전파되었다. 중국에서도 『육도집경六度集經』[* 252년 오뭐 건업建業에서 번역 집성. 육도(포시布施, 지계持戒, 인욕忍辱, 정진精進, 선정禪定, 명도明度의 육바라밀)의 순서에 따라 보살행에 관한 인연을 종류에 따라 모은 일종의 본생담]이나 『잡보장경雜寶蔵経』(* 472년 10권 북위北魏 吉迦夜와 曇曜 번역. 많은 인연설화와 비유설화가 수록된 경전으로 석기모니부터 카니쉬카왕과 미린다왕의 설화도 있다. 『니혼 료이키日本霊異記』와 『곤자쿠모노가타리今昔物語』 등에 영향을 주었다) 등과 같이 한문번역의 불교경전에 포함되면서 불교설화의 형태를 갖추게 되었으며, 이 경전은 일본에 전파되어 카마쿠라 시대 불교설화집인 『타카라모노슈宝物集』에 이야기로 포함되었다. 또 남방전래로 생각되는 나라시대(710~794년)의 무곡 도라가쿠度羅楽 중 4종류의 춤은 이름과 내용 모두 『라마야나』에서 가지고 온 것으로 생각되는 장면으로 구성되어 있다. 따라서 『라마야나』 설화의 전파에 따라 '라마의 출발지이며 성소聖所'로 알려진 아요디아는 한참 후가 되는 13세기 말 『삼국유사』에 채용되기 훨씬 전부터 한민족 세계에도 잘 알려져 있던 곳이었다. 허왕후가 출발한 이상향으로서 일연이란 불승佛僧에 의해 아요디아가 아유타국으로 채용되었던 것은 너무나 당연한 것으로 생각된다.

둘째, 마우리아왕조(B.C322~185년) 시대에 아소카왕(재위 B.C 273~232년 or 265~238년)이 불교의 포교에 힘씀에 따라 멀리 (동?)아시아까지 전파되어 세계 종교로 발전했음을 소개하였다. 그런데 아소카왕은 말년에 데비부인이 돌려보낸 두 자매를 스리랑카에 파견해 불교를 전파하게 하였다. 이 때문에 스리랑카에서는 이 자매의 불교전파를 지금도 기념하고 있다고 하는데, 마침 스리랑카는 『라마야나』에서 아요디아의 왕자 라마가 괴물 라바난

을 퇴치하는 클라이막스의 무대였다. 이런 역사와 설화들이 허왕후 도래전
승의 형성에 영향을 미쳤을 가능성은 생각할 수 없을까? 요즘은 남부 인도
에서 아요디야를 찾는 아마추어 학자(?)들이 고개를 내밀기에 한 마디 해
본다.

셋째, 아요디야가 아유타阿踰陁로 중국에 소개 된 것은 4~7세기에 순례
를 했던 현장 등의 순례가 중요한 계기가 되었을 것으로 소개하였으나, 관
련 사료적 전거에 대해 보다 구체적인 소개를 부탁한다.

넷째, 『삼국유사』「가락국기」에 허왕후가 가지고 온 물품이 '한사잡물漢肆
雜物'이라 기록되었고, 허왕후를 따라 왔다는 신보申輔와 조광趙匡의 관직으
로 기록된 천부경泉府卿과 종정감宗正監, 그리고 허왕후와 직접적 관계는 없
지만 5대 이시품왕 왕비의 부친인 극충克忠의 관직이 사농경司農卿이라 기
록된 것에 대해, "고대 인도의 역사가 배경이 되었던 것 같다"고 하였다. 그
러나 '한사잡물漢肆雜物'은 문자그대로 중국 '한漢 나라의 사치스러운 여러
물건' 이라는 뜻이고, 천부경·종정감·사농경은 신화시대부터 전해지는 중
국의 관직명이다. 중국의 물품과 관직명을 어떻게 고대인도 역사의 배경으
로 이해할 수 있는지 모르겠다. 답을 바랍니다.

다섯째, 최근 20여 년 동안 허왕후에 관해 왜곡된 연구와 정치에 대한 인
도연구자의 지적은 경청할 만하다. 1990년 인도 아요디야의 미쉬라 왕실이
허왕후의 후손으로 자처하고 방한도 하였지만, 미쉬라 왕실 자체는 불과
300년 밖에 되지 않았고, 정말 왕가였는지도 불분명하며, 식민지배자 영국
인에게 인정받았던 귀족이나 지주에 해당하는 자민다르(Zamindar)에 불과
하였다고 해, 이런 조작들은 오히려 『삼국유사』의 기록성을 퇴색시킨다고
평하였다. 아래 사진과 같이 어느 방송에서 아무런 근거가 없음을 스스로
말하였던 바와 잘 통하는 지적이었다고 생각한다.

아울러 허왕후(허황옥)에 관한 기록을 찾을 수 없었던 전 인도대사 빠르따

사라띠(N.Parthasarathi)가 '스리 라트나(Sri Ratna)'가 그녀였음을 지어 내 정부출판사에서 출판하고, 2016년 인도 수상 모디가 방한 때 언급하였던 사실을 소개하였는데, 스리 라트나가 언제 어떤 인물이고 허황옥과 어떻게 같은 인물로 통한다고 주장하였는지에 대한 보완적 소개를 부탁한다.

여섯째, 1990년대부터 활발해지기 시작한 양국 간의 관계를 바탕으로 1999년 당시 김종필 국무총리가 인도 방문 시에 아요디야에 들려 기념비를 세웠고, 현 아요디야 왕 비미렌다에게 자신의 핏줄이 연결됨을 강조하는 편지를 썼으며, (2001년 3월 6일에 김해김씨) 가락중앙종친회가 아요디야에 가락공원을 조성함으로써 일반의 관심과 김해시와 아요디야의 정기적 교류을 이끌어 냈음을 지적하였다. 또한 2010년 1월 이명박 전 대통령의 인도 방문으로 한국과 인도가 '전략적 동반자 관계'로 격상되었으며, 김해김씨의 김윤옥 여사가 인도 아유타국 왕실의 공주 허황옥의 후손임을 청와대가 발표하였고, 2011년 인도 프라티바 파틸 대통령 방한시 영부인 김윤옥 여사가 "내게도 인도인의 피가 흐르고 있다"고 했음을 소개하였다. 인도공주의 신화가 김해김씨의 뿌리 찾기와 역사의식 없는 정치가에 의해 분명하게 윤색 창조되었음에 대한 지적은 의미가 있다고 생각한다.

일곱째, 인도 측에서도 민족주의적 성향의 정치가들이 관심을 보이기 시작해 인도교류위원회가 허황옥의 유명한 자손으로 김유신, 김대중 전 대통령, 김종필 전 국무총리 등을 공주 스리 라트나의 후손으로 천명하였다한다. 인도민족주의와 인도공주 허왕후 만들기에 대해서는 같이 발표한 이광수 교수에게도 보완을 부탁한다.

「한 · 인 외교사에서의 아유타국과 김해」에 대한 토론문

차 순 철 (서라벌문화재연구원)

한국과 인도를 연결하는 고대 기록인 『삼국유사』「가락국기駕洛國記」에는 한 여성이 역사 위에 등장한다. 바로 '허왕옥許黃玉'이라는 여성으로 멀리 인도에서부터 배를 타고 가야에 왔다. 허황옥은 자신을 인도의 아유타국阿踰陁國의 공주라고 밝히고 왕의 명으로 가야의 김수로왕에게 혼인하러 왔다고 방문 목적을 밝히고 있다. 많은 시종을 데리고 배를 타고 온 공주의 모습에 대해서 많은 이들은 동남아시아지역에 전해오는 전설과 결부시키기도 한다.

고대 인도의 역사기록은 많은 부분이 분명하게 전하지 않고 있다. 기원

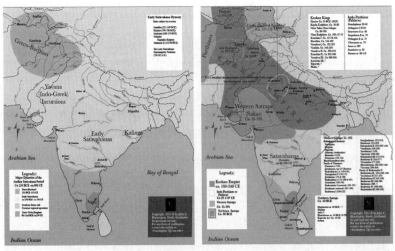

그림 1. 기원 전후 시기 인도의 고대국가와 그 영역(John C. Huntington 작성, Huntington.2@osu.edu)

후 1세기의 인도는 남북으로 그리 스계 왕조와 인도계 왕조가 대립하 면서 혼란 속에서 문화발전이 이루 어졌다. 기원을 전후한 시기에 모 습을 살펴보면 여러 왕조가 건립되 고 영역을 확대하면서 혼란스러운 상황을 알려준다.

아요디아(Ayodhua-Sakelo)는 초 기사타바나(Early Satavahanas) 왕조 의 영역 안에 포함된 것으로 추정 되며, 이후 쿠샨(Kushan) 제국이 북 부인도를 지배하면서 도시 규모가

그림 2. 인도 아잔타석굴의 조상기

발전한 것 같다. 이 시기는 불교가 귀족들을 중심으로 신앙되면서 각지에 불교사원들이 건립된다.

따라서 인도의 아유타국阿踰陁國을 그 이름으로 찾아본다면, 중부 인도지 역에 위치한고대 도시 아유타는 아유자(Ayojjāā (Pali어), 아요타 (Ayodhya), 사케타 (Saketa) 등으로 발표자의 의견처럼 불렸으므로, 그 가능성이 크다고 볼 수 있다. 또한 이 지역이 쿠샨제국시기에 중요한 행정도시라고 알려져 있지만, 인도 역사기록에서 야유타국에 왕조가 존재했고 허왕옥이 이 왕조 의 공주인지 분명하게 확인되지는 않고 있다. 그것은 인도의 역사기록이나 사원의 금석문을 통해서도 확인되지 않기에 한계를 보여준다.

발표자가 지적한 것처럼 인도 아유타의 미쉬라왕조의 적통성 문제는 인 도 국내의 카스트문제와 함께 논란이 됩니다. 만약 인도의 565개 왕국 안 에서 미쉬라왕조의 존재를 찾을 수 없다면 이 문제를 어떻게 봐야할지 궁 금하다.

미쉬라왕조의 존재가 부정된다면 고대 아유타국阿踰陀國의 왕조의 존재를 인정할 수 없는 것인지 알고 싶다.

만약에 미쉬라왕조가 근대에 형성된 유력가문[발표자의 자민다르(Zamindar)]이라면 이를 왕조 안에 포함시킬 수 있는가 궁금하다.

결국 인도의 카스트 안에서 볼 때, 미쉬라왕조를 왕족의 안에서 이해할 수 있는지 알고 싶다.

한국 정치인들의 방문을 통해서 김해를 기반으로 하는 허황옥의 후손들의 존재가 새롭게 인도에서 주목받는 것 같다. 최근 인도 사회 안에서 힌두 민족주의가 주목받으면서 고대에 이루어진 가야와 아유타국阿踰陀國의 국제결혼은 두 문화의 접근점을 만들어주고 있다. 스리 라트나(Sri Ratna) 문제 역시 인도의 시각에서 바라본 허황옥의 모습이란 점에서 주목된다. 인도 안에서 이루어지고 있는 이 문제는 한국을 바라보는 시각이라는 점에서 한국이 바라보는 아유타국阿踰陀國과 함께 자신의 역사를 이해하는 방법이라고 생각된다. 스리 라트나(Sri Ratna)라는 인물상이 한국에서 바라보는 허왕옥과 같은 모습인지 궁금하다.

불교사관, 아요디야 그리고 허왕후 신화 만들기

이광수*

┤ 目次 ├

Ⅰ. 고대 인도의 역사인식과 불교사관

허왕후 설화의 중심은 '아유타'라는 어휘다. 이 어휘는 언제 어떻게 「가락 국기」에 등장하게 되었을까? 그것을 파악하기 위해서는 우선 인도에서 형성된 불교의 역사 인식에 대해 살펴봐야 한다. 그것은 허왕후의 실체를 밝혀내기 위한 가장 필요한 자료인 『삼국유사』가 불교 역사 인식에 기반 하여 편찬되었기 때문에 그렇고, '아유타' 또한 고대 인도의 역사 인식의 맥락에서 이해해야 하기 때문이다. 고대 인도인에게는 우주와 사회에 관한 보편법의 권위가 국가 혹은 민족에 관한 권위보다 우선적이었다. 그들에게

---

* 부산외국어대학교 인도통상학부

는 민족의 유래나 그 역사, 왕조의 계보 등은 관심거리가 되지 않았고, 다만 개인과 사회를 규정하는 보편법 체계만이 그 관심의 대상이었다. 따라서 왕의 법과 권위가 이 보편법에 종속되는 것은 당연하다. 물론 그렇다고 해서 힌두교가 보편법을 중심으로 하는 교단이 형성되는 것도 아니고, 그 보편법의 수립과 교육에 절대적인 권위와 권한을 가지고 있는 브라만 세력들이 중세 유럽의 가톨릭의 경우에서와 같이 경제적 조직력이나 그것을 기반으로 하는 정치적 결사체를 형성하지는 못했기 때문에 그 실질적인 세력이 왕을 능가한 것은 아니다. 그들의 세계관에 따르면 우주 세계와 나란히 사회의 질서는 영원히 존속하는 것이지만, 이에 반해 개인의 생명은 무한의 시간 속에 반복되는 여러 생명 가운데 하나이기 때문에 그 구체적이고 사실적인 의의가 부족할 수밖에 없다. 이러한 그들의 사회관은 이상적 사회 질서의 설정과 그것의 항구적 유지의 노력으로 귀결된다. 고대 힌두의 역사 전통에서 사회에서의 행위자는 실제로는 인간이지만 선인이나 신의 이름으로 나타나고 그러한 행위들은 성스러운 구조 속에 표현되는 것은 다 이런 맥락에서였다. 따라서 과거의 일은 전형적인 신화로 표현되고 그 신화가 다루는 행위는 사실성보다는 당위성의 의미를 가지면서 정당성이나 규범성의 의미를 우선적으로 가지게 되는 것이다. 따라서 그 안에서는 정확한 연대라든지 사건의 전후 순서, 구체적 인물과 장소의 적시 같은 것은 그들의 세계관에서는 아무런 의미가 없는 것이었다. 역사의 주인공은 인간이 아니라 신이고, 현실의 역사는 신에 의해 계획된 영원의 세계로 진행하는 극히 하찮은 한 부분일 뿐이다. 따라서 그들은 보편법적 당위성을 강조하기 위한 종교적 목적 아래에서 많은 부분을 예술적 상상력과 상징을 동원하여 행위를 미화시킨다.

힌두교나 불교의 사관에 의해 편찬된 역사서 혹은 신화집이 인간의 행위가 사회 안에서 실제 일어난 것을 시간의 순서에 따라 차례대로 기술되지 않고, 후대에 화자 혹은 찬자의 해석에 따라 '있을 수 있는' 일이 분식되거나 가공되어 앞부분에 삽입되는 일이 비일비재 한 것은 바로 이 맥락에서 일어난 일이다. 고대 인도 역사관에 의거한 대표적인 역사서 혹은 신화집인 『마하바라따』(Mahabharata)와 『라마야나』(Ramayana) − 문제의 '아유타'는 이 신화의 본거지, 성도다 − 가 그 대표적인 예이다. 현재 우리에게 전해지는 『마하바라따』나 『라마야나』모두 기본 뼈대는 기원전 400~200년에서 기원후 200~400년 사이에 만들어진 것이지만 그 원형은 그보다 훨씬 더 오래 된 것으로 본다. 그리고 그 뼈대가 갖추어진 후에 끊임없이 삽입, 윤색, 부회 등이 일어나면서 신화는 끊임없이 확장일로를 걷는다. 결국 신화는 시대와 장소가 다른 환경에서 만들어진 여러 이야기들로 구성되고, 그것들은 각기 다른 목소리들을 이어주면서 때로는 모순을 보여주지만 전체적으로는 큰 주제, 예컨대 영웅 중심의 세상, 권선징악, 카스트 법도 등을 지킬 것을 가르친다. 이것이 그들의 '합리'이고, '역사' 인식의 중심이다. 결국 신화나 서사시를 역사의 한 원형으로 간주하지 않는 한, 고대 힌두나 불교의 '역사'관은 주로 서구에서 규정하는 엄밀한 의미의 역사와는 다르다고 할 수밖에 없는 것이다. 결국 불교 사관에 의해 기술된 사서 혹은 신화는 그 안에 사실의 기록도 있지만, 만들어진 이야기도 있다. 그 사실을 파악하지 못하면서 『삼국유사』에 나오는 기사를 사료로 삼는 것은 역사학적 연구가 아니고 사이비 역사학일 뿐이다.

이러한 역사 전통에서 크게 벗어나 있지 않은 불교 사관으로 편찬된 사서로 스리랑카의 『디빠완사』(Dipavamsa 島史)와 『마하완사』(Mahavamsa 大史)가 있으니 『삼국유사』를 이해하기 위해 살펴보는 것이 좋을 것이다. 이들은 모두 인간의 사회적 행위에 대해 분명한 시간과 장소 그리고 인물을 구체적으로 나타내고 있고, 또 과거의 사실들을 변화라는 관점에서 기록하고 있다는 점에서 분명한 역사 인식을 갖춘 사서라 할 수 있다. 그 가운데 모두 서른일곱 개의 章으로 이루어져 있는 『마하완사』는 붓다가 스리랑카를 세 차례 방문한 '기이奇異'의 사건을 시작으로 역사를 기록한다. 『마하완사』는 붓다의 전기傳記로부터 시작함으로서, 전 세계는 붓다의 의지에 의해 움직이고 그 붓다의 의지를 대행하면서 인간을 지배하는 자에 의해 역사가 만들어진다는 것을 역사의 전형으로 삼고 있는 것이다. 이러한 전형적인 영웅사관에 입각해 스리랑카의 의미 있는 사건은 붓다 그리고 붓다의 이상을 정치적으로 실현한 대표적인 전륜왕(짜끄라와르띤 chakravartin)으로 간주하는 아쇼까(Ashoka)와 연계된다. 연계는 때로는 '붓다'와 '아쇼까'와 직접적으로 연계되기도 하지만 때로는 그들과 관련된 상징으로 표현되기도 한다. 『마하완사』에서 중요하게 유형화되는 그 상징들을 보면, '붓다'와 관련된 것으로 보리수, 붓다의 사리, 불탑, 불치佛齒, 불족佛足, 법륜法輪, 나가(naga 뱀 혹은 용), 삼보, 전생불前生佛 등이 있고, '아쇼까'와 관련된 것으로는 아쇼까왕탑,[1] 담마佛法 정복, 태자 마힌다(Mahinda), 전륜왕 등이 있다. 그러한 연계를 통해 『마하완사』는 스리랑카라는 나라를 연 국조 비자야(Vijaya)가 스리랑카로 건너 온 시간을 붓다가 대열반에 들어 갈 때와 일치시켰고, 스리랑카에서 처음으로 불교를 수용한 때는 아쇼까가 불교로 개종한 때로 일치시켰으며 불교를 수용한 왕의 이름 또한 아쇼까의 이름인 '데와남삐야(Devanampiya)를 따 데와남삐야띳사(Devanampiyatissa)라 하고, 그 이름을 아쇼까 왕명으로 받아 즉위식을 거행하는 것으로 기록하였다. 『삼국

---

1) 특히 이 가운데 접촉이나 연계와 관련하여 중요한 역할을 하는 것이 아쇼까의 탑이다. 전승에 의하면 아쇼까는 붓다 사후 조성된 스뚜빠(탑)를 열어 그 유골을 84,000개로 잘게 나누어 전 세계에 불탑을 세웠다고 한다. 그런데 84,000이라는 숫자는 고대 인도 특유의 상징 숫자로 빛나는 어떤 것 즉 별, 붓다, 현인(賢人), 강 등을 나타내는 숫자 일곱과 12 진법의 최대 숫자인 12를 곱하여 그 백배를 나타내는 숫자로 빛나는 것이 무한대로 많다는 의미를 띤다. 그 84,000 개의 아쇼까 스뚜빠 설화 덕분에 네팔, 중국 등은 물론이고 고대 한국에도 나타났으니 『삼국유사』의 요동 육왕탑이 그 좋은 예다. 한국의 설화에는 요동 육왕탑 외에 금강산과 전남 장흥 천관산의 아육왕탑이 있다.

유사』에 진흥왕을 아쇼까와 동시대로 놓고 그로부터 사신私信을 받는다거나 붓다 사후 100년만에 아쇼까가 재위에 올랐다거나, 「原宗興法」(원종홍법)의 시기를 눌지왕 때로부터 100년이 된다고 하는 따위의 연계는 바로 이러한 불교 특유의 영웅의 시간과 일치시키는 방식이다. 그 외『삼국유사』에 나타나는 가섭불 연좌석 설화는 전생불 모티프를 통해 그리고 요동성 육왕탑 설화는 아쇼까의 8만4천개의 아쇼까탑 조성 신화의 모티를 통해 설화를 확장시키는 좋은 예이다. 특히 이 가운데 아쇼까가 8만4천 개의 탑을 조성했다는 모티프는 인도 외의 여러 지역 즉 중국이나 한국 등지에서 사찰 연기 설화를 인도와 연계시킴으로써 그 사찰 혹은 지역의 문화를 더욱 고생창연하게 만드는 좋은 장치가 되었다. 전남 장흥의 천관산에 아육왕탑이 그 좋은 예이다.

이러한 설화의 시간은 실제 역사에서 일어난 사건의 시간과는 전혀 관계없는 것이다. 단지 역사적 의미를 부여하고자 하는 사건을 영웅과의 상징으로 부회하는 역사 기술의 방식으로 역사의 신화화라 할 수 있다. 붓다가 대열반에 들어간 직후 100년 만에 제1차 불전 결집이 이루어지고, 제1차 결집이 이루어진지 100년 후에 제2차 결집이 이루어졌다거나, 불법은 붓다가 대열반에 들어간 후 500년간 지속되리라고 하는 등의 불교사 기술은 모두 이러한 역사의 신화화의 표현이다. 이는 역사의 시간은 영웅을 중심으로 전개되고 그 원초적 시간으로 회귀하는 행위만이 역사적 의미를 지닌다는 불교적 영웅 신화의 기초를 이룬다. 따라서 역사의 신화화 차원으로 기술된 역사를 실제의 역사로 해석하고자 하는 것은 비합리적인 시도다. 모든 기록된 역사서는 그 사서의 기초가 되는 역사 인식의 성격을 먼저 파악하고 그 위에서 상징과 커뮤니케이션의 방식을 이해하면서 해석되어야 한다. 고대 인도의 불교 세계에서 역사를 기록한 이들은 역사적 사건을 소위 객관적 진실로 기록하고자 하지 않았다. 불교적 역사관은 사실의 기록이 아닌 세계의 해석을 더 중시하였다. 그들은 역사란 거대한 우주적 질서 속에서 인간의 눈에 드러나지 않는 어떤 절대적 정신이나 기운에 의해 움직이는 것으로 보았기 때문에 인간의 눈으로 보는 사건을 유한한 시간과 장소로 파악하고 기록하지 않았던 것이다.

『삼국유사』를 해석하고 그 안에서 실제의 역사를 추출하려면 바로 이러한 고대 인도 불교 세계의 역사 인식 위에서 해야 한다. 『마하완사』에 나타난 스리랑카의 시초를 붓다의 來島로부터 시작하는 신화와 『三國遺事』에 나타난 신라의 시초를 가섭불迦葉佛과의 인연으로 두는 신화, 단군 신화의 환인을 제석천帝釋天으로 해석함으로써 한국의 시초를 불교와의 인연으로 두는 작업과 같은 것은 원초적 시간으로의 회귀를 꾀하는 것이고, 영웅의 시간과의 일치 작업의 하나이다. 이것이 결국 『마하완사』에서는 담마디빠(法島) 전통으로 귀결되고, 『三國遺事』에서는 불국토佛國土 전통으로 귀결되는 것이다. 담마디빠(法島)와 불국토의 전통에서 가장 두드러진 것으로는 국가 시조 신화, 전륜성왕 설정, 전륜성왕과 아쇼까와 연계, 고승 열전 특히 국가주의에 입각한 고승들의 활약 중시, 사찰·탑상 연기 설화, 재가 신자 공덕 설화, 국가의 승가에 대한 물질적 후원 등이 주요 내용을 이루고 있다. 『마하완사』와 『三國遺事』에 나오는 숱한 예는 불교 역사 인식 특유의 국가주의로 귀결되니 그 안에서 스리랑카나 신라나 모두 불국토 설화는 종교를 통해 권력의 정당화를 꾀한 국가 중심의 정치적 역사 인식의 소산이 된다. 그러한 불국토 관념에 입각한 설화를 만드는 일은 사찰이 담당하였지만 그 일이 널리 가능하였던 것은 그러한 역할을 하는 불교에 대해 국가가 적극적으로 정치적·경제적 후원을 하였기 때문이다. 결국 『삼국유사』는 고대 인도의 역사 인식에 의해 쓰여진 것이다. 실증, 실체를 기록하는 것이 아닌 경이를 기술하는 시각이다.

이러한 사료 해석 방법론에서 '아유타'의 정체를 찾아야 한다. 「가락국기」

에 나오는 허왕후 설화에는 '아유타'라는 어휘가 딱 한 번 등장한다. '妾是 阿踰陀國公主也'(저는 아유타국의 공주입니다.)라는 문장 하나뿐이다. 그리고 그 '아유타'라는 곳에 대한 기술이 전혀 없다. 가락국으로 오게 된 것도 꿈 에서 허왕후의 부모가 상제를 만났다는 것, 그래서 수로에게 가라고 했다 는 언급밖에 없다. 반면에 수행원 등에 대한 기록은 매우 자세하다. '아유 타'가 실제 상황을 보여주는 어휘가 아닌 것은 이를 통해 우선 추정할 수 있다. 전술하였다시피, 수로가 바다 건너 온 여성과 결혼하였다는 설화는 8세기경『개황록』이 편찬될 무렵 그 얼개가 형성되었을 것으로 본다. 처음 에는 '아유타'라는 어휘는 없었을 것이고, 얼마간 시간이 지난 후 '아유타' 라는 어휘가 삽입된 것으로 보인다. 여러 정황상 민간에 퍼져 있던 전설을 「가락국기」 편찬자가 채록을 한 것보다는 편찬자 스스로 혹은 어떤 학자에 의해 '아유타'라는 불교적 세계관에서 매우 중요한 어떤 의미를 가진 그 세 음절의 어휘가 삽입된 것으로 보인다. 만약 인도를 의미하는 곳으로서 '아 유타'가 민간에 설화로 널리 퍼져 있었다면, 즉, 허왕후가 '아유타'라 불리 는 불국토 인도에서 왔다는 설화가 민간에 널리 퍼져 있었다면, 그곳에 대 한 허무맹랑한 이야기든 아니든 뭔가의 기술이 좀 더 자세하게 있었을 것 이다. 그런데 '아유타'에 대한 아무런 기술도 없다. 기존의 이야기 얼개에 '아유타'라는 어휘만 누군가에 의해 삽입되었을 가능성이 무엇보다 크다고 보는 것은 이 때문이다.

Ⅱ. '아유타'의 정체

　그렇다면 도대체 '아유타'라는 어휘가 어떤 연유로 갑자기 「가락국기」에 삽입되었을까? 혹자는 '아유타' 즉 아요디야가 불교 중심지라고 하는데 그것은 사실이 아니다. 아요디야는 붓다와 관련된 4대 성지 혹은 8대 성지 그 어떤 범주에도 들지 않았고, 불교 문화가 고대 인도의 다른 도시에 비해 특별히 융성하게 발달한 적도 없다. '아유타'는 힌두 최고의 서사시 『라마야나』에 나타난 사리유(Saryu) 강안에 위치한 힌두 제1의 정치적 聖都 아요디야(Ayodhya)의 음차이다. 그것은 그 신화 속에 나오는 도시일 뿐이다. 그런데 현재 북부 인도의 웃따르 쁘라데시 주에 있는 아요디야라는 이름의 도시가 있는데, 이 아요디야가 『라마야나』의 성도 아요디야로 인식하는 게 보통이다. 하지만 고대사에 의하면 신화 상의 아요디야가 바로 지금의 아요디야는 아니다. 기원 후 5세기 이전에는 '아요디야'라는 이름을 가진 도시는 실제 역사상 존재하지 않았다. 신화 『라마야나』의 성도 아요디야는 역사적으로 존재한 어떤 도시를 모델로 하여 기술되었는데, 그 모델은 사리유 강안에 위치한 사께따(Saketa)였다. 이 사께따는 붓다가 활동하던 기원전 6세기 경 갠지스 강 중류 유역에 번성했던 20여 개의 도시 가운데 하나로 당시 가장 강력한 왕국 가운데 하나였던 꼬살라(Kosala)국의 수도였다. 사께따는 슈라와스띠(Shravasti)와 쁘라티슈타나(Pratishthana)를 잇고 라자그리하(Rajagriha)와 바라나시(Varanasi) 그리고 딱샤실라(Takshashila)를 잇는 북부 인도 교통의 요충지에 형성된 큰 시장을 가진 도시였다. 이후 기원 전 3세기 인도를 최초로 통일한 아쇼까도 이 도시에 많은 관심을 기울였는데 사께따가 갖는 정치 경제적 필요성에 의해서였다. 아쇼까 이후, 기원 초기의 꾸샤나(Kushana) 시대를 거치면서까지 사께따는 중요성이 전대에 비해 많이 떨어졌다. 그것은 중국과 로마 사이의 실크로드 무역이 성행하면서 그 무역선상에 위치한 뿌루샤뿌라(Purushapura), 마투라(Mathura), 간다라(Gandhara), 딱샤쉴라 등이 경제와 문화의 중심 도시로 부상하였기 때문이다. 특히 이 시기 실크로드를 따라 형성된 중심지에는 대승불교가 크게 성행하였던 것에 반해 사께따와 같은 갠지스 강 유역에 있던 도시들은 그렇지 않았다. 전체적으로 볼 때 새롭게 부상한 실크로드 경제로부터 멀리 떨어져 있던 갠지스 유역의 도시들은 도시로서 더 이상 과거의 영화가 지속되지 못했다.

그 후 굽따(Gupta) 말기인 5~6세기 경 이후부터는 북부 인도의 많은 도시가 몰락하기 시작하였는데 사께따 또한 그 가운데 하나였다.[2] 바로 이 굽따 말기인 5~6세기가 바로 『라마야나』의 최종 편찬이 이루어지던 때였다. 이때 '아요디야'라는 『라마야나』의 성도가 실제 도시 사께따의 이름으로 치환되었다. 즉 실제 역사에 있던 사께따가 아요디야로 불리기 시작한 것이다. 이는 당시 인도를 다녀간 중국 승려들의 기록을 통해서도 살펴볼 수 있다. 기원 후 5세기 초에 인도를 다녀 와 남긴 법현의 『불국기』에는 '사께따'(沙祇)에 대해서는 언급이 있지만 '아요디야'에 대한 언급이 없고, 기원 후 7세기 중반에 인도를 다녀 온 현장은 '아요디야'라는 이름의 도시에 대해 상세히 언급하고 있다. 이를 통해 보면 아요디야는 고대 도시 사께따와 그 위치가 동일하다. 우리는 이 두 기록을 통해 도시 아요디야가 역사적 의미를 갖는 성도로 자리 잡은 것이 승 법현이 다녀간 후 현장이 다녀가기 전 즉 5세기 중반부터 7세기 중반 사이일 것으로 본다. 힌두 제1의 신화 『라마야나』는 기원 후 5세기경에 최종 편찬되었지만, 그 근간은 그로부터 훨씬 이전에 형성되었다. 갠지스강 중상류 유역에서 도시 문명이 발달한 기원전

---

2) R. S. Sharma, 1987 Urban Decay in India, Delhi:Munshiram Manoharlal, p.33

6세기의 열여섯 영역 국가 시대에 최후까지 마가다와 패권 다툼을 벌이던 가장 강력한 국가 가운데 하나였던 꼬샬라 안에서 만들어진 라마 영웅담에 여러 이야기들이 합쳐져 형성된 대서사시이다.

이 신화는 갠지스 강 문명 즉 가부장적 남성 중심과 카스트 혈통 사회의 요체 위에서 형성된 이야기다. 『라마야나』는 시간이 흐르면서 라마(Rama) 신이 힌두 최고의 신 비슈누의 화신으로 통합되면서 신성성을 띠기 시작하였다. 그리고 『라마야나』는 기원 후 5세기 경 굽따 시대에 이르러 범힌두 사회와 문화를 구성하는 제1의 신화로 자리 잡았다. 그 안에서 신화의 주인공 라마는 이상 군주로서 그리고 아요디야는 그 이상 정치가 펼쳐지는 성도로 자리 잡았다. 따라서 그곳이 갠지스 강 유역을 벗어난 인도아대륙 내이든 그 밖 동남아든 관계없이 『라마야나』를 받아들이고 그것이 널리 읽혀진 사회는 힌두 문명의 요체인 농경, 카스트, 가부장, 대가족 중심의 사회구조와 권선징악, 효, 형제애, 남존여비, 여필종부 등의 관념을 보편적 가치 체계로 수용하였다는 의미가 된다. 그러한 가치 체계를 지닌 『라마야나』는 기원 전후로 하는 시기부터 10세기경까지 남부 인도와 동남아시아의 여러 지역에 전파되어 사회의 기틀을 잡고 국가의 기반을 다지는 이데올로기로서의 역할을 충실히 하였다. 『라마야나』가 널리 받아들여진 곳에서 '아요디야'는 힌두 세계의 중심 즉 인도를 의미하게 되었다. 이『라마야나』이야기는 스리랑카, 미얀마, 태국, 인도네시아, 베트남, 캄보디아, 라오스 등은 물론이고 필리핀과 일본 그리고 중국에도 널리 알려졌다. 그런데 한국에는 알려지지 않았다. 그런데 딱 한 군데 『삼국유사』의 「가락국기」에 '아유타'라는 어휘가 한 번 등장한다. 그 이야기가 알려지지 않은 고대 한국에 '아유타'는 어떻게 「가락국기」에 실리게 되었을까? 농경, 카스트, 남성, 대가족과 같은 힌두 사회의 요체가 문명화의 요소로서 전혀 작동하지 않았는데도 어떻게 '아유타'는 「가락국기」에 실리게 되었을까?

「가락국기」의 허왕후는 박혁거세 신화의 알영과 같은 고대 건국 신화에 나타나는 모신 왕비로 다산 숭배를 구성하는 요체다. 그렇지만 알영 설화가 신성족神性族 개념을 도입하여 신화의 원형 상태를 가지고 있음에 반해 허왕후는 어떤 수모신水母神 원형에 '아유타'가 후대에 추가된 것으로 보인다. '아유타'가 추가된 것은 언제일까? 앞서 수로왕의 결혼 신화가 만들어 진 것은 8세기 이후라 했으니 그 이후의 일이다. 언제일까? '아유타'라는 이름이 언제 어떻게 한국에 알려지게 되었는가를 추적해보자. 『라마야나』는 힌두 문화의 총체로써 처음 북부 인도에서 남부 인도로 전파될 때도 그랬고, 점차 인도 밖으로도 마찬가지였으니, 어디든 힌두 문화가 전파되면 반드시 그것이 전령의 역할을 하였다. 『라마야나』는 기원 후 4~5세기부터 진행된 고대 인도 문화의 동남아시아 확산과 함께 그곳에 전파되었다. 현재 전하는 가장 오래된 산스끄리뜨 판본 『라마야나』는 자바의 732년의 것이다.[3] 그런데 『라마야나』는 한국과 중국에서는 널리 알려지지 않았다. 그것은 중국에는 이미 독자적인 문명이 발달하였기 때문에 『라마야나』와 힌두 문화가 특별히 의미를 가질만한 공간이 있지 않았기 때문이고, 한국 또한 그 범주에 들어 있었기 때문일 것이다. 그렇다고 중국과 한국에서 『라마야나』가 전혀 알려지지 않은 것은 아니다. 그렇지만 『라마야나』는 중국에는 불교 전파와 함께 불교 경전이 들어오면서 그 존재는 알려진 것으로 보인다. 중국 당나라 때 현장이 번역한 『阿毘達磨大毘婆沙論』(아비달마대비비사론) 제46권에는 논자論者가 경經에 의거해야 하는 이유를 설파하면서, 경의 뜻은 한량없는 반면, 외전外典은 그렇지 않음을 설명하는 구절에서 『라마야나』의 예를 드는 부분이 나온다. 이에 따르면, "라마연나서邏摩衍拏書에는 1만 2천의 게송이 있지만 오직 두 가지 일만을 밝힌 것과 같은 것이니

---

3) H. B. Sarkar, 1983 "The Ramayana in South-East Asia : A General Survey", K. R. Srinivasa Iyengar(편), *Asian Variations in Ramayana*, Delhi:Sahitya Academi, p.207

첫째는 라벌나邏伐拏가 사다私多를 폭력으로 데려간 것을 밝히고, 둘째는 라마邏摩가 사다私多를 데리고 돌아온 것을 밝히는 것이다."라고 되어 있다. 여기에서 라마연나서邏摩衍拏書는『라마야나』를 라벌나邏伐拏는 마왕 라와나(Ravana)를, 라마邏摩는 주인공인 왕자 라마를 사다私多는 라마의 부인 시따(Sita)를 가리키는 것이 명백하다. 불교계에서 힌두교를 상대적으로 폄하하여 한 평으로, 외경 즉 힌두 경전은 잡다한 말만 많을 뿐, 시따의 납치와 회복 두 가지로 엮인 이야기밖에 없다고 평한 것이다. 이러한 평이 나온 것을 보면 7세기 중국의 불교계에는『라마야나』가 널리 알려져 있음을 알 수 있다. 또 오吳나라 강승회康僧會가 251년에 한역한『육도집경』(六度集經. Sad Paramita Samgraha Sutra) 46화에는 우화로 각색된 이야기가 나오는데, 왕자의 추방, 왕자비의 피랍, 원숭이왕의 도움, 왕자비 구출 등의 이야기가 나오는데 줄거리가『라마야나』와 거의 동일한 것으로 보아『라마야나』이야기가 3세기 이후부터 불경을 통해 상당히 널리 알려져 있었음을 알 수 있다. 마찬가지로 잡보장경 제1화에도『라마야나』이야기는 나오는데 훨씬 자세히 그 이야기가 소개되어 있다. 제1화인 '십사왕十奢王의 인연'에는 옛날 사람의 수명이 1만 세였을 때 한 왕이 있었는데, 이름을 십사十奢라 하였으며, 그는 염부제閻浮提의 왕이었다. 왕의 큰 부인은 아들을 낳아 이름을 라마羅摩라 하였고, 둘째 부인은 아들을 낳아 이름을 라만羅漫이라 하였다고 시작하는데, 그 뒤로 전개되는 내용이『라마야나』와 동일하다. 다만 여기에서는『라마야나』의 라마 왕의 아버지 다샤라타 – 십사왕이라 의역하였음 –를 아요디야의 왕이라 하지 않고 주로 불교에서 인도를 의미하는 염부제라 하였다. 중국인들에게는 '아요디야'보다는 '염부제'가 불교의 나라 인도를 더 의미하는 것으로 이해되었기 때문이다.

『라마야나』이야기는 이곳저곳에 알려져 있지만, '아유타'阿踰陀는 많이 나타나지 않는다. 하지만, 분명히 그 존재를 알고 있었음을 보여주는 예가 아상가(Asanga 無着)가 쓰고 현장玄奘이 번역한 『현양성교론』(顯揚聖教論) 제1권, 제1섭사품의 11절에 나온다.

여기에서 우리는 당시 중국인들은 '아유타국'이라는 어휘를 익히 알고 있었고, 그 뜻이 인도를 가리키는 염부제라는 사실을 알고 있었음을 알 수 있다. 진陳나라 때 진제(眞諦, Paramārtha)가 557~569년에 번역한 『바수반두법사전』(婆藪盤豆法師傳)에는 아유사국(阿緰闍國. '陁'와 '闍'는 서로 바꾸어 쓴다.)에 사는 파사수발타라婆娑須拔陀羅라는 이야기가 나오는데, 법사는 어느 때 집회 가운데에서 '비바사'毘婆沙의 뜻을 논하는 자리에서 나마연전羅摩延傳을 질문하니 많은 사람들이 그를 가볍게 여기고 들어도 모아서 기록하지 않았으나 12년 동안 '비바사'를 듣고 여러 편의 글 뜻에 이미 익숙하여 다 외우고 기억해 마음에 간직한 후 본토로 돌아오기 위해 계빈국을 떠났다고 하였다. 이러한 여러 가지 근거를 보면, '아요디야'가 한국에 알려지게 된 것은 그 이야기가 『라마야나』가 갖는 문화적 요체를 전하는 차원으로써가 아니고 일부 불교 승려나 불교에 바탕을 둔 라말려초의 지식인이 불경을 통해 얻은 정보의 말단을 통해 힌두 최고 서사시 라마야나의 수도의 의미로 인도라는 나라를 대변하는 어휘로서 표현을 하기 위한 것일 것으로 보인다.

이런 맥락에서 신라 중대 이후 고려 초기에 이어지는 왕성한 불학 연구의 분위기와 중국과의 학문 문화적 교류를 고려해 볼 때 사찰에서 고래로 전해 오는 허왕후 설화에 불경에서 새로이 획득한 '인도'라는 의미로 알려진 '아유타'를 삽입했을 가능성이 크다고 본다. 이는 일부에서 말하는 것처럼 '아유타'가 불교적으로 가장 인연이 깊은 나라였기 때문에 그 어휘가 삽입되었다고 볼 수는 없다. 아요디야는 불교의 중심지가 되어 본 적도 없고, 붓다의 실제 행적 혹은 전설상의 행적과 특별한 관련이 없어서 성지로 추앙받지도 못한 곳이다. 이곳은 힌두교의 『라마야나』 신화의 장소라는 점을 제외하면 불교와 관련한 특별한 의미를 말할 수 없는 곳이다. 따라서 '아유타'는 불교 유적지라서 삽입된 것이 아니고, 불교의 나라라고 알려진 인도를 대변하는 어휘라서 삽입된 것이다.

Ⅲ. 파사석탑의 실체

'아유타'는 신라 중대 이후 고려 초기 사이 중국과의 빈번한 교류를 통해 불경을 많이 접하게 된 어떤 지식인이 자신의 불학 지식을 과시하려는 차원에서 '인도'라는 의미로 삽입되었다. 그 이후로 '아유타'는 전대부터 내려온 불국토 전통 속에서 황룡사 장육상 설화처럼 인도와 바다와의 연계성을 통해 더 큰 설화로 확장될 가능성을 내포하고 있었을 것이다. 그 확장일로 가운데 대표적으로 만들어진 설화가 바로 파사석탑婆娑石塔 설화다. 원래「가락국기」에서는 허왕후가 단순하게 아유타국에서 왔다고 되어 있었을 뿐, 어떠한 규모로 어떻게 왔는지에 대한 아무런 언급이 없다. 그런데 일연이 『삼국유사』를 편찬하면서 「가락국기」의 그 '아유타'에 '서역'이라는 글자가 추가되어 '서역 아유타국'에서 온 것으로 나타난다. 「가락국기」에서 처음 '아유타'가 삽입된 이후 『삼국유사』가 편찬되기까지의 시기에 누군가에 의해 혹은 일연에 의해 '아유타'에 대한 해설로써 '서역'이 들어간 것이다. 「가락국기」가 편찬된 1076년과 『삼국유사』가 편찬된 1281년 사이 어느 시기에 추가된 것으로 본다. 이렇게 '서역'이라는 어휘가 추가된 것은 처음 '아유타'라는 어휘가 삽입되었을 때 그 어휘를 삽입한 지식인과는 달리 당시의 많은 사람들이 아직 그 뜻을 몰랐을 것이고, 그래서 그에 대해 어떤 지식인이 해석을 한 것이 널리 알려졌거나 일연이 『삼국유사』를 편찬할 때 그 설명을 삽입한 것으로 추정한다. 「금관성 파사석탑」에 의하면 허왕후는 처음 고향을 출발하였다가 풍랑을 만나 더 이상 가지 못하자 다시 돌아와 이 석탑을 가지고 탔고 그 덕분에 가락국에 잘 도착했다는 것이다. 이 설화는 허왕후 설화의 뼈대에 '아유타'가 삽입되어 「가락국기」에 실린 후 형성된 것이 일연에 의해『삼국유사』에 채록된 것이다.

「금관성 파사석탑」에 의하면 파사석탑은 현재와 같이 허왕후릉에 있었던 것이 아니다. 그것은 원래 호계사에 있었던 것인데, 조선 말기 고종 때 즉 불과 100여 년 전에 김해부사로 있던 정현석鄭顯奭이 호계사에 있던 사람들이 파사석탑이라 믿고 있던 그 탑을 허왕후가 아유타국에서 가져온 것이니 허왕후릉에 두어야 한다고 하면서 현재의 위치로 옮긴 것이다. 「가락국기」에 '아유타'가 삽입된 후 일정한 시간이 지나고 나서『삼국유사』가 편찬되기 전 호계사에서 파사석탑 설화가 만들어졌을 가능성이 크다. 호계사에서 무슨 이유로 파사석탑 설화를 창작했는지는 정확하게 파악할 수는 없다. 다만 그 석탑의 생김새를 통해 짐작컨대, 원래는 이 지역 인근에서 난 기이한 돌을[4] 숭배하는 차원에서 만들어진 돌무지가 돌탑의 기능을 담당했던 것이 었는데, 점차 인근의 '아유타에서 온 허왕후' 이야기와 만나 허왕후가 배를 타고 올 때 가져온 석탑으로 자리를 잡았을 것으로 본다. 돌무지 숭배와 아유타에서 온 허왕후 설화가 만나면서 설화는 민간에 널리 퍼졌고, 후술하듯이 허왕후는 조선 중엽 이래로 역사적 실체가 있는 실존 인물로 인식되기 시작했고, 그에 따라 설화가 만들어진지 600년 정도가 지난 뒤인 조선

---

[4] 일연은 이 돌이 『본초』에서 닭 벼슬의 피를 찍어서 실험했다는 그 돌이라며 우리나라에서 나는 돌이 아니라고 했으나 일연의 착각일 가능성이 크다. 고대부터 김해 지역이 철의 주산지였다는 사실을 상기하면 이 지역에서 이런 붉은 색 돌이 존재할 수 있는 가능성은 크다. (이 의견은 인도 뿌네의 반다르까르 대학에서 고고학 박사 과정에서 연구 중에 있는 김용준씨의 조언에 힘입었다.) 일연은 전술하였다시피 불교사관을 장착한 승려로 세상의 사건을 기이의 정서로 해석하는 시각을 가진 사람이라서 그의 해석이 객관적 사실의 전거가 될 수는 없다.

의 고종 때에 김해부사 정현석은 그 전설을 역사적 사실로 인식하여 15세기 중반 이후부터 허왕후릉이라고 인식되기 시작한 어떤 능에 옮겨놓은 것이다. 후술하다시피 허왕후는 15세기 중반 이후부터는 역사적 실재 인물로 인식되기 시작했으니 고종 때는 이미 허왕후는 실재했던 역사적 인물로 분명하게 이해되었고, 그에 결부된 전설 또한 분명한 근거로 받아들였던 것이다.

허왕후가 인도에서 가락국을 향해 항해를 시작할 때 풍랑을 만나 되돌아가 파사석탑을 싣고 다시 항해를 시작해 안전하게 가락국에 왔다는 이야기는 역사적 사실이 될 수 없는 백 퍼센트 지어낸 이야기 일뿐이다. 우선, 불교에서 탑이라는 것은 원래 무덤으로 출발했다가 후대에 가면서 어떤 사건을 기념하거나 헌물로 바쳐 공덕을 쌓기 위해 조성하는 경우로 확장되긴 했지만 그 어떤 경우라도 그 안에 사리(유골)나 경전 혹은 여러 종류의 물건을 안치하는 것이다. 그래서 그 형태가 시간이 가면서 바뀌더라도 기본적으로 기단基壇과 복발覆鉢이 탑의 원래 기능을 하는 부분으로 그 중심을 이루고 평두平頭와 사개傘蓋가 우주의 상징을 나타내는 부분이 있게 되는데, 시간이 흐르면서 평두와 산개가 확장되면서 전체가 비슷한 크기로 균형을 이루긴 하지만, 그 어떤 경우라도 그 탑 전체는 부장품을 가지고 있는 분리할 수 없는 건축물이다. 한참 후에 불교와 직접 관련이 없는 속신의 일종으로 돌 숭배가 습합이 되면서 부장품이 없이 많은 돌을 쌓아 돌탑을 만든 경우가 나타나지만, 그런 형태는 허왕후가 가락국으로 출발했다고 하는 기원 초기 고대 인도에서 불탑이라고 부를만한 것이 없다. 기원 초기 꾸샨 시대에는 돌 몇 개를 따로 따로 얹혀 돌무지로서 숭배물의 일종이 있을 수는 있겠지만, 굳이 불탑을 가지고 왔다면 그런 정도의 불교 정체성을 전혀 갖추지 못한 것을 가져왔을 리는 없다. 또 무엇보다도 일차적으로 무덤인 탑을 배에 실었다는 것 자체가 어불성설이다. 무게 중심 차원이든 방호防護 차원이든 탑을 배에 탑재한다는 개념 자체가 고대 인도에서는 존재하지 않았다. 탑이라는 것은 낱낱이 나눌 수도 없을뿐더러, 방호 차원이 아닌 배의 무게 조절용이라면 이건 도저히 있을 수 없는 이야기다. 무엇보다도, 당시 인도의 항해술을 고려해볼 때 돌무더기를 가지고 풍랑을 막아내면서 그 먼 인도 아요디야에서 (혹은 태국의 아웃티야에서 혹은 중국 동해안에서) 가락국까지 항해해 왔다고 하는 것은 도저히 있을 수 없는 일이다. 인도는 이미 기원 전 2,500년 경 메소포타미아와 바다를 통한 무역을 했고, 기원 초기에는 동남아로 대규모의 이주가 시작되어 베트남, 캄보디아, 인도네시아 등에 상당한 수준의 인도인 정착지가 형성되었는데, 돌 몇 개로 풍랑을 막는 수준으로는 그런 대규모의 이주를 설명할 수는 없다. 그 돌들은 균형을 잡는 추의 역할을 하는 것이 아닌 진호鎭護를 위한 주술 용도의 탑이었다고 누군가 주장할 수는 있겠다. 하지만 설사, 진호 차원에서 탑을 가져왔다고 하더라도 탑을 그런 용도로 사용했다는 것은 고대 인도에서는 존재하지 않았다. 고대 인도에서는 방호 차원에서는 발우 혹은 실크나 종이에 불상이나 법문 혹은 주문을 적어 가지고 다녔다. 분리할 수도 없는 탑이나 돌무더기를 진호용 주술 용구로 사용했다고 주장하면 그것은 불교를 전혀 모르고 하는 상식 이하의 말일 수밖에 없다.

　파사석탑은 생김새가 독특한 돌을 숭배용으로 쌓아 돌탑이라 불렀던 고려 시대 한국에서 만들어진 민속 신앙이 불교로 습합된 것이다. 고려 중기는 불교의 민간 신앙이 매우 왕성하게 성장한 때였기 때문에 민속 신앙으로서 돌탑 쌓는 일은 널리 행해졌다. 이 때 이 지역에서 외형상 특이하게 붉은 색을 띠고 독특한 무늬가 있는 돌을 민간 신앙 차원에서 숭배하고 그것이 불교와 습합되는 과정에서 불교 사찰 호계사에서 이야기를 정리한 것이다. 파사석탑의 돌은 돌의 표피의 붉은 점으로 이어지는 줄이 마치 핏줄 같이 보여 그것을 어떤 생명이 있는 것으로 여겨 숭배하는 사례가 인류학계에서 보고된 바 있는 사실을 상기하면 이 돌은 김해 지역에서 원래 돌 숭배의 대상이었던 것이 가락국기의 허왕후 아유타 도래 신화와 묶이면서 파사석탑 설화가 된 것으로 보인다. 결국 허왕후 신화 안에 자리 잡은 파사석탑 설화는 프레이저(James G. Frazer)가 규정 한 바 유사의 법칙에 따른 동종주술(homoeopathic magic)로서 김해 지역의 돌 숭배가 원래의 모습이다. 파사석탑은 비록 불탑이라는 용어로 나중에 습합되었지만, 본질적으로는 주술력을 가진 것으로 인식되는 기이한 돌을 숭배한 것이다.

파사석탑 설화는 그 구조와 표현이 황룡사장육상 설화와 매우 유사하다. 『삼국유사』 권3 탑상4 황룡사장육조에 나오는 황룡사장육상 설화는, 인도의 아육왕(阿育王 즉 아쇼까)이 불상을 조성하려 했으나 실패하자, 인연이 있는 땅에 가서 이루어질 것을 기원하며 금과 구리 그리고 삼존불상 모형을 배에 띄워 보내 마침내 진흥왕이 그 배를 발견하고 이후 조성 사업에 들어가 신라 땅에서 장육상이 조성되었다고 하는 이야기다. 만약 이 전설이 역사적 사실이라면 장육상 조성 연도가 574년이 되니, 인도에서 신라까지 배가 온 기간이 무려 800년이 걸렸다는 이야기가 된다. 허왕후의 전설을 역사적 사실로 곧이곧대로 받아들이면, 허왕후의 배는 이종기의 주장에 의하면 20여 년밖에 안 걸렸는데, 아쇼까의 배는 800년 걸렸다는 말이 된다는 말인가? 둘 다 바다에 부는 편서풍을 타고 왔다는데 허왕후는 20여 년 걸렸고, 아쇼까가 보낸 배는 800년이 걸렸다는 것을 진지하게 받아들일 수는 없다. 허왕후의 경우는 사실이고, 진흥왕–아쇼까의 경우는 전설이라 치부한다면, 그 기준은 뭐라는 말인가? 두 이야기 모두 어떤 메시지를 전달하려는 목적으로 누군가가 만들어서 민간에 널리 전파된 커뮤니케이션의 일종인 것이다. 그 과정에서 두 이야기는 공동의 모티프를 가지고 있다. 우선, 둘 다 佛國土 관념이 주제로 나타나고 있고, 모두 배를 타고 인도와의 접촉을 한다는 모티프를 중심으로 이루어져 있으며, 불법의 도움으로 福

을 이룬다는 모티프를 가지고 있다. 이를 통해 우리는 신라 중대 이후 당시 한국 사회에 '인도'는 불교의 나라로 상당히 알려져 있었다는 것을 알 수 있다. 그런데 당시 한국 땅에 알려진 인도는 사실적 실체로서가 아닌 불교로 해석된 만들어진 이미지였다. 불교가 인도 땅에서 나온 것은 맞고 불교가 상당한 영향력을 행사한 것도 맞지만 그렇다고 고대 인도가 불교의 나라가 된 적도 없고, 불교도가 다수를 차지한 적도 없으며, 불교를 로마의 기독교 경우와 같이 국교로 공인한 적도 없다.

아쇼까 또한 마찬가지다. 그는 최초의 통일 제국을 형성한 후 강력한 중앙집권 정부를 세우기 위해 당시 가장 큰 기득권 세력인 브라만을 억제하기 위해 불교를 지지했을 뿐이다. 그는 브라만 세력을 억압하기 위해 그들의 경제력 원천인 제사에 대해 금지령을 내렸고, 백성들에게 브라만 뿐만 아니라 불교와 자이나교 그리고 그 외의 여러 다른 종교 교단에게도 물질적 후원을 해야 한다고 칙령을 내렸고, 스스로 그렇게 했던 군주다. 그는 반反브라만 차원에서 비非브라만교를 지지한 군주였을 뿐 불교도들이 흔히 말하는 불교를 숭상한 호법護法 군주는 아니다. 하지만 전술하였다시피, 불교의 세계에서는 실체적 진실이라는 것보다는 해석에 따른 의미가 더 중요하다. 실제로 인도나 아쇼까가 어떻든지간에 인도나 아쇼까는 불교의 나라로, 호법 군주로 해석되어 그들의 역사인 신화에 기술되는 것이다. 이러한 메커니즘 속에서 '인도'의 의미 즉 인도는 불교의 나라고, 그래서 세계 최고의 문명국이라는 생각이 널리 깔려 있는 것이다. 당시에는 그러한 인도와, 그러한 세계 최고의 전륜성왕과 자신의 나라가 접촉을 가졌다고 하는 것이 이야기를 통해 인민들의 세계에 널리 알려져 있었던 것이다. 그러했기 때문에 허왕후가 아유타 즉 인도에서 왔다 하니, 바다로 건너왔을 것이고 그때 불탑을 가져왔을 것이라는 믿음이 그들의 신앙 세계에서 자연스럽게 형성될 수 있었던 것이다. 인도라는 나라가 불교의 나라고, 그래서 인도와의 연계를 통해 정통성을 확보할 수 있다고 하는 생각은 늦어도 황룡사장육상 조성 설화가 만들어진 신라 진흥왕 때에는 민간에 상당히 널리 퍼져 있었을 것이다. 그리하여 신라는 이 책의 머리말에서 언급한 인도와의 관련을 보여주는 네 가지 이야기가 만들어지면서 불교의 나라 인도와 밀접한 관련을 맺는 나라가 되고 그것이 결국 인도는 서축, 신라는 동축이 되는 것이다. 그러한 이야기가 만들어지는 과정에서 인도와의 접촉을 만들어내는 모티프는 주로 '바다'를 통해 만들어졌다. 그것은 육지를 통해 인도와의 접촉을 만들어내는데 있어서 가까이는 백제와 고구려 멀리는 중국이라는 때로는 접촉을 위한 통로가 되기도 했지만 때로는 분명한 장애물이 존재하였고, 그 장애의 현실성 때문에 이야기가 만들어지는 과정에서 상상력이 부풀어 오르는 차원에서 바다 모티프가 자주 활용되었을 것으로 본다. 실제로 신라는 바다 건너 일본과의 관계도 많았고, 설화 차원에서도 석탈해 설화와 같이 바다와 관련되는 것이 많았다. 허왕후가 바다를 통해 왔고, 바다의 풍랑이 심해 파사석탑을 중간에 탑재하여 무사히 목적지에 당도하였다는 허왕후 설화는 이러한 신라의 바다를 통한 인도와의 관련 모티프가 널리 퍼질 수 있는 정서적 환경에서 조성될 수 있었던 것이다.

파사석탑 설화가 『삼국유사』에 실릴 정도로 민간에 널리 퍼졌다고 하는 것은 『삼국유사』 편찬 당시에 허왕후 설화는 상당한 확장 동력을 가지고 있었음을 보여주는 좋은 증거다. 『삼국유사』에 허왕후 설화가 실리는 13세기 무렵에는 허왕후 설화와 관련하여 민속 놀이도 만들어졌다. 『삼국유사』에 의하면 고려 문종 때 「가락국기」에 나오듯 허왕후 일행을 맞이하기 위해 유천, 신귀 등이 왕후가 오는 것을 바라보고 급히 재촉하여 임금에게 고하려 하였던 것을 따라서 경주 놀이가 거행되고 있었다는 기록이 있다. 이 민속놀이가 문종 대에 있었다는 사실은 가락국기가 편찬된 문종 대에는 이미 허왕후 설화가 민간에 상당히 널리 퍼졌음을 알 수 있다. 「가락국기」에 기술된 허왕후 설화는 인민들에게 인도에서 배를 타고 왔고, 그때 풍랑을 이겨내고 무사히 이곳으로 당도하게 해 준 이가 바로 이 석탑이라며 파사석탑을 숭배하기 시작했을 것이고, 그 위에서 「가락국기」 기사에 따라 허왕후 일행 소식을 수로왕에게 알리는 일을 원용하여 새로운 민속 놀이가 민간에서 행해진 것이다. 13세기에 허왕후 설화는 상당한 확장 동력을 갖추고 있었고 그 중심에 파사석탑 이야기가 있었다.

불교 사찰에서 확장되기 시작한 허왕후 신화는 조선조 들어 성리학의 가문 정치를 만나면서 또 한 번의 전기를 맞는다. 양천허씨가 신화 속의 허왕후를 실제 인물로 여겨 허왕후릉을 비정하고 족보와 연계시키는 일련의 과정 속에서 허왕후가 실재하는 역사 속 인물로 자리매김하게 된 것이다. 허왕후는 '보주 태후'라는 시호를 받게 되고, 적당한 타협을 통해 족보에까지 등장한다. 허왕후 신화는 18세기 들어 김해의 명월사를 비롯한 작은 사찰들이 사원 비즈니스 차원에서 신화 만들기에 적극 나서면서 또 한 번의 큰 확장을 경험한다. 이 경우 이전 시대보다 더 과감한 방법으로 사료 조작과 날조가 이루어졌다. 특히 주목되는 것은 허왕후의 형제 장유화상이라는 인물의 창조다. 그와 허왕후 아들들을 둘러싼 이야기들은 1980년대 이후 일부 사이비 역사학자들에 의해 마치 「가락국기」나 『삼국유사』에 나오는 원형의 이야기처럼 퍼져나갔다.

Ⅳ. 사이비 역사학과 '국민신화'로의 확장

허왕후가 실제로 인도에서 왔다는 주장은 이종기라는 한 아동문학가의 탐사문 형식을 빌린 수필에서부터 시작되었으니 1977년의 일이다. 하지만 그것이 한국 사회에 실재하는 역사이자 '국민 신화'로 등장하게 된 것은 김병모라는 한 고고학 전공 교수의 치열하지 못한 학문 때문이다. 김병모는 허왕후 신화를 구성하는 여러 설화가 언제 만들어진 것인지, 그것들이 역사적 사실을 보여주는 사료로서의 자격을 갖추었는지 등을 살피는 노력, 즉 역사를 분석하는 학자로서 담당해야 할 제1의 과제인 사료 검증을 전혀 하지 않았다. 그는 20세기에 들어와 만들어진 이야기가 마치 「가락국기」 기술 당시의 원형인 것처럼 말했고, 그것으로 수로왕 시대의 역사를 논했다. 그리고 그 결과물을 주로 검증이 필요하지 않은 언론에 무차별적으로 살포했다.

김병모의 화려한 언어로 인해 허왕후 신화는 역사적 사실인 것처럼 국민들에게 널리 받아들여졌다. 대표적인 예가 허왕후가 아요디야에서 가락국으로 올 때 오빠인 장유화상과 같이 왔다거나 허왕후가 아들을 몇 낳았다거나 하는 이야기들이다. 대부분이 조선 시대 중기 이후 혹은 20세기 들어 만들어진 것임에도 불구하고 김병모는 그 이야기를 가지고 수로왕 시대의 역사를 이야기한다. 그는 역사학 해석의 전문 훈련을 받지 않은 일반인들이 신화가 태초의 사건을 말하면 그것이 태초의 역사를 기록한 것으로 인식하게 하는 데 일조한 것이다. 사이비 역사학의 확산은 이러한 분위기에서 이루어진다. 이후로 사람들 사이에서는 허왕후가 오빠와 함께 인도에서 왔다는 사실은 물론이고, 수로왕과 사이에서 열 아들을 낳고, 그들이 가야산이나 지리산으로 들어갔다는 이야기가 「가락국기」나 『삼국유사』에 나오는 것처럼 이해하고, 그것이 기원 초기의 역사적 사실을 기록한 것이라고 생각하는 경향이 널리 퍼지게 된다.

허왕후가 고대 인도에서 가락국으로 시집왔는데, 그때 불교도 들어왔으니 한국 불교의 역사는 중국을 거치지 않고 인도로부터 해로로 바로 들어왔다는 주장은 아동문학가의 역사 수필이 허명철이라는 외과 의사를 만나

가공된 후 김병모라는 교수를 만나 학문으로 포장되고 언론을 만나 유포되는 과정 속에서 거침없이 확대되었다. 여기에 아마추어 민족주의자들까지 가담하여 인도와 직접 접촉하고 일본에까지 건너가 나라를 세운 가락국의 역사는 삼국 중심의 기존 역사에 의해 무시당했으니 지금부터라도 그로부터 벗어나 북방 문화가 아닌 남방 문화를 더욱 탐구해야 한다고 주장하고 나섰다. 남방 문화 탐구의 필요성은 예의 한국어 드라비다어 기원론과 맞물리면서 더욱 자극적으로 퍼져나갔다. 이때 허왕후의 실제 인도에서의 도래는 역사에서 일어난 기정사실이 된다. 사이비 역사학의 이 같은 작업은 대륙에 붙은 반도라는 콤플렉스로부터 벗어나고 싶어 하는 '위대한 한민족'의 심리를 자극하기도 한다. 한 아동문학가의 창조된 해석이 고고학 전공 교수의 사이비 역사학과 만나고 언론이 이를 부추기면서 '허왕후 신화'는 한반도를 벗어나 세계 속으로 뻗어나가 세계의 주인이 되고 싶은 위대한 한민족 민족주의 속에서 일약 '국민 신화'가 되어버린 것이다.

이 현상은 『환단고기』, 한사군 한반도설, 단군 신화의 신화 부인 등 한국 고대사에서 이른바 재야사학이라 불리는 수구 민족주의 사이비 사학이 만들어진 것이 박정희 정권의 군사 교과서 국정화와 관련이 있다는 주장과 맥이 닿아 있다. 이종기의 탐사문이 1977년에 나왔으니 당시는 박정희 정권의 '국적 있는 교육' 정책이 한창 펼쳐질 때다. 이러한 사회 분위기는 민족주의자들에게 자신의 생각이 국가 정책을 적극적으로 뒷받침할 수 있다는 생각을 가지도록 만들었을 것이다. 이러한 정서는 이종기 선생과의 인터뷰를 통해 확인한 바 있다. 1986년 가을 서울 용산 서빙고동의 한 커피숍에서 만난 이종기 선생은 자신은 아동문학가로서 어린이들의 상상력을 불러일으킬 수 있는 일을 하는 것이라고 말한 바 있다. 박정희의 위대한 민족주의와 한 아동문학가의 꿈과 희망을 주는 글이 만나게 된 것이다. 사실 이 만남은 그다지 큰 영향력을 남기지 않고 일부에만 영향력을 행사하는 정도로 그칠 수 있었다. 그렇지만 한 고고학 전공 교수와 언론이 따라붙으면서 신화 만들기는 극대화 된다.

고고학자 김병모는 이종기의 『가락국탐사』를 읽은 후 그 요지를 학문의 틀 안에 담고 언론에 널리 알림으로써 사이비 역사학과 황색 언론이 만나게 되는 계기를 조성했다. 김병모의 태도는 학문을 하는 사람이 취할 수 있는 것이 아니었다. 그의 관심은 오로지 자신의 주장을 언론에 널리 알리는 데 한정된 듯 보였다. 서울대와 옥스퍼드대 출신의 한양대 문화인류학과 교수라는 직함은 언론을 활용하는 데 유리한 기제였을 것이다. 언론은 김병모의 자극적 사이비 역사학을 충분히 활용하여 황색 언론의 길로 나아가는 데 주저하지 않았다. 김병모의 언론 활용은 주로 『조선일보』를 통해 시작되었으나 나중에는 『한겨레』나 『경향신문』 등 이른바 진보 신문도 달려들었다. 『조선일보』의 영웅 신화와 민족주의가 사이비 역사학과 만나 국민 콤플렉스를 자극해 만들어진 '국민 신화'에 진보 신문까지 가담한 것이다.

이러한 상황에서 제대로 발언을 하지 못하는(혹은 학문적인 글이 아니니 애써 무시하는) 학자들의 태도는 신화가 날조되고 확장되며 나아가 사이비 역사학이 기승을 부리는 데 동조하는 결과를 낳게 되었다. 그 과정에서 한국 역사학계의 고질적인 병폐가 드러났다. 불교와 『삼국유사』의 기본 바탕이 될 수밖에 없는 인도 고대사에 대한 연구를 하는 이는 없었다.

김병모의 주장에 대해 대부분의 가야사 연구자들은 전공자가 아닌 이의 하찮은 주장 정도로 치부했다. 하지만 가야사를 전공하지 않은 많은 학자들은 그의 주장을 또 하나의 학설로 인정하여 그를 인용하거나 그의 주장을 전혀 검증하지 않은 채 받아들여 그 위에서 자신의 주장을 펼치는 것이 대부분이었다. 그들은 인용이 자신이 전공하지 않은 부분에서 학문적 중립을 지키는 태도인 것처럼 인식하는 듯했다. 인용이므로 자신은 학문적 책임에서 자유롭다는 식이다. 특이한 점은 그러한 역사학자들이 대개 대중들에게 상당한 영향력을 가진 유명 인사가 많다는 것이다. 그들은 무비판적으로 허왕후 신화에 관한 사이비 역사학을 받아들였다. 그들의 대중적 영향력이 상당히 크다는 점에서 볼 때 그들도 대중의 역사 인식을 호도하고, 수구 민족주의를 무분별하게 널리 퍼뜨리는 데 상당한 기여를 했다는 사실을 부인하기 어렵다. 이런 점에서 그들 또한 신랄한 비판을 받아야 한다.

이른바 재야사학자의 대표적 인물이라 할 수 있는 이이화는 『한국사 이야기 2』를 통해 파사석탑이 '중국의 남쪽 지방과 인도 지역에서 생산되는 돌이라는 사실이 근래에 확인되었다'는 전혀 확인되지 않는 진술을 한다. 그는 또 김수로왕릉 정문에 새겨진 태양 무늬와 물고기 무늬를 인도에서 널리 사용되는 태양 무늬와 물고기 무늬 그림과 나란히 보여줌으로써 이종기의 상상을 그대로 받아들였다. 이이화가 말하는 태양 무늬 문양은 수로왕릉 정문 단청에 '그려져' 있지도 않다. 그럼에도 그는 정문에 '새겨진' 것이라고까지 말한다. 이뿐만이 아니다. 이이화는 이종기 그림 안에 한 인도인이 펜으로 적어 놓은 힌디 문자 '꼬리야'(한국)와 '바라뜨'(인도)마저 그대로 옮겨놓는다. 이는 그 문자를 읽지 못하는 사람들로 하여금 글자가 김수로왕릉과 인도 아요디야에 같이 있는 것으로 착각하게 만든다. 이종기의 그림이 신비스러운 느낌을 갖게 하도록 만든 것이다.[5] 나아가 이이화는 김해 김씨의 시조는 수로왕으로 열 명의 아들 중에서 여덟 명은 아버지의 성을 따랐고 두 아들은 김해허씨의 시조인 어머니 허왕후의 성을 따랐으니, 이들 허씨가 어머니의 성을 따른 최초의 예가 될 것이라고까지 했다.[6] 역사학의 제1원칙인 사료 검증조차도 하지 않은 채 후대에 만들어진 자료를 가지고 당시의 역사를 운운한 매우 무책임한 태도라 하지 않을 수 없다. 이러한 태도는 선행 연구에 대한 비판적 검토를 하지 않은 채 개론서를 집필

---

5) 이이화, 『한국사 이야기 2』, 한길사, 1998, 130~132쪽.
6) 이이화, 『한국사 이야기 2』, 136쪽.

하는 사람들에게서 흔히 발견되는 오류다. 최근 사이비 역사학 논란의 한 중심에 서 있는 이덕일도 이러한 연구 태도를 취하는 대표적인 인사다. 그는 『세상을 바꾼 여인들』에서 허왕후를 수로와 함께 금관가야국의 공동 시조로 치켜세웠는데, 그 근거는 오로지 『삼국유사』에 나오는 설화들뿐이다. 사료에 대해서는 전혀 분석하지도 않은 채 그 이야기를 역사적 사실로 전해주는 기술이다. 또한 이덕일은 수로왕과 허왕후를 '장남은 남편 수로왕을 따라 김해김씨가 되게 하고, 차남은 자신의 성을 따라 김해허씨가 되게 했던 고대판 평등부부의 전형'이라고 해석하기까지 했다.[7] 나아가 이덕일은 허왕후 이야기와 유물들은 불교가 처음 한국으로 전해진 것이 (북방 중국에 의해서가 아닌) 허왕후를 통해서였음을 보여준다는 해석이 오랫동안 있어 왔다는 식으로 학계의 연구사까지 왜곡하기도 했다.[8] 허왕후 신화와 남방 불교 전래설에 대한 비판적 연구가 이미 여러 학자들에 의해 활발하게 이루어졌음에도 그러한 연구들에 대해서는 일언반구 언급도 없이 얼버무린다. 그러면서 무책임한 주장을 한국사에 대한 지식이 일천한, '위대한 인도'를 외치는 인도 민족주의자들 앞에서 발표한다. 매우 위험한 일일 수밖에 없다. 허왕후와 관련하여 불교의 남방 전래설을 주장하는 또 하나의 학자로 무함마드 깐수(정수일)를 들 수 있다. 그는 서아시아와 신라 사이의 교역이나 실크로드 교역에 대해서는 전문가적 식견을 가지고 있는 정통 역사학자다. 반면 허왕후 설화의 비판적 해석에는 무지하다. 그럼에도 사이비 역사학자의 의견을 무비판적으로 받아들임으로써 자신의 학문적 업적의 권위를 크게 손상시킨다. 그는 「한국불교남래설 시고」라는 논문에서 허왕

---

7) 이덕일, 『세상을 바꾼 여인들』, 옥당, 2009, 271쪽.

8) Lee Dukil, "Historical Issue of Heo Hwang-ok (Queen of Gaya)", $Shared Heritage-as New Variable in the Indo-Korean Relations: Historicizing the Legend of the Princess from Ayodhya and its Historicity$ (New Delhi: Indian Council of Cultural Relations, 2015), p. 17.

후가 인도에서 왔다는 것, 수로가 왕위에 오른 뒤 임시 궁전의 남쪽 신답평을 보면서 16나한이 살 만한 곳이라고 했다는 것, 만어산의 독룡과 나찰녀 이야기 등[9] 『삼국유사』에 실린 전형적인 불교 설화를 불교가 남방에서 전래되었음을 보여주는 근거로 든다. 나아가 수로의 열 왕자 이야기, 심지어 이종기의 주장까지 남방 불교 전래설의 근거로 삼는다. 역사적 사실과는 아무런 관계가 없는 불교의 여러 설화들을 사실로서의 역사를 보여주는 근거로 삼는 오류를 범한 것이다.

김해 지역의 공공 기관은 허왕후 신화를 김해의 정체성과 결부시키면서 김해 지역의 관광 상품으로 발전시키는 일에 매진하고 있다. 2002년 부산 아시안게임에서는 허왕후의 도래 이야기가 개막식에서 화려한 행사로 올려지기까지 했다. 설화를 문화 행사의 일환으로 활용하는 것은 바람직 한 일이다. 설화 또한 고유의 가치가 있는 문화자산이고, 문화 행사가 반드시 역사적 사실로만 이루어져야 하는 것이 아니기 때문이다. 그렇지만 설화는 문학이나 예술을 구성하는 하나의 요소로서 이야기로서의 문화 자산이라는 사실을 분명히 해야 한다. 설화를 역사적 실체로서 인정할 경우 문제는 달라진다. 허왕후 설화를 한국인들이 인도의 신화 요소를 차용하여 만들어낸 이야기로 받아들이는 것은 바람직하지만, 그것을 실제 있었던 일로 간주하는 것은 여러 가지 문제를 야기 시킬 수 있다. 최근 힌두 민족주의 역사학에 경도된 인도국민당 정부가 인도의 교과서에 자신들의 공주가 한국 땅에까지 가서 문명을 전파하는데 일정 부분 역할을 했다는 식으로의 내용을 교과서에 반영하겠다는 움직임도 있다. 이러한 수구 민족주의자들의 신화의 역사화는 매우 위험한 일이다.

---

9) 무함마드 깐수, 「한국불교남래설 시고」, 18~21쪽.

「허왕후 신화 만들기」에 대한 토론문

이 영 식 (인제대학교)

원래 김해지역 가야불교 관련의 문자기록에 대한 검토를 주문했으나, 불교의 설화를 역사로 인정해 왜곡, 확대, 전파해 왔던 과정을 간단명료하게 드러내 주었다. 정확하게는 가야사 연구라기보다는 가야사의 연구와 전파상의 문제점을 통렬하게 지적한 현대사의 연구가 되었다. 발표내용을 중심으로 한 두 가지 의문과 보완의 요구를 서술해 본다.

첫째, 현존의 허왕후 신화가 형성되고 윤색된 배경에 대해 ① 불교에 의한 창작과 윤색, ② 족보에서 설화의 역사화, ③ 불사 진작(* 발표자는 '사원비지니스'로 표현)을 위한 불교신화 만들기, ④ 사이비 역사학자에 의한 원 사료의 왜곡적 전파와 한국과 인도의 민족주의와의 결합을 지적하고, 각각의 사례로서 ① 호계사의 파사석탑 설화, ② 양천 허씨 등의 허왕후릉 비정과 족보화, ③ 김해 명월사 등의 신화 만들기, ④ 장유화상이 『삼국유사』의 기록인 것처럼 전파했던 점 등을 들었다. ④에 대해서는 상술되었으니 인도민족주의에서 허왕후 신화가 어떻게 이용되고 있는지에 대한 소개를 부탁하고, ①·②·③의 사례에 대해 구체적인 내용의 보완을 부탁드린다.

둘째, 오늘 발표되진 않았으나 발표자는 예전에 『한국고대사연구』에 중세~근세~현대 김해지역의 불교전승의 관련 자료에 대해 종합적 비판적 검토를 진행 바 있다. 원래 학술회의기획자의 주문이기도 했기 때문에, 이러한 종전의 연구에 대해 결론을 중심으로 간단한 소개를 부탁한다.

셋째, 왠지 요즈음 갑자기 붐을 이루기 시작한 가야불교에 대한 논의 중에서 발표자도 지적했던 한국어 드라비다어 기원설이 한 몫을 거들고 있다. 드라비다어기원설은 이미 한말 1860년대에 선교사로 입국 활동했던 달레(Dallet)나 헐버트(Helbert) 등이 제기했던 이른바 남방문화론의 선구적 업적이었다. 국내 유일의 인도고대사 연구자로서 어떻게 보는지 구체적인 사례와 함께 의견을 부탁한다.

넷째, 허왕후신화가 역사적 사실처럼 받아들이게 되는 배경의 하나로 부산시나 김해시의 문화관광사업 소재로서의 활용을 지적하면서도, "문화행사의 일환으로 활용하는 것을 반대할 생각은 추호도 없다"고 하였다. 역사적 사실의 전파와 문화관광자원으로서의 활용이 구분되면서 '윈윈' 할 수 있는 기준이나 방안이 있으면 조언을 부탁한다.

끝으로 학계 역시 사이비역사학의 허왕후만들기에 동조했다는 비판이 있었다. 사이비 역사학자의 원 사료의 왜곡적 전파와 근거 없는 주장, 한국사 개설서의 무비판적 수용과 전파 등이었다. 토론자 역시 침묵한 적은 없지만 그렇다고 적극적으로 비판하거나 문제점을 전파하지 못했던 것에 뼈아픈 지적으로 수용하고 싶다.

「허왕후 신화 만들기」에 대한 토론문

차 순 철 (서라벌문화재연구원)

이광수 선생님의 발표는 허왕후 전설이 문헌에 기록으로 채록되고 난 이후, 이 내용이 지역 안에서 재해석되고 변형되면서 새로운 이야기로 완성되고 다시 역사 속에서 전설과 사실이 혼용되고 있다고 지적하고 있다.

앞서 발표하신 산토귀 굽타 선생님이 살펴본 한국·인도 외교사에서의 아유타와 김해에서 지적된 내용의 연장선이라는 문제의식을 느낄 수 있는 부분이 많다.

결국 『삼국유사』「가락국기駕洛國記」안에 나타난 내용을 어디까지 인정할 수 있는가? 라는 문제를 생각해보게 된다.

허왕후 전설이 조선시대에 재조명을 받게 된 원인으로 양천 허씨의 존재를 지적하였는데, 이러한 모습은 경주지역에서도 비슷한 모습이 알려져 있다. 바로 경주의 신라 초기왕족인 박씨, 석씨, 김씨 이렇게 세 문중에서 신라왕릉을 비정하고 족보를 새롭게 편찬하게 되면서, 지금의 신라왕릉들이 정해진 것이다.

허왕후 전설에서 파생된 여러 문제들, 장유화상과 남방불교, 10명의 아들, 가야산이나 지리산으로 들어갔다. 등의 내용은 "신라의 마지막 태자인 마의태자가 금강산으로 들어갔다.", "최치원이 지리산으로 들어갔다." 처럼 신화화된 내용이 역사 사실로 민간에 전해지고 전설로 자리잡아가는 모습을 보여준다.

김병모 학설을 살펴보면 단순히 허황옥에 대한 부분도 있지만, 당시 연구되던 남방 지석묘 기원문제, 쌀농사의 기원 문제처럼 고고학 연구내용도 함께 포함된 채 논의가 이루어졌다고 본다. 물론 전설 내용을 몇몇 단편적인 사실 속에서 근거를 찾고 입증하려한 부분은 논란의 소지가 있지만, 한국문화의 남방기원설 속에서 이루어진 것으로 보인다.

발표자의 지적처럼 1970년대 국가주도의 역사인식 문제는 이후 80년대 군부정권 아래에서 민족사라는 이름으로 부활하고, 위서를 역사서로 설파하는 모습으로 나타났다.

최근 발굴 조사된 익산 미륵사지 석탑의 경우 안에서 출토된 사리기 명문에 무왕의 왕비는 사택집안 출신 여인으로 기록된 내용이 새롭게 알려지면서, 익산—경주의 연결고리라 할 수 있는 선화공주가 역사 속에서 실종되어버리는 사태가 나타나기도 한다.

전설의 사료가치는 제한되지만 지금의 문화인식과 자산으로 연결되는 점은 전설이 가진 생명력으로 생각된다. 따라서 제기된 문제점들을 풀고 오류를 수정하는 것도 역사를 연구하는 사람들의 의무라 생각되며, 이러한 지적들이 학계에서 보다 활발하게 논의되고 재평가되기를 기대한다.

「허왕후 신화 만들기」에 대한 토론문

송 원 영 (대성동고분박물관)

이광수교수는 허황옥 설화에 대해 후대에 만들어진 신화—사료조작과 날조에 의한 것으로 해석하고 이를 민족주의, 국민 콤플렉스, 사이비역사학의 결과물로 보았다. 발표자는 인도고대사 전공자로 인도 고대 역사 속에서 허황옥의 출자에 대한 근거를 찾을 수 없으며, 누대에 걸쳐 조작의 확대가 이루어졌다는 입장이다.

허황옥 설화 외에도 한국고대사를 비롯한 일본, 중국에서 건국시조와 관련한 설화는 다양한 방법으로 신화화된 것이 사실이다. 그런데 이들 설화를 조작이라고 발표하는 역사가는 거의 없다. 왜냐면 신화는 상징을 통해 후대에 전달되는 것이 당연하며, 건국시조를 우상화하는 것은 통치체제의 정당성을 과장하고 홍보하기 위해 늘 있어 왔던 일이기 때문이다. 수로왕이 하늘에서 내려온 알에서 태어난 것이 역사적 사실일까? 단군왕검이 곰이 변한 웅녀에게서 태어난 것을 역사적으로 조작이라고 설파하는 역사학자가 있는가? 고구려, 신라, 고려의 시조를 비롯하여 유학을 국본으로 한 조선의 건국시조 또한 선대의 족보가 의도적으로 만들어졌다는 것은 역사를 배우는 학생들도 상식으로 알고 있다.

신화와 설화는 역사적 사실을 상징화한 것에 불과하다는 것을 익히 알고 그 속에 숨은 의미를 찾는 것이 역사학자의 책무라는 것을 당연하게 여기는 입장에서는 이런 설화를 어떻게 과학적으로 논리적으로 해석해야 할까 고민한다. 허황옥의 출신이 인도가 아니라면 도대체 어디일까? 중국이나 일본으로 추정하고 그 근거를 제시하는 것이 역사학자의 몫이었다.

새로운 근거가 나타나면 역사의 해석은 언제든 변할 수 있다. 대성동고분군이 발굴되기 전에는 수로왕릉과 왕후릉, 구지봉 등을 믿지 못하고 김해가 금관가야의 고도라는 것을 부정하는 학자도 있었다. 수로왕이 축조했다는 나성이 최근 발굴되기 전에는 가락국기의 모든 내용을 허구로 여기는 것이 고고학계의 일반적인 입장이었다. 그러나 지금은 수릉원의 목관묘 발굴을 통해 수로왕릉의 존재도 어느 정도 인정을 받고 있으며, 신답평 관련 기사도 봉황동유적 발굴결과로 증명되었다.

허왕후 신행길도 해상을 통한 무역루트를 상징화한 것으로 대다수가 인정하는 측면을 고려하면 허왕후 관련 설화를 비판적으로 수용할 것은 해야지 이를 무조건 조작과 날조로 보는 것은 오히려 비학문적인 태도가 아닐까 생각된다. 가락국기의 기록이 점점 신뢰성을 얻어가는 시점에서 유독 허왕후 관련 부분만 조작으로 보는 것은 타당하지 않다. 이에 대한 발표자의 견해를 듣고 싶다.

가락국 불교전승 관련 유적 연구

주영민*

目 次

Ⅰ. 머리말

일제의 임나일본부설을 극복하기 위한 일환으로 시작된 가야사 연구는 영세한 문헌 자료로 인하여 많은 어려움이 있어왔다. 우리나라 고대사 연구에서 빼놓을 수 없는『삼국사기三國史記』에는 가야본기加耶本紀가 빠져있고『삼국유사三國遺事』에 기술되어 있는「가락국기駕洛國記」등의 사료는 대부분이 설화적 내용을 담고 있어 사실로서 받아들일 수 있는 부분이 극히 제한적이다. 그러나 70년대 이후 꾸준히 증가하고 있는 유적 발굴 성과로 이러한 자료의 한계를 극복해 나가고 있다.

---

* 국립일제강제동원역사관

본고에서 다루고자 하는 가락국의 불교 수용 문제 역시 제한된 자료에 따른 한계는 있지만 연구자들 사이에서 그간 다양한 논의가 진행되어 왔다. 첫 번째는 불교가 기원전 1세기 초경 인도에서 동남아시아를 거쳐 가락국으로 전래되었다는 설, 두 번째는 허황옥許黃玉의 불교전래를 담고 있는 기록을 단순히 설화적 내용으로 치부하여 가락국에 불교가 수용되지 않았다는 설, 세 번째는 허황옥의 가락국 도래에 등장하는 불교적인 요소를 후대에 윤색된 것으로 보고, 가락국에 불교가 인도나 백제·남중국을 통해 5세기경에 전래되었다는 설이다. 이 중 5세기경에 불교가 가락국에 전래되었다는 설이 가장 유력하게 인정받고 있다.

종래의 이와 같은 가락국 불교 수용에 관한 대부분의 논의의 문제는 국가에서 불교를 공인한 시점부터 불교가 전래된 것으로 본다. 그러나 국가에서 왕명 등의 공권력으로 불교를 공인한 시점은 이미 그 땅에 불교가 처음 들어온 시점으로 볼 수는 없기 때문이다. 왜냐하면 왕명으로 불교를 공인하기 이전에 민간에 전래된 불교가 토착 종교와 결합·변용되어 민중이 받아들이기에 거부감이 없어진 이후가 되어서야 국가에서 공인하기 때문이다.

이밖에도 우월한 철기문화를 바탕으로 해양을 통해 주변국과 적극적으로 교섭한 가락국이 주변 나라에 전래되기 시작한 불교에 대해서 무지하였다고는 생각되지 않는다. 더욱이 고대국가에 있어서 불교 공인과 더불어 율령이 공포되는 등 그 수용이 왕권 강화와 연결되는 것으로 볼 때 불교 전래가 삼국에 비해서 늦었다고는 볼 수 없다. 다만 불교에 대한 기록이 삼국에 비해서 늦게 등장하는 것은 강력한 고대국가로 성장하지 못한 가락국의 한계를 나타내는 것으로 판단된다. 따라서 삼국에 비해 불교가 가락국에 결코 늦게 전래된 것으로 볼 수는 없고 다만 공권력에 의한 공인이 늦었던 것으로 이해하는 것이 바람직할 것이다. 그렇기 때문에 5세기경에 불교가 가락국에 전래되었다는 유력한 설 역시 재검토될 여지가 있다고 판단된다.

본고에서는 이러한 논의를 근간으로 먼저 가락국 불교 수용 관련 사적기록을 검토하여 신화적 요소와 역사적 사실을 구분하여 보고 「가락국기駕洛國記」를 편찬한 편찬자의 편찬의도를 살펴보고자 한다. 『삼국유사三國遺事』 기이편紀異篇에 등장하는 「가락국기駕洛國記」는 완전한 내용은 수록되어 있지 않지만, 『개황록開皇錄』·『김유신행록金庾信行錄』·『김유신비문』과 그 밖에 전해지던 『가락국사』 등의 사료를 참고하여 편찬되었다고 추정된다. 이들 사서의 편찬연대는 서로 시대를 달리하는데, 사서 편찬의도 속에는 당시대 사람들의 가락국 불교 수용관이 반영되어 있기 때문이다. 다음으로 문헌기록에 등장하는 가락국과 관련된 사지寺址 중 김해지역에 산재해 있는 유적에 대하여 실시한 2004년의 고고학 조사 성과를 재검토하여 볼 것이다. 이와 같은 문헌기록과 고고학조사에 대한 비교·검토를 통하여 가락국 불교 수용에 관하여 그간 간과하고 지나쳤던 여러 문제점을 도출해 볼 것이다. 끝으로 가락국 불교 수용에 관한 논점들을 살펴보고 가락 불교 수용시기와 경로에 관한 합리적인 가능성과 앞으로의 조사방안을 제시해 보고자 한다.

II. 가락국 불교전승에 대한 검토

1. 사적기록 검토

가락국의 불교에 관련된 문자기록으로는 『삼국유사三國遺事』를 비롯하여 김해지역에 현존하는 근세 금석문 자료가 있다. 먼저 『삼국유사』에서는 6

건의 가락국 관련 불교 기사가 확인된다. 각각의 기사에 등장하는 수로왕과 허왕옥의 설화가 불교 전승과 관련된 것으로 볼 수 있는지에 대한 진위가 가락국 불교 수용과 직결된 문제로 판단된다. 왜냐하면 수로왕과 허왕옥의 설화가 실린 『삼국유사』와 「가락국기」가 각기 고려 충렬왕 7년(1281) 승려 일연一然과 금관주지사金官州知事를 지낸 문인文人이 11세기 말엽에 편찬하였기 때문이다. 그렇다면 『삼국유사』와 「가락국기」가 편찬된 시기는 수로왕과 허왕옥 설화의 배경인 1세기경의 상황과는 커다란 차이가 있었을 것이다. 따라서 수로왕과 허왕옥 설화의 원형이 고려시기에 이르기까지 아무런 변화 없이 그대로 보존되어 실렸다고 단정할 수는 없다. 이러한 상황을 간과하고 이 설화들을 비판 없이 역사적 사실로 받아들일 경우 그 생명력은 상실된다.[1] 그렇기 때문에 설화에 대한 올바른 이해를 위해서는 설화의 원형을 살펴볼 필요가 있다.

고려 인종 23년경(1145)에 김부식金富軾이 편찬한 『삼국사기三國史記』 「김유신 열전金庾信 列傳」에 수로왕의 출자에 관해서 언급하고 있다.

"……전략……그 12대조 首露는 근본이 어떤 사람인지를 모른다……중략……신라 사람들이 자칭 중국 고대의 少昊金天氏의 후예이므로 성을 김이라 한다고 하였으며 庾信碑文에도 유신이 軒轅[黃帝 軒轅氏]의 후예요 少昊의 宗孫[胤]이라 하였으니, 그러면 南加耶의 시조 수로도 신라와 同姓이 되는 것이다……하략……"[2]

---

1) 조셉 캠벨, 1999, 『천의 얼굴을 가진 영웅』, 민음사, pp. 477~483.
2) 『三國史記』 「金庾信 列傳」
   ……전략……十二世祖首露, 不知何許人也……중략……羅人自謂少昊金天氏之後, 故姓金庾信碑亦云, 軒轅之裔, 少昊之胤, 則南加耶始祖首露與新羅同姓也……하략……

『삼국사기』의 기록을 신뢰하면 적어도 7세기 후기경에 작성된 김유신비 문과 12세기 전기 경에는 수로왕의 난생설화에 대한 언급이 없고 단지 가 락국과 신라의 왕족이 동성이라는 기술만 보인다. 이것은 신라에 편입된 가락국 왕족들이 신라의 왕족과 같은 성씨를 가진 점을 부각시켜 태생적 한계를 극복하려 한 측면으로 이해된다. 이로보아 적어도 7세기 후기경의 가락국 시조설화와 지금 우리가 알고 있는 가락국 시조설화와는 차이가 있 었던 것으로 보인다.

「가락국기駕洛國記」에는 김수로의 출자에 관해서『개황력開皇曆』에 등장하 는 "開皇曆云 姓金氏 蓋國世祖 從金卵而生 故以金爲姓爾"이란 기사를 들어 설명하고 있다. 「개황력』은 연구자에 따라 편찬시기에 차이가 있지만 편찬 상한이 7세기 말기 이후, 하한을 신라말이나 고려초로 본다.[3] 그렇다 면 적어도『개황력』이 8세기경에 편찬되었다면, 이 시기에 수로왕의 난생 설화卵生說話가 등장하고 있는 것으로 보아, 앞서 지적한 가야계의 태생 적 한계를 극복하기 위해서, 가야계가 신라 박혁거세朴赫居世의 난생설화 와 수로왕을 연결시키려 설화의 원형을 변형시킨 것으로 여겨진다. 이 밖

3) 三品彰英은『開皇曆』의 편찬 시기를 書名으로 보아 隋 文帝 開皇年間에 편찬된 것으로 본다(三品彰英, 1979,『三國遺事考証(中)』, 塙書房). 반면 김태식은 그 당시 신라는 建 福(584~633)이라는 독자 연호를 사용하고 있어,『개황력』은 적어도 신라가 중국연호를 사용하기 시작한 진덕여왕 4년(650)이후인 金庾信, 文明王后 등 가야계의 정치적 비중 이 절정에 달하고 金官小京을 설치하기도 한 文武王代에 편찬된 것으로 보고 있다(김태 식, 1993,『加耶聯盟史』, 일조각). 남재우는 「가락국기」에서 문무왕이 자신과 수로왕의 세 계를 인식하고 있는 것을 들어, 김해 김씨의 기원은 적어도 7세기 중반 문무왕대에는 정 리가 이루어졌고, 삼국통일기 무렵 가야 김씨 세력의 성씨 취득을 계기로 가락국 왕력인 『개황력』이 편찬되었다고 본다(남재우, 2005, 「가야의 건국신화와 제의」『한국고대사연구』 39). 정중환은 "개황"을 수의 연호가 아닌 "皇國을 開創하였다"는 뜻으로 풀이하여, 시조 수로왕이 皇命으로 가락국을 개창하여 구형왕이 신라에 투항한 사실을 기록한 史書로 보 고, 후삼국과 고려초 무렵에 신라 진골사회의 몰락과정에서 소외된 가락왕계와 가락인들 이 복고적으로 조상의 영광을 追遠하면서 수로왕의 건국설화를 중심으로 구형왕에 이르 기까지의 연대기를 편찬했다고 본다(정중환, 1990, 「駕洛國記의 文獻學的 考察」『伽倻文 化』3).

에도 『개황력』을 신라말이나 고려초에 편찬된 것으로 보고 가야계와 신라계를 동등한 위치로 신화를 변형시킨 연유를 신라하대의 정치적 혼란 속에서 가야계 호족집단이 자신들의 독자성을 나타내기 위한 행위로 보기도 한다.

이와 관련해서 해인사 고적에 등장하는 월광태자 이야기가 참조된다.[4] 이 전설은 대가야가 멸망한지 수백년이 지났음에도 가야산에서 월광태자가 왕건과 대등하게 싸웠다는 이야기로, 신라하대의 혼란기에 스스로 옛 대가야의 후손을 자칭하는 호족집단이 있었던 것을 암시하며 적어도 지역민의 열망을 암시하고 있는 것으로 판단된다.

이밖에도 해인사 사적 고승 열전에 이정 스님의 출자가 가야국 왕의 후손임을 밝히고 있고, 희랑과 관혜의 언급이 주목된다. 희랑은 거창인으로 신라말기 고려태조 왕건의 복전이 되었고, 관혜는 해인사에 있으면서 후백제 견훤의 복전이 된 것을 언급하고 있다.[5] 아울러 해인사묘길상탑지海印寺妙吉祥塔誌의 지석에 당시 사망한 승려 56명이 기록되어 있어 당시 신라하대의 혼란스러운 지역상황을 엿볼 수 있다.[6]

신라하대의 이러한 상황은 옛 대가야 지역 이외인 김해지역의 호족들에게서도 찾아진다. 김해지역 호족들 역시 지방 유력 세력들과의 이합집산을 모색하는 과정에서 자신들을 가야의 계승자로 인식하고 이것을 정치적으로 이용하였다.[7] 따라서 가락국 불교 수용의 중요 사료인「가락국기駕洛國記」는 적어도 시대를 달리하면서 여러 번의 변형을 거치면서 그 원형이 시대의 필요에 맞게 재편되어졌던 것이 분명하다. 이상의「가락국기駕洛國記」

4) 김설제 편집, 1963, 『해인사지』, 法寶院, pp. 29~30.
5) 주) 4의 『해인사지』, pp. 94~95.
6) 하일식, 1997, 「해인사전권과 묘길상탑기」『역사와 현실』24, 한국역사연구회.
7) 金相潡, 1996, 「新羅末 舊加耶圈의 金海 豪族勢力」『震檀學報』82, pp. 53~81.

에 대한 사료비판史料批判을 염두에 두고 가락국 불교 관련 사료를 검토해 보고자 한다.

사료 가) 2년 癸卯 봄 정월에 왕이 가로되 내가 이제 서울을 정하고자 하노라 하고 임시로 만든 궁궐의 남쪽 新畓坪(이는 古來의 閑田인데 새로 경작한 때문에 그렇게 말하는 것이요 畓은 俗字이다)에 가서 사방의 산악을 바라보고, 좌우를 돌아보며 말하기를 이 땅이 여뀌 잎 같이 협소하지만 지세가 훌륭하여 가히 16나한(阿羅漢: Arhan)이 살 곳이 될 뿐 아니라 1에서 3이 되고 3이 7이 되어 7성이 살 곳으로 가장 적합한 곳이니 이곳에 왕궁을 정함이 가장 좋겠다고 하였다.[8]

사료 나) 銍知王 一云 金銍王이니 元嘉28년(452)에 즉위하여 이듬해에 수로왕과 허황옥 왕후를 위하여 처음에 수로왕과 혼인하였던 곳에 명복을 빌려고 王后寺란 절을 짓고 田十結을 바쳐 충당케 하였다.[9]

사료 다) 金官 虎溪寺의 婆娑石塔은 옛날 이 고을이 金官國이 되어있을 때 世祖 首수로왕의 왕비 許皇后 黃玉이 東漢 建武 24년 甲申(48년)에 서역 阿蹄陁國에서 싣고 온 것이다. 처음에 공주가 양친의 명을 받들어 바다를 건너 장차 동쪽으로 향하려 하다가 波神의 怒함을 만나 견디지 못하고 돌아와 부왕에게 아뢰니, 부왕이 이 탑을 싣고 가게 하니 비로소 무사히 금

---

8) 『三國遺事』2 紀異2「駕洛國記」
　　二年癸卯春正月, 王若曰, 朕欲定置京都, 仍駕幸假宮之南新畓坪(古來閑田, 新耕作故云也, 畓乃俗文也), 四望山嶽, 顧左右曰, 此地狹小如蓼葉, 然而秀異, 可爲十六羅漢住地. 何況自一成三, 自三成七, 七聖住地, 固合于是.

9) 『三國遺事』2 紀異2「駕洛國記」
　　銍知王, 一云金銍王. 元嘉二十八年卽位. 明年爲世祖許黃玉王后. 奉資冥福於初與世祖合御之地. 創寺曰王后寺, 納田十結充之.

관국의 남쪽 해안에 도착하였다……중략……그때 해동에는 절을 건립하고 불법을 받드는 일이 아직 없었다. 대개 불교가 전래되지 아니하여서 그 지방 사람들도 불교를 믿지 않았다. 그래서 「가락본기」에도 創寺의 記事가 없었다. 제8대 질지왕 2년 임진에 이르러서야 그 땅에 절을 세우고 또 王后寺를 창건하여(阿道와 訥祇王 시기에 해당하니 法興王 이전의 일이다) 지금까지도 복을 빌고 있으며, 아울러 남쪽의 왜까지 진압하였다. 이러한 사실은 本國本記(본국본기) 자세히 보인다[10]……하략……

사료 라) 古記에 말하기를 萬魚寺는 옛날의 慈成山 또는 阿耶斯山(阿耶斯는 마땅히 摩耶斯라고 해야 할 것이니 곧 魚라는 말이다)인데 그 옆에 呵羅國이 있었다. 옛적에 하늘에서 알이 바닷가에 내려와 사람이 되어 나라를 다스렸으니 곧 수로왕이다. 이때에 경내에 玉池가 있어 못 속에 毒龍이 살고 있었다. 만어산에 다섯 羅刹女(사람을 잡아먹는 귀녀)가 있어 독룡과 서로 왕래 교통하였다. 그러므로 번개와 비를 때때로 내려 4년 동안에 五穀이 되지 않았다. 왕이 주술로 이것을 禁하려 하였으나 능히 금치 못하여 머리를 조아리며 부처에 청하여 설법한 후에야 羅刹女가 五戒를 받아 그 뒤에는 재해가 없어졌다. 그러므로 東海魚龍이 마침내 화하여 洞中에 가득찬 돌이 되어 각기 鐘磬의 소리가 난다고 하였다(이상은 고기이다).[11]

---

10) 『三國遺事』4 塔像4 「金官城婆娑石塔」

金官虎溪寺婆娑石塔者, 昔此邑爲金官國時, 世祖首露王之妃, 許皇后名黃玉, 以東漢建武二十四年甲申, 自西域阿踰陁國所載來. 初公主承二親之命, 泛海將指東, 阻波神之怒, 不克而還, 白父王, 父王命載玆塔, 乃獲利涉, 來泊南涯……중략……然于時海東未有創寺奉法之事, 蓋像敎未至, 而土人不信伏. 故本記無創寺之文, 逮第八代銍知王二年壬辰, 置寺於其地, 又創王后寺(在阿道·訥祇王之世, 法興王之前), 至今奉福焉, 兼以鎭南倭, 具見本國本記……하략……

11) 『三國遺事』3 塔像4 「魚山佛影」

古記云, 萬魚寺者古之慈成山也, 又阿耶斯山(當作摩耶斯, 此云魚也), 傍有呵囉國, 昔天卵下于海邊, 作人御國, 卽首露王. 當此時, 境內有玉池, 池有毒龍焉. 萬魚山有

사료 마) 금산은 김해부 남쪽 40리에 있고, 명월사는 산봉우리 숲이 우거진 곳에 있는데, 이 절은 首露王이 세운 것이다. 한나라 建武 18년(42년)에 나라를 세우고 盆城에 도읍하여 국호를 駕洛이라 하였다. 7년 뒤 왕과 허왕후가 이 산 높은 언덕 아래에서 만났는데, 장막 궁전을 설치하여 왕후를 맞이하였고, 다음 날 같이 수레를 타고 궁궐로 돌아왔다. 왕후는 입고 있던 비단 바지를 벗어 산신령에게 폐백을 드렸다. 왕은 그 靈異함에 감응하여 明月山이라고 이름 하였다. 뒤에 세 곳에 절을 세울 것을 명하였는데, 興字·鎭字·新字를 國字 앞에 붙여서 편액하여 길이 나라를 위해 복을 비는 장소로 삼았다……중략……중수할 때 무너진 담장 아래에서 등에 '建康 원년 갑신년(144년) 3월 監色' 등의 글자가 있는 기왓장을 주웠는데, 여기서 長遊和尙이 서역에서 佛法을 가지고 오자 왕이 불도를 중히 여기고 부처를 받들었음을 증명할 수 있다[12]……하략……

사료 바) ……전략……和尙의 성은 許氏요 이름은 寶玉인데 阿踰陀國 國君의 아들이다. 우리 시조 가락국 수로왕 건국 7년 戊甲에 普州太后 許氏가 아유타국의 공주로 부왕의 명을 받들어 배를 저어 累百由旬에 와서 능히 하늘이 지은 배필을 이루니 그 깃발은 적황색이요 그 탑은 바람을 진압하고 그 모시는 신하 남녀 수십 인이요, 그 일행을 호위하던 자는 화상이니 태후의 아우다. 화상이 허왕후의 친정 사람으로 부귀를 보기 뜬 구름

五羅刹女, 往來交通, 故時降電雨, 歷四年, 五穀不成. 王呪禁不能, 稽首請佛說法, 然後羅刹女受五戒而無後害, 故東海魚龍遂化爲滿洞之石, 各有鍾磬之聲(已上古記).

[12] 『金海邑誌』 碑板 明月寺事蹟碑文
金山在府南四十里 而寺居峯回林密處 乃首露王所建也 漢建武十八年 創建 都盆城 國號駕洛 後七年 王與許后 相遇於是山高嶠下 設幬殿迎后 翌日 同輦還宮 后解所着綾袴 贄于山靈 王感其靈異 以明月名山 後命建寺三所 以興·鎭·新三字 弁于國而扁之 永爲邦家祝釐之所……중략……重修時 又得一瓦頹垣下背有建康元年甲申三月監色等字 且長遊和尙 自西域奉佛法而來 王之重道崇佛 亦可驗矣……하략…

같이 하고 드디어 塵世의 모습에 초월하여 佛母山에 들어가 길이 놀고 돌아오지 않으니 세칭 장유화상은 이 때문이라……중략……만년에 가락왕자 7인으로 더불어 방장산 속에 들어 가 부처로 변하니 지금 하동군 七佛庵이 그 터다. 銍知王에 이르러 長遊庵을 창건하고 화상의 眞影을 七星閣에 간수했다고 한다[13]……하략……

사료 가)는 수로왕이 서기 43년에 가락국의 수도와 궁성 자리를 정한 기사를 적고 있다. 여기서 주목 되는 점은 "1이 3이 되고 3이 7이 되어 칠성이 살기에 적합한 땅"이라는 표현과[14] 십육나한十六羅漢과 칠성七聖[15]에 대한 기술이다. 전자의 표현에서 1은 오행五行의 수水, 3은 목木, 7은 화火를 지칭하는 것으로 음양오행설陰陽五行說에서 말하는 수생목水生木 목생화木生火의 길지라는 뜻으로 風水說과 관련된 표현[16]으로 본격적인 풍수설의 전래는 신라의 삼국통일 이후에 이루어진 것으로 보인다.[17] 풍수설은 주로 왕의 권위를 나타내기 위한 목적으로 도읍의 지리적 설명이나 궁실과 능묘의 위치를 정하는 방법으로 활용되었다. 따라서 '일성삼一成三 자삼성칠自三成七'의 기술은 신라하대나 고려 때의 기술로 보는 것이 바람직 할 것이다.

후자의 기술에서는 마치 가락국의 도읍을 정하는 조건으로 16나한羅漢과 7성聖을 의도적으로 언급한 것으로 보기도 한다.[18] 그러나 앞서 살펴본 풍

---

13) 金海文化院, 1984, 『國譯 金海邑誌』, pp. 257~259.
14) 羅漢은 阿羅漢의 약칭으로 소승불교에서 최상급의 수행을 쌓은 수행자를 가리키는 동시에 수행의 목표와 숭배의 대상.
15) 七聖은 七聖人 또는 七聖者로도 불리는 데 7 종류로 구별된 불교의 聖人을 의미하는 지칭이다.
16) 김용덕, 1992, 「가야불교 설화의 연구」 『韓國學論集』22·23합집, 漢陽大學校 韓國學研究所, p. 215.
17) 村山智順, 최성길 옮김, 1990, 『조선의 풍수』, 민음사.
18) 尹錫曉, 1991, 「伽耶의 佛敎受容에 관한 硏究」 『漢城大學校 論文集』15, p. 204.

수설의 전래가 신라의 삼국통일 이후에나 이루어진 것을 고려한다면 여기에 보이는 16나한羅漢이나 7성聖과 같은 불교용어는 후대에 가락국 도읍지 선정의 타당성에 대한 형용으로 불교적 색채를 빌어 윤색되었던 것에 불과하다.[19]

사료 나)와 다)에서는 공통적으로 가락국駕洛國 제8대의 질지왕銍知王 2년에 허황후許王后의 명복을 빌기 위해 수로왕과 혼인하였던 땅에 왕후사王后寺를 창건한 것을 기술하고 있어 그 내용과 시기에 상당한 신빙성이 있다. 아울러 사료 다)의 기사에 서기 48년에 허왕후許王后에 의해 파사석탑婆娑石塔이 전래되기 이전부터 5세기 중엽의 질지왕銍知王에 이르기까지 가락국 사람들은 불교를 몰랐으며, 이 시기를 전후로 처음 불교사찰이 창건되었다는 기술은 신빙성이 높다. 왜냐하면 이 기사의 편찬자인 일연선사가 왕후사王后寺의 창건시기를 아도阿道가 신라에 불교를 전파했던 5세기 중엽경의 눌지왕대로 판단하였고, 신라에서 불교가 공인되었던 527년의 법흥왕대에 앞서는 것임을 명백하게 밝히고 있기 때문이다.

더욱이 가락국의 창사創寺를 신라에서의 불교의 초전初傳이나 공인公認과 비교하고 있는 것은 452년의 질지왕에 의한 창사創寺를 역사적 사실로 파악하고, 이를 가락불교의 시작으로 판단하였음을 분명히 읽을 수 있다. 따라서 「가락국기駕洛國記」와 「금관성파사석탑金官城婆娑石塔」의 기술에 보이는 질지왕銍知王에 의한 창사創寺는 역사적 사실로 인식하여도 무방할 것이다.

---

19) 이와 관련해서 이영식은 "이 문제와 관련해서 가락국이 건국될 당시에 이미 불교가 전파되어 가야인들의 신앙이 되어 도읍지의 결정에 중요한 영향력을 미칠 정도였다면, 그 이후 400여년간 불교에 관한 사실이 전혀 보이지 않는다는 것은 오히려 이상하다. 더구나 가락국 불교의 시작이 수로왕과 혼인하기 위해 首露王 8년(48)에 인도의 阿踰陁國에서 許黃玉과 같이 왔던 長遊和尙에서 비롯된다고 전해지고 있는 점에 비교한다면, 가락국에 불교가 들어오기 6년 전에 이미 十六羅漢이나 七聖과 같은 불교적 용어가 사용되고 있었다는 모순이 생기는 것이다."고 언급하고 있다.
李永植, 1988, 「가야 불교의 전래와 문제점」『伽倻文化』11, pp. 77~115.

그렇다면 질지왕銍知王 때에 왕후사 이외에 창건된 것으로 서술되어 있는 "치사어기지置寺於其地"에의 사寺 역시 역사적으로 실존했을 가능성이 높다고 판단되지만 그 사명寺名에 관해선 현재까지 알 수 없다. 다만 「금관성파사석탑金官城婆娑石塔」 조條의 자구字句의 상관관계를 고려하여 그 위치를 "허왕후許王后가 가락국에 도착하여 수로왕首露王과 처음 만났던 해변과 가까운 곳", "파사석탑婆娑石塔이 놓여 있었다던 호계사虎溪寺"로 비정하기도 한다.[20] 따라서 가락불교와 관련된 신뢰할 수 있는 사명寺名은 왕후사王后寺 뿐이다. 다만 왕후사 이외의 사찰이 1개소 정도는 질지왕銍知王 시대에 창건 되었던 것으로 여겨진다.

그러나 「금관성파사석탑金官城婆娑石塔」 조條의 파사석탑婆娑石塔에 관련된 기술까지 역사적 사실로 받아들이기에는 곤란하다. 왜냐하면 서기 48년에 가락국에 파사석탑婆娑石塔이 전래된 이후부터 5세기 중엽의 질지왕銍知王 대에 이르기까지 가락국 사람들이 불교를 알지 못했다고 기술하고 있기 때문이다. 만약 파사석탑이 불탑이라면 허왕후가 가락국에 가져온지 500여년이 지나도록 불교가 정착되지 못했다는 것은 고구려·백제·신라와 비교하여도 그 신빙성이 떨어진다. 더욱이 파사석탑이 불교의 전래보다는 파신波神의 노여움을 진정시키기 위한 용도[21]로 배에 싣고 건너온 것으로 기술

---

20) 金煐泰는 '置寺於其地'의 실마리로 훨씬 후대의 자료이지만 「明月寺史蹟碑文」을 활용하고 있다. 그는 "이 비문은 그 제목에서 밝혀져 있듯이 明月寺의 事蹟碑인데도 비문에 明月寺에 관한 언급이 없고 다만 첫머리와 나중에 한번 등장 할 뿐이어서 이 부분을 제외하면 「明月寺事蹟碑」임을 알 수 없는 반면, 興國·鎭國·新國寺가 뚜렷하게 드러나 있어 흡사 이 부문이 이들 세 절의 創建緣起를 나타내는 글"처럼 되어 있는 것을 주목하고 置寺於其地'와 관련된 寺로 연결하고 있다. 그러나 앞서 살펴본 것과 같이 「明月寺史蹟碑文」이 신뢰할 수 없는 자료이기에 비문을 들어 興國·鎭國·新國寺를 '置寺於其地'와 연결시키기에는 무리가 따른다.
주 27)의 「駕洛佛敎의 傳來와 그 展開」, pp. 51~56.
21) 三品彰英은 해신을 憑大하는 赤石의 신앙이 허왕후 전설과 습합되어 있고, 일본에서도 미녀전설과 이 같은 海面 靈石이 존재하고 있다고 밝히고 있다.
三品彰英, 1972, 「首露傳說の佛敎的潤色」 『增補日鮮神話傳說の硏究』, 平凡社.

하고 있기 때문이다. 따라서 허왕후許王后 일족—族의 도래에 관한 전승이 후대에 불교적으로 윤색된 것으로 판단된다.

사료 라)는 일연이 고기古記에서 채록한 만어사萬魚寺 창건創建 설화로 가야불교에 관한 서술이 보인다. 일연은 만어사萬魚寺가 위치한 산명은 원래 자성산慈成山 혹은 아야사산阿耶斯山이었으나 금나라 대정大定 12년(1180)에 만어사萬魚寺가 창건되면서 만어산으로 개칭된 것이 확인된다. 일연은 아야사阿耶斯는 마야사摩耶斯로 보는 것이 옳다고 하여 물고기(魚)로 해석하였으나, 아야阿耶는 지금의 함안지방에 있었던 안라국安羅國(아라국阿羅國, 아라가야阿耶伽耶)과 혼동한 것일 수 있다. 그렇지만 이 설화에서 수로가 하늘에서부터 내려온 알에서 나왔다는 것으로 보아 아라국阿羅國은 가라국伽羅國의 잘못으로 해석하는 것이 일반적이다. 그러나 아야사산阿耶斯山은 일본서기흠명日本書紀欽明 21~23年(560~562)조에 보이는 아라파사산阿羅波斯山과 음이 비슷하고, 6세기 중엽경 안라국安羅國과 신라新羅와의 분쟁지로서 알려진 파사산波斯山이 지금의 함안군 여항면 봉화산에 비정되고 있어, 이 설화의 불교전승은 김해의 가락국만이 아니라 함안의 안라국安羅國과 관련된 전승일 가능성도 있다. 그렇지만 김해에 신어산神魚山이 있고 현존하는 신어神魚의 전승도 김해지역에 국한되어 있어, 이 설화의 무대는 김해와 가까운 곳으로 생각하는 것이 타당할 것이다.[22]

일연은 이 설화에서 만어사가 고려 명종明宗 11년(1180)에 보림대사寶林大師가 창건한 사찰임을 밝히고 있어 불교전래의 신빙성이 낮다는 것을 은유

---

22) 이영식은 주 19)「가야 불교의 전래와 문제점」에서 이 설화의 후보지로 "김해에서 북쪽으로 낙동강을 건너면 밀양군 삼랑진읍 용전리에 萬魚山이 현존하고, 신라와 가락국의 분쟁에 관한 전승도 남아 있다. 산의 이름이 같고 龍에 관련된 지명도 현존하므로 이곳 역시 위에서 소개한 魚山佛影조가 전하는 설화의 후보지가 될 수 있을 것이다."라고 언급한다.

적으로 표현하고 있다. 일연의 이러한 편찬관[23]을 곱씹으면 수로왕 건국 설화의 원형이 『삼국유사』에 기록되기까지 많은 변형이 있었던 것을 간접적으로 알려주는 서술이자 후대에 수로왕의 건국설화가 불교설화로 교체되어 나가는 과정을 보여주는 것으로 판단된다.[24]

만어사萬魚寺 창건創建 설화를 바라보는 다른 시각에서는 이 설화를 수로왕과 연결하기 보다는 허왕후의 본래 모습을 보여주는 설화로 이해하기도 한다. 즉 하늘과 물이 합쳐져서 풍요와 연결된다는 고대인의 관념에 근거하여 천강한 수로와 대응되는 짝으로 가락국 옥지玉池에 사는 어룡을 허왕후와 연결하기도 한다.[25]

설화의 내용 구조를 살펴보면 서사구조는 첫째, "옛적 하늘에서 알이 바닷가에 내려와 사람이 되어 나라를 다스렸다." 둘째, "독룡과 나찰녀의 방해로 오곡이 4년 동안 익지 못하자 왕이 이들을 물리치기 위해서 주술을 행하였다." 셋째, "주술이 통하지 않아 부처의 힘을 빌자 비로소 나찰녀와 독룡을 물리칠 수 있었다"와 같이 구성된다.

앞서 살펴본 수로왕 건국설화를 고려하면 만어산萬魚寺 창건創建 설화에서 신뢰할 수 있는 내용은 수로가 바다를 통한 도래인渡來人이라는 사실과 개국 당시 수로왕의 통치자이자 제사장으로서의 일면을 짐작할 수 있을 뿐이다. 이와 같은 수로왕의 모습은 농작물이 제대로 익지 않으면 죽임을 당할 수도 있었던 초기의 夫餘王의 모습[26]과 같아 역사적 사실의 반영이라고

---

23) 이강옥, 1987,「首露神話의 서술원리의 특성과 그 현실적 의미」『加羅文化』5, 慶南大學校 加羅文化研究所, p. 165.
24) 金英花, 1997,「加耶佛教의 受容에 대한 批判的 考察」, 慶南大學校大學院, 碩士學位論文, p. 19.
25) 부산·경남역사연구소, 1996,『시민을 위한 가야사』, 집문당, pp. 58~59.
26) 『三國志』魏書 東夷傳 夫餘條
　　舊夫餘俗, 水旱不調, 五穀不熟, 輒歸咎於王, 或言當易, 或言當殺.

판단된다.[27]

사료 마)는 김해읍지金海邑誌에 실려 있는 명월사사적비문明月寺事蹟碑文
으로 이 비문은 1708년에 증원證元 스님이 찬술하였다. 이 비에는 수로왕
이 흥국사興國寺(왕사王寺)·진국사鎭國寺(왕후사王后寺)·신국사新國寺(세자사世
子寺)를 창건하였고 명월사 중수 시 '건강원년갑신삼월삼색健康元年甲申三月
藍色' 명문와銘文瓦가 출토된 것과 장유화상長遊和尙이 서역에서부터 불법
을 전하였고 가락국에서 불교가 융성하였다고 전한다. 그러나 왕후사王后
寺를 가락국 제8대 질지왕銍知王이 452년에 창건하였다는 『삼국유사三國遺
事』의 기술과 배치되어 신뢰성이 떨어진다. 또한 「가락국기駕洛國記」에서 보
이지 않았던 장유화상長遊和尙이 18세기 들어 갑자기 등장하는 것으로 보아
「가락국기駕洛國記」와는 다른 계통의 자료를 참고하였을 것으로 예상된다.
그러나 이 비문 찬술시 인용한 자료에 대한 언급이 결여되어 있어 의문
이다.

다만 명월사明月寺 중수시 발견된 명문 기와에 '건강원년健康元年'이 각자
되어 있었다는 기술로 연대를 추정할 수 있다. '건강원년健康元年'은 후한後
漢 순제順帝의 연호로서 서기 144년에 해당한다. 만약 이 기술이 사실이라
면 가락불교의 기원이 무려 2세기까지 올라갈 수 있으나, 애석하게도 현재
명문기와의 실물이 전해지지 않아 그 진위에 대해서는 확인할 길이 없다.

---

27) J.G.FRAZER The Golden Bough, 장병길 역, 1990, 『황금가지』 I , 삼성출판사, pp.
   232~244.
   인류발전의 초기사회에서 왕은 사제와 같이 일기불순, 농사의 실패, 재앙에 대한 책임
   을 진다. 사람들은 이러한 재앙을 왕의 태만이나 죄악으로 돌려 태형과 같은 벌을 가하
   거나, 심지어는 왕위를 박탈하고 죽이기까지 한다. 어제까지 신으로서 숭배되던 왕이
   오늘은 죄인으로서 살해되는 것이다. 이러한 초기사회의 왕은 '神聖王' 또는 '司祭王'으
   로 불리고 있는데, 가락국 성립기의 首露王 역시 이러한 성격을 가지고 있던 것으로 판
   단된다. 김해지역의 가야고분에서 3세기경까지 많은 양의 靑銅製儀器가 출토되는 것은
   이러한 역사적 상황을 반영하는 것으로 여겨진다.

더욱이 18세기 들어와서 갑자기 이전의 기록들에서 확인되지 않던 장유화 상이 가락불교의 전수자로 등장하는 점은 그 진위를 의심하게 한다.

사료 바)는 장유화상사리탑비문長遊和尙舍利塔碑文으로 이 비는 김해시 장 유면 대청리 장유사長遊寺에 현존한다. 이 비는 1915년에 장유암의 주지 선 포담宣布潭에 의해 세워졌고, 비문은 수로왕릉首露王陵 숭선전崇善殿 참봉參 奉 허식許式이 지었다. 비문에 따르면 장유화상長遊和尙의 속명俗名은 허보옥 許寶玉이며 수로왕비首露王妃 허왕후許王后의 남동생으로 함께 가락국에 도 래하여 장유산長遊山(현 불모산佛母山)에 연화도량蓮花道場을 열어 불법을 전 했다고 한다.

앞서 살펴본 문헌기록의 기술들에 비해 비교적 구체적인 불교전파의 내 용이 보이지만, 장유화상長遊和尙과 허왕후許王后와의 혈연관계가 이 비문 에서 처음으로 확인된다. 만약 장유화상이 허왕후의 동생이고 가락국에 불교를 전래할 정도의 중요한 인물이라면「가락국기駕洛國記」·「금관성파사 석탑金官城婆娑石塔」에 그 기록이 있어야 될 것으로 판단된다.「가락국기駕 洛國記」가 앞서 살펴본 것과 같이 비록 후대에 이해집단의 필요에 따라 비 록 그 원형이 바뀌었지만, 허왕후 도래渡來 당시 수행한 신하들과 그들 아 내의 이름, 따라온 노비의 수까지도 상세하게 기록하고 있는 것이 확인 된다. 그런데 왕후의 동생을 실수로 누락 시켰다고 보기에는 개연성이 미 약하다.

이밖에도 이 비문에 장유암長遊庵(장유사長遊寺)을 질지왕銍知王이 5세기 중 엽에 세웠다고 서술되어 있으나「가락국기駕洛國記」에는 10세기경으로 서 술하고 있어 차이를 보인다. 또한 장유사長遊寺를 창건하면서, 누이의 명복 을 빌기 위해 세워졌던 왕후사王后寺가 시지柴地의 일부에 포함되었다고 하 여 폐사廢寺해 버린 것은 이해할 수 없다. 더욱이 왕후사를 폐사하고 그 터 를 창고나 소·말을 양육하는 축사로 사용하였다는 기술은 더욱 이해할 수

없다. 이러한 의문은「가락국기駕洛國記」에 등장하는 장유사長遊寺를 장유화
상長遊和尚과 연결시키지 않고 질지왕銍知王이 장유산長遊山(불모산佛母山)에
세운 사찰로 보면 해결된다.[28] 따라서 장유사長遊寺가 창건되던 10세기경에
는 아직 허왕후許王后와 장유화상長遊和尚의 남매관계와 같은 설정이나 전
승은 없었던 것이 확실하다. 이것으로 보아 적어도『삼국유사三國遺事』편찬
당시까지는 장유화상의 존재를 몰랐고 실존인물은 아니었던 것으로 판
단된다.[29]

그렇다면 장유화상의 존재를「가락국기駕洛國記」의 단계까지 소급시킬 수
있는 가능성은 없다고 판단된다. 더욱이「명월사사적비문明月寺事蹟碑文」에
전하지 않았던 장유화상長遊和尚과 허왕후許王后의 혈연관계가 이 비문에서
처음으로 나타나고 있는 것은 더욱 주목해야 할 것이다. 따라서 장유화상
관련 전승이 1708년에 찬술된 명월사사적비문明月寺史蹟碑文에 처음 등장[30]
하고 갑자기 허왕후의 동생으로 불교전래에 중요한 인물로 등장하는 배경
에는 조선후기 향촌사회에 만연된 '조상 찾기'와 '유적 현창사업'의 영향이
컸을 것으로 여겨진다.[31]

---

28) 불모산의 위치는 현존하는 長遊寺와 위치상 차이가 있다. 그렇지만 장유사의 장유화상
사리탑비문 역시 조선후기에 새롭게 등장하는 것으로 보아 후대에 장유사의 위치를 혼
동하였을 가능성이 있다.
金煐泰, 1991,「駕洛佛敎의 傳來와 그 展開」『佛敎學報』27, 東國大學校 佛敎文化硏究
院, p. 42.

29) 주 27)의「駕洛佛敎의 傳來와 그 展開」, pp. 34~43.

30) 이와 관련해서 이영식은 장유화상 관련전승은 11세기인 고려 문종 이후에서 18세기인
조선 숙종 34년 사이에 형성 되었을 것으로 본다.
주 19)「가야 불교의 전래와 문제점」

31) 金官伽倻 제10대 仇衡王의 왕릉으로 전해지는 傳仇衡王陵이 있다. 최근 傳仇衡王陵
이 처음에는 용왕신앙의 성소였다가 조선후기 향촌사회에 만연된 '조상 찾기'와 '유적 현
창사업'의 영향을 받아 당대 분묘유형을 차용하여 구형왕릉으로 변모된 것으로 보는 연
구가 있었다. 조선후기에 갑자기 장유화상이 가락불교의 전래자로 등장하는 것 또한 전
구형왕릉의 예에서와 같은 맥락으로 여겨진다.
주영민, 2016,「傳仇衡王陵 연구」『嶺南考古學』76, 영남고고학회.

이러한 추정은 김해시 동부의 신어산神魚山에 있는 은하사銀河寺 대웅전大雄殿의 동쪽 벽 위에 걸려있는 판문板文인 「취운루중수기翠雲樓重修記」에서도 찾아진다. 판문에는 허왕후許王后가 서역에서 올 때에 함께 왔던 오빠인 장유화상長遊和尚이 수로왕의 명으로 명월사明月寺와 은하사銀河寺 등을 창건하였다는 기술이 보인다. 그렇지만 앞서 살펴본 「가락국사장유화상기적비문駕洛國師長遊和尚紀蹟碑文」에는 장유화상長遊和尚이 허왕후許王后의 남동생으로 기술되어 있어 서로 차이를 보이며, 장유화상長遊和尚은 실존 인물이 아닌 민간에서 구전되어 오던 인물이 조선후기에 허왕후 신화와 결합된 것으로 판단된다.

이밖에도 「가락국기駕洛國記」이외의 기록에 가락불교와 관련된 사찰로 모은암母恩庵과 자암사子庵寺가 서술되어 있는데 〈표 1〉과 같다. 1899년 편찬된 『김해읍지金海邑誌』에 모은암母恩庵과 자암사子庵寺의 기록이 확인되지만, 조선 전기의 관찬서에는 사찰의 연기緣起는 나와 있지 않고 그 위치만 언급되어 있다. 1775년에 편찬된 『경상도읍지慶尙道邑誌』에서도 사찰의 연기는 등장하지 않는데 갑자기 19세기말에 편찬된 『김해읍지金海邑誌』에 두 사찰이 가락국시대에 창건되었다는 지역 전승을 기록하고 있다. 이로보아 조선 후기 김해지역에 가락국관련 전승이 본격적으로 구체화 되었던 것으로 판단된다.

〈표 1〉 母恩庵·子庵寺 관련 문헌기록

자료명	편찬시기	편찬자	사명	수록내용
慶尙道地理志	1425	관 찬	子庵寺	北으로 府山城(盆山城)의 打鼓巖烽火를 바라보고 거리가 40里이다. 打鼓巖烽火로부터 北으로 府 子巖山烽火를 바라보고 거리 40里이다. 子巖山烽火로부터 北으로 密陽府 南山烽火를 바라보니 거리가 60里이다.[32]
世宗實錄地理志	1454	관 찬	子庵寺	烽火는 여섯 곳이 있는데, ……중략…… 省火也는 東으로 平石城을 견주고, 北으로 本府의 山城 打鼓巖을 견준다. 打鼓巖은 北으로 子巖山을 견준다. 子巖山은 北으로 密陽 南山을 견준다.[33]
新增東國興地勝覽	1530	관 찬	母恩庵	食山：府의 북쪽 53里에 있고, 남쪽은 盆山으로 연결되니 매우 높고 크다.[34]
			子庵寺	子巖山：府의 북쪽 35里에 있다.[35] 子巖山烽燧：南으로 盆山에 응하고, 北으로 密陽府의 南山에 응한다.[36]
慶尙道邑誌	1775	관 찬	母恩庵	食山：府의 북쪽 30里에 있다. 一名은 無着山이다. 神魚山으로부터 북쪽으로 굴러 매우 높고 크다.[57]
			子菴寺	子菴山：府의 북쪽 35里에 있다. 露峴으로부터 왔다. 烽火臺를 두었다.[38]
大東地志	1864	金正浩	母恩庵	食山：북쪽 30리에 있어 南으로 盆山에 연닿는다. 매우 높고 크다.[39]
金海邑誌	1899	민 찬	母恩庵	母庵：食山 北麓에 있다. 母恩庵：옛날의 母庵인데 漢 建武年間에 건립되었고, 駕洛王의 願堂이라 稱하는데 興廢 無常하다가 今 乙丑年間에 住持僧 金定悟가 때때로 이상한 소리가 산골짜기 속에서 나는 것을 듣고 14일을 齋戒 하여 하나의 조그만 鐘 을 疊石 가운데서 얻었는데 母庵 羅漢殿 小鐘 至正 二十四年 三月七日 施主某某로 쓰여 있었다. 인하여 돌을 인연하여 터를 닦고 집을 지었다. 石窟七星閣長廊等은 다 新築한 것이다.[40]
			子庵寺	子庵：子岩山에 있는데 다만 무너진 佛閣이 層岩에 있다가 오래 되어 없어졌다. 俗言에 전하기를 駕洛國時代에 創立이라하고 父庵, 母庵, 子庵이 燃燈하는 장소라 했는데 父庵은 密陽 安泰里 主山에 있다. 俗言에 전하기를 壬亂에 唐人이 子庵의 山氣를 싫어하여 바위를 뚫고 脈을 끊었다 한다. 바위틈에 銅을 끓여 부은 흔적이 아직 남아 있고 바위를 뚫자 붉은 피가 솟아 나왔다 한다.[41]

이상과 같이 가락불교 관련 사적을 고증한 결과에 따르면 적어도 5세기 중엽의 질지왕銍知王에 의한 왕후사王后寺 등의 창건은 역사적 사실로 인정해도 좋을 듯하며, 가락국 불교관련 전승은 크게 세 번에 걸쳐서 그 원형이 변화되었던 것으로 판단된다.

첫 번째는 삼국통일기에 신라로 흡수된 김유신으로 대표되는 가야계가 태생적 한계를 극복하기 위해서 수로왕이 신라의 왕족과 같은 성씨를 가진 것으로 설화를 시대적 환경에 맞게 변형시킨 것으로 판단된다.

두 번째는 신라하대의 정치적 혼란 속에서 가야계 호족집단이 자신들의 독자성을 나타내기 위하여, 가야계가 박혁거세朴赫居世의 난생설화와 수로왕을 연결시키려 설화의 원형을 변조하였다.

세 번째는 조선후기 향촌사회에서 '조상 찾기'와 '유적 현창사업'의 영향

---

32) 『慶尙道地理志』金海都護府 省火也煙臺烽火
　　……중략……自鼓巖烽火, 北望府地子巖山烽火, 相去四十里, 自子巖山烽火, 北望密陽府地, 南山烽火, 相去六十里.
33) 『世宗實錄地理志』慶尙道
　　烽火六處……중략……省火也, 東准平石城, 北准本府山城打鼓巖, 打鼓巖北准密子巖山, 子巖山北准密陽南山.
34) 『新增東國輿地勝覽』32 金海都護府
　　山川, 食山在府北三三十里, 南連盆山極高大.
35) 『新增東國輿地勝覽』32 金海都護府
　　山川, 子巖山在府北三十五里.
36) 『新增東國輿地勝覽』32 金海都護府
　　烽燧, 子巖山烽燧南應盆山, 北應密陽府南山.
37) 『慶尙道邑誌』金海府
　　山川, 食山在府北三十里, 一名無着山, 自神魚山北轉極高大.
38) 『慶尙道邑誌』金海府
　　山川, 子菴山在府北三十五里, 自露峴來置烽臺.
39) 『大東地志』10
　　金海, 山川, 食山, 北三十里, 南連盆山極高大.
40) 金海文化院, 1984, 『國譯 金海邑誌』, p. 79.
41) 金海文化院, 1984, 『國譯 金海邑誌』, p. 79.

을 받아 허왕후許王后 설화에 장유화상長遊和尙을 추가하여 좀 더 불교전승을 체계적으로 구체화시켰던 것으로 보인다.

2. 유적조사 검토

가락국 불교 수용과 관련된 사적기록 검토 결과 불교 전래와 직접적인 관련성이 있는 유적은「금관성파사석탑金官城婆娑石塔」조에 등장하는 왕후사王后寺와 바닷가 근처에 창사創寺된 1개소의 사찰이 전부이다. 이중 바닷가 근처에 창사創寺된 사찰은 그 위치와 사명이 실전되어 확인할 수 없다. 이 밖에도『김해읍지金海邑誌』에서 확인되는 명월사明月寺·모은암母恩庵·자암사子庵寺가 있다. 이들 사지寺址에 대한 조사는 본격적인 발굴조사는 실시된 적이 없고, 2004년 3월 2일부터 6월 29일까지 인제대학교 가야문화연구소가 김해시의 의뢰를 받아 정밀지표조사[42]를 실시한 것에 그치고 있다.

1) 왕후사지王后寺址

왕후사지의 추정 위치는 김해시 장유면 응달리 태정산(台亭山, 360m) 일 원으로 산의 북 사면 아래쪽에 태정·용곡 두 마을이 바로 인접해 있다. 마을 북쪽으로 남해고속도로가 동—서 방향으로 지나가며, 고속도로 건너편 북쪽에는 김해평야가 넓게 펼쳐져 있다. 태정산 정상에서는 마을 앞 경작지를 가로지르는 조만강 너머로 칠산, 임호산, 봉황대, 분산, 신어산을 비롯한 김해시가지가 한 눈에 조망된다(도판 1).

왕후사지 인근에 위치한 패총이 산사면 아래쪽에 위치하고 있어, 현재

---

42) 2004년 실시된 조사에 필자도 참여하였고, '유적조사 검토'는 당시 조사내용을 수정·보완하여 작성하였다.

仁濟大學校 加耶文化硏究所, 2004,『駕洛佛敎關聯寺址 精密地表調査報告書』.

도판 1. 왕후사지 주변 유적현황

조만강의 위치가 가락국 시기와는 달랐던 것을 알 수 있는데, 과거에는 조
만강이 왕후사지 쪽에 가깝게 흘렀을 것으로 보인다. 왕후사지 주변으로
신석기시대부터 고대시대까지의 유적이 집중적으로 분포하고 있어 그 주
변이 일찍부터 사람들의 생활터전으로 활용되고 있었음을 알 수 있다. 특
히 왕후사지가 위치한 곳에서 가락국의 중심지로 이동하는 물길인 해반천
으로 연결되는 수로가 지척에 있어 교통의 요지임을 알 수 있다. 왕후사지
남쪽의 태정고개를 넘으면 범방동 삼층석탑·탑동유적·와룡리 적석군·분
절유적·분절고분군·분절패총·범방동 신석기유적·범방패총·사구패총 등
의 유적이 분포하고 있어 이곳이 고대로부터 교통의 요지임을 뒷받침한다
(도판 1).

최근 (재)경상문화재연구원이 조사한 "김해 율하 2지구 택지개발사업부
지"에서 추정구석기유적·청동기시대 집석유적·삼국시대주거지·통일신
라석실·고려~조선시대 건물지, 도로유적·제철유적 등이 조사되었다.[43]

---

43) (재)경상문화재연구원, 2015, 「김해 율하 2지구 택지개발사업부지 내 유적 시·발굴조사
    학술자문회의 자료집」.

이중 도로유적의 조사로 율하 2지구 를 중심으로 왕후사지 인근이 육상과 수상교통의 요지였던 것으로 판단된다. 특히 북쪽으로 이웃한 "관동리유적"에서 가야시대 선착장의 잔교시설이 발굴되었고, 선착장 배후에서 대형 도로가 발굴된 점을 감안하면 이 일대가 가야시대부터 해상과 육상교통망이 확충되어 있었던 것이 밝혀졌다. 따라서 2004년 이후 발굴성과를 고려하면 관동리유적과 더불어 "김해 율하 2지구 택지개발사업부지" 유적은 가락국 불교사지의 유력한 후보지가 될 수 있을 것으로 판단된다.

　태봉 건너 남쪽에 위치한 녹산동 청자요지[44]의 경우 진서리 요지 계통의 청자가 반출되고 있는데 청자의 태토가 다른 것으로 보아 장인의 이동 혹은 제작기술의 이전에 의한 김해지역 유력 호족 주도의 자체 생산품으로 보인다. 특히 수로와 인접하여 청자요가 개설되어 있어 생산품의 이동을 고려한 조치로 판단된다. 따라서 왕후사지 주변은 고대로부터 육상과 해상교통의 요충지로 활용되었다.

　왕후사지로 추정되는 곳에서는 2004년 조사 당시 총 4곳의 유물산포지를 확인할 수 있었는데 건

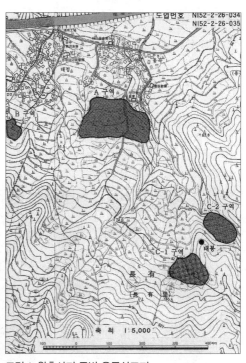

도면 1. 왕후사지 주변 유물산포지

---

44) (재)東亞細亞文化財硏究院, 2012, 『釜山 菉山洞 靑磁窯址』.

도판 2. 왕후사지 A구역(북서-남동)

물지와 관련된 곳은 두 곳이 확인되었다(도면 1). A지역은 용곡마을 뒤편의
태정산 북사면 자락 새마을 창고 남쪽의 경작지이다. 해발 80m에 이르는
완사면으로 대부분 개간되어 밤나무단지와 경작지로 이용되고 있다. 밤나

도판 3. 왕후사지 A구역 채집유물

도판 4. 왕후사지 B구역 구릉 복원

무단지는 (도판 2)에서와 같이 산록완경사면에 석축을 쌓아 계단상으로 평지를 조성하였다. 밤나무단지의 지표상에서 소량의 삼국시대 경질토기편과 고려도기·자기·기와편 그리고 조선시대 백자편이 수습되었다(도판 3). 삼국시대 경질토기편은 5cm내외의 작은 조각들로 기종은 확인이 불가능하다. 회청색의 색조를 띠며 외면에 격자타날흔이 뚜렷하게 남아있다. 채집수량이 2점에 불과하고 동쪽으로 250m이내에 응달리고분군이 위치하고 있어 이곳에서 산란되었을 가능성도 전혀 배제할 수는 없다.

B지역은 태정마을 뒤편 야산의 안온한 구릉부 위에 위치한다. 앞쪽에는 조만강으로 전망이 열려있고 뒤편으로 산세를 의지하고 있는 배산임수背山臨水의 지세로 건물이 들어서기에 좋은 길지이다. 북쪽으로는 금병제가 연접해 있는데 구릉부 전체를 평탄해서 건축물을 조성하고 있고 남쪽은 밭으로 경작되고 있다(도판 4). 구릉부가 평탄화된 범위가 넓어 금병제 건축을 위해서라기보단 과거의 어느 시점부터 평탄화되었던 것으로 판단된다. 이

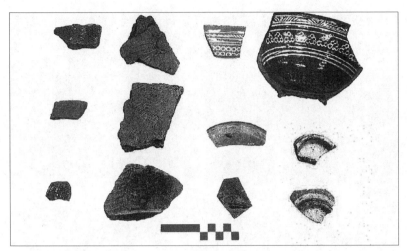

도판 5. 왕후사지 B구역 채집유물

곳에서 연판문수막새편이 수습되어 과거에 건물지가 있었던 것을 확인할
수 있었다(도판 5).

이곳에서는 삼국시대 경질토기편과 고려도기·연판문수막새편·분청자
편이 수습되었다. 수습된 연판문수막새는 파손상태가 심하여 막새부 1/3
가량만이 남아있다. 주연은 결실되어 남아있지 않고, 자방에 연자는 없다.
연꽃잎에 자엽이 시문되며 꽃잎 사이에 사이잎이 도드라져있다. 이러한 모
양의 수막새는 12세기경으로 편년되고 있다. 또한 수막새와 같이 채집된
암키와는 기와등에 우상문이 시문되어 있는데 우상문의 시문각도가 45°의
정형성을 잃고 있어 12세기경의 유물로 추정된다.[45]

C지역(도판 11)은 1993년 동아대학교 박물관과 창원문화재연구소에서 실
시한 조사에서 태봉으로 비정한 곳으로 조사결과 C-1과 C-2, 두 곳의 유
물산포지가 확인되었다. 태봉 주변으로는 장유남교회 동남쪽의 나즈막

---

45) 徐五善, 1985, 「韓國 平瓦文樣의 時代的 變遷에 대한 研究」, 충남대학교석사학위논문.

한 구릉(63.8m)에 응달리고분군이 분포하며,[46] 마을의 가장 높은 곳에 위치한 새마을 창고를 지나 고분군 서편 계곡을 따라 700m가량 올라가면 가락국때 왕의 태를 묻었다는 태봉(80m)이 나온다. 마을 주민의 전언에 따르면 『문화유적분포지도—김해시』에 표시된 부분은 '꽃밭등'으로 불리며, 『금관가야권유적정밀지표조사보고金官加耶圈遺蹟精密地表調査報告』에 표시된 부분이 태봉이라 하여 태봉의 위치에 대한 이견이 있다.

C-1지역은 태봉의 남서편 자락으로 이 일대는 석축이 계단상으로 조성되어져 있다. 석축에 활주석活柱石으로 보이는 치석된 흔적이 있는 석재가 발견되었으나 유물은 수습되지 않았다(도판 6). C-2지역은 태봉의 동쪽 경사면 아래로 사람이 통과하기 어려울 정도로 빽빽한 시누대[산죽山竹] 군락이 형성되어 있다. 시누대 주변으로 할석으로 쌓은 석축의 흔적이 2~3단

도판 6. 왕후사지 C-1구역 석축 노출상태(북서-남동)

---

46) 창원문화재연구소·동아대학교박물관, 1993, 『金官加耶圈遺蹟精密地表調査報告』 p. 65.
동아대학교 박물관, 1998, 『문화유적분포지도—김해시』, p. 121.

도판 7. 왕후사지 C-2구역 죽림내부 석재 노출상태

씩 드문드문 노출되어 있고(도판 7) 탑재로 보이는 석재도 확인되며, 조선시대 기와편과 도기편들이 수습 되었다(도판 8).

2004년 조사 당시 태정마을 주민 유순남, 박영주씨의 전언에 의하면 '태봉 아래 대나무숲에 탑이 있었다하나 실견하지는 못했고 단지 마을의 노인들로부터 전해 들었다' 한다. 조사 당시까지 노부부가 대나무숲에서 움막 같은 사당을 짓고 살았다고 하는 마을 주민의 전언으로 보아 기도처였던 것으로 판단된다.

도판 8. 왕후사지 C-2구역 채집유물(기와류)

왕후사지 관련 지역에 대한

조사를 통하여 네 곳의 유물산포지를 확인할 수 있었다. 가락불교와 관련 지을 수 있는 특이할 만한 유구의 흔적은 찾아 볼 수는 없었으나 수습된 기와편과 석축을 통하여 네 곳 모두에서 일정 규모의 건물지가 존재했던 것을 확인할 수 있었다. 특히 A와 B구역에서 동일한 삼국시대 경질토기편이 수습되어 유적의 시기를 삼국시대까지 소급해 볼 수도 있다.

A와 B구역이 300m정도 이격되어 있고 경사면의 방향이 달라 건물지의 좌향이 다를 것으로 예상되어 서로 독립된 건물지로 판단된다. 태봉 근처의 C-2구역에서 석탑재로 추정되는 석재가 발견되었고 석탑을 보았다는 마을주민의 전언을 고려하면 이 지역에 사지가 있었던 것은 분명하다. C-1·2구역의 사지는 A와 B구역의 사지에 딸린 암자庵子였던 것으로 판단된다. 이곳이 선사시대부터 사람들의 활동무대로 활발하게 이용되어 왔고 육상과 수상교통의 요지였던 점을 고려하면, 사적기록의 검토에서 살펴본 것과 같이 「금관성파사석탑金官城婆娑石塔」 조條의 질지왕銍知王의 창사創寺가 사실일 가능성이 높아 A·B구역 중 한곳이 왕후사와 "치사어기지置寺於其地"의 사찰일 가능성이 높다고 판단된다.

2) 명월사지明月寺址

명월사지는 부산광역시 강서구 지사동 흥국사興國寺 일대로, 보개산寶蓋山, 478.9m) 정상에서 북서쪽의 명동마을로 이어지는 산곡간[절골]의 협소한 평탄면에 위치한다(도면 2). 계곡을 따라 명동마을로 나가는 길 외에는 사방이 모두 산으로 막혀있어 접근성이 나쁘다. 흥국사는 대웅전을 비롯한 불각 다섯채와 요사채로 이루어진 소규모 사찰로 해방전에 김삼두金三斗가 중창하였다고 한다. 대웅전은 높은 석축 위에 북서쪽을 바라보며 세워져 있고, 그 오른편에 가락국태조왕영후유비駕洛國太祖王迎后遺墟碑가 서 있다(도판 9).

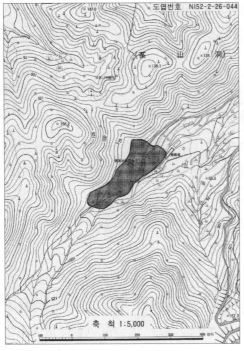

도면 2. 명월사지 위치

입구의 계단을 올라서면 마주보이는 건물이 명부전冥府殿인데 그 안에는 명월사지에서 발견된 것으로 전해지는 화강암 석재 하나가 봉안되어 있다. 가로세로 70cm정도의 방형으로 다듬은 한 면에 삼매경에 잠긴 불타를 한 마리의 뱀이 감고 있는 형상이 조각되어 있는데, 크기와 형태를 보아 석탑면석의 일부로 추정된다. 현재 흥국사에서는 사왕석蛇王石이라 부르고 있다.

대웅전 뒤편에는 흥국사 소유의 과수원이 조성되어 있는데 경지정리를 하는 과정에서 노출된 것으로 보이는 기와편 그리고 자기편들이 흩어져 있었다(도판 10). 대웅전 왼편의 절개면 일부에는 기와편이 박힌채로 노출되어 있었다(도판 11). 채집된 유물은 조선시대의 것들로 수파문의 기와와 백자가 주를 이룬다(도판 12). 과수원 이외의 계곡 주변의 경작지에서도 동일한 종류의 기와편과 자기편이 산포되어 있는 것을 확인하였다.

이러한 정황으로 미루어 보아 이 부근 일대에 사찰과 같은 건물이 들어서 있었을 것으로 추정되지만, 사적기록에서 확인한 것과 일치되게 가락국 시기로까지 연결될 수 있는 적극적인 근거는 찾아 볼 수 없었다.

도판 9. 흥국사駕洛國太祖王迎后遺墟碑

도판 10. 흥국사 대웅전 뒤편 유물산포지(북동–남서)

도판 11. 흥국사 대웅전 북쪽 절개면 기와 노출상태(남-북)

도판 12. 흥국사 주변 채집유물

3) 모은암지母恩庵址

모은암지는 김해시 생림면 생철리 무척산(無隻山, 700.2m) 서쪽 사면 일대에 위치한다. 김해시내에서 58번 국도를 타고 마현산성馬峴山城을 지나 말티고개를 넘으면 본생철本生鐵 마을에 못 미쳐 오른편으로 가파른 경사면에 개설되어 있는 등산로를 따라 올라가면 해발 300m 지점에 현재의 모은암이 들어서 있다(도면 3). 현재의 모은암은 무척산 정상에서 뻗어 내린 산자락 사

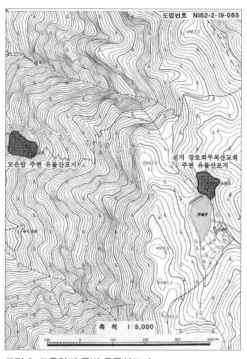

도면 3. 모은암지 주변 유물산포지

이에 돌출해 있는 암반을 등지고 협소한 평탄면 위에 대웅전을 비롯하여 산신각, 종루 등 소규모 불각들이 밀집되어 있다. 대웅전 바로 앞에는 산신에게 절을 올리는 어머니의 형상을 하고 있다는 모암母巖이 있다.

주차장에서 모은암으로 올라가는 등산로 바닥에는 기와편과 자기편이 흩어져 있고, 주변 수풀사이에도 유물이 산포되어 있다(도판 13). 채집된 유물은 기와편이 다수로 문양은 변형우상문이 대부분이다. 우상문은 고려시대 기와에 주로 시문되는 문양으로 11세기 전기에 성행하고 12세기에 들어서 변형문양이 생기는 것으로 알려져 있다. 채집된 상감청자는 저부 내면에 세 송이의 국화가 시문되어 있고 유색은 명청록색이다. 굽의 내면에 규

도판 13. 모은암 주변 유물산포지(동—서)

도판 14. 모은암 주변 유물산포지 채집유물

석받침 흔적이 남아있고 유빙렬이 고른 것으로 보아 12세기경에 번조된 고급품이다(도판 14).

모은암 입구의 중창사적비重創事績碑에서 북쪽으로 연결된 등산로를 따라 250m 가량 올라가면 약수터가 나오고, 약 1.5km 더 오르면 산 정상의 천지天池에 이른다(도판 15). 못 주변 북안에는 장로회 무척산교회가 있고, 동 남쪽에는 기도원이 조성되어 있다. 모은암 신도들의 말에 따르면 현재 교회가 들어서 있는 자리에는 통천사通天寺라는 절이 있었다고 한다. 통천사는 가락국왕의 국장國葬과 관련된 전승을 간직하고 있고, 『김해지리지金海地理志』에 따르면 그 주변에는 무척사無隻寺도 있었다고 전한다.[47]

2004년 조사 당시 기도원 마당 한쪽에는 석탑 옥개석 1기, 탱주가 양각된 기단면석 1기, 기단부의 갑석으로 보이는 석재 1기가 놓여 있다(도판 16). 갑석으로 보이는 석재는 한쪽 모서리가 떨어져 나가 일부만 남아 있는 상태로 흙과 돌로서 지지되고 있다(도판 17). 옥신석은 정방형으로 네 모서리 중 두 곳이 떨어져나간 것을 제외하고는 양호한 상태이다(도판 18). 옥신석에 우주가 생략되어 있는 점으로 미루어 보아 통일신라 이후의 석탑으로 추정된다. 기단면석은 탱주가 양각되어 있으며 잔존상태로 보아 우주隅柱가 양각된 2매의 석재가 결구되는 구조로 추정된다(도판 19). 탑재로 보아 현재 교회가 입지한 구역을 중심으로 천지 일원에는 모은암의 규모를 능가하는 사찰이 있었던 것으로 추정되며, 현재의 모은암은 천지 일원의 통천사 또는 무척사에 속한 암자로 보는 것이 타당할 것이다.

2004년 조사 당시 교회건물 뒤편 경사면에는 배수로를 파놓았는데 바닥과 벽면에 유물들이 노출되어 있다. 이곳에서 채집된 유물은 조선시대 기와와 분청자가 대부분이다(도판 20). 이러한 조사결과는 모은암이 조선시대 관찬 지리지에 16세기 전기경에 확인되고 19세기 후기에 민찬서에서 가락국왕과 연결되고 있어 조선후기에 수로왕과의 관련성이 불교적으로 윤색되었던 사적기록 검토와 동일한 결과이다.

---

47) 李炳泰, 1996, 『增補 金海地理志』, 김해문화원, p. 251.

도판 15. 무척산 천지 주변(북서-남동)

도판 16. 무척산 기도원 앞마당 탑재

도판 17. 석탑부재(갑석)

도판 18. 석탑부재(옥신석)

도판 19. 석탑부재(기단면석 : 탱주)

도판 20. 무척산 기도원 주변 채집유물

4) 자암사지子岩寺址

도면 4. 자암사지 위치도

자암사는 진영읍 본산리 봉화산(烽火山, 140m) 일대에 있었던 절로서 가락국때 부은암父恩庵(밀양시 삼랑진읍 안태리), 모은암母恩庵(김해시 생림면 생철리)과 함께 세워졌다고 전해진다(도면 4). 봉화산은 진영읍의 북동단에 위치하며 한림면과 진영읍의 경계를 이룬다. 봉화산 남쪽 맞은편 산의 말단부에는 본산리패총이 있고, 동쪽의 본산마을과 봉하마을 사이의 구릉지대에는 본산리고분군이 위치하고 있다. 봉화산 정상부에는 봉화사가 들어서 있고 봉화사 뒤편의 봉우리(134.8m)에는 봉수대 자리가 있다. 봉수대 앞의 암반에는 건물의 기둥자리로 추정되는 폭 25~30cm의 원형 구멍이 파여져 있다.

봉화사에서 봉하마을로 내려가는 산 중턱에 암반에서 떨어져 나온 바위군이 있는데 그 사이에 마애불이 조각된 바위 하나가 옆으로 누워있다(도판 21). 높이 2.48m의 마애불은 고려시대의 여래좌상으로 광배는 없다. 마애불의 도상이 좌상임이 분명한 만큼 마애불이 조각된 바위는 원래 바로 서 있었던 것으로 보인다. 봉하마을 주민들의 전언에 따르면 해방 전후까지 봉수대 주변의 산자락에는 작은 암자들이 많았다고 한다.

도판 21. 봉화산 마애불

  마애불에서 남서쪽으로 나있는 등산로를 따라 100m 정도 내려가면 경사
면 끝자락에 조성된 감나무 과수원이 있는데 이 일대에서 고려, 조선시대의
자기 및 기와편 등이 채집되었다(도판 22·23). 조선전기의 관찬 지리지에서

도판 22. 마애불 주변 채집유물(기와류)

도판 23. 마애불 주변 채집유물(토기·자기류)

자암사의 존재가 확인되는 것으로 보아 고려시대에도 사찰이 존재하였던 것으로 보이며 고려시대 마애불이 유존하고 있어 일치된 결과를 보인다.

Ⅲ. 불교 전승에 대한 여러 논점

가락국 불교 전승에 대한 검토에서 살펴본 것과 같이, 가락국駕洛國 질지왕銍知王이 허왕후許王后의 명복을 빌기 위해 수로왕과 혼인하였던 땅에, 왕후사王后寺를 창건한 것은 상당한 신빙성이 있고 유력한 유적지도 비정할 수 있었지만, 불교전래의 확정적인 증거는 발견되지 못했다. 그렇지만 일연선사가 왕후사王后寺의 창건시기를 아도阿道가 신라에 불교를 전파했던 5세기 중엽경의 눌지왕대로 판단하고 있고, 왕후사의 창건이 신라에서 불교가 공인되었던 527년의 법흥왕대에 앞서는 것임을 명백하게 밝히고 있는 것으로 미루어보아 질지왕대에 불교가 공인된 것으로 판단된다.

다만 일연선사 이래로 불교수용의 판단 기준을 국가 공인에 두고 있는데 과연 불교의 수용시점을 국가 공인시점부터 보아야 되는지에 관하여선 의문이다. 왜냐하면 가야를 제외한 삼국 모두에서 국가 공인 이전 불교가 전래되어 활발한 포교활동이 이루어졌던 것을 확인할 수 있는 사적기록과 유물이 발견되기 때문이다.

고구려의 경우 불교 공인은 소수림왕 2년(372)의 일로 전진왕 부견이 사신과 함께 승려 순도를 통해 불상과 불교를 전하였고 2년 뒤에는 승려 아도를 보냈다〈표 2〉. 소수림왕 5년에는 성문사와 이불난사를 창건하고 이들을 각각 살게 하였다. 순도가 전진에서 고구려로 올 때 사신과 함께 온 것으로 보아 불교전래가 외교관계의 일환으로 이루어졌고, 그렇기 때문에 이들에 대한 지원이 고구려 정부차원에서 실시되었던 것으로 판단된다.

〈표 2〉 불교 전래 사적기록

시 기	국명	전래인 / 국명	기사내용	비고
314~366년	高句麗	支遁道林 / 東秦	'高麗道人'에게 당대 중국불교의 조류인 淸談格義佛敎의 불교의 대표주자인 法深(286~374)을 소개하는 서찰을 보냈다.[48]	
372년/小獸林王 2년 374년/小獸林王 4년	高句麗	順道 / 前秦 阿道 / 晉	前秦王 符堅이 사신과 함께 승려 順道를 통해 불상과 불교를 전하였고[49] 2년 뒤에 승려 阿道[50]을 보냈다. 소수림왕 5년에 省門寺와 伊佛蘭寺를 지어 순도와 아도를 각각 살게 하였다.	불교 공인
376~396년/ 東晉 太元 末年	高句麗	曇始 / 東秦	東晉 太元(376~396년) 말년에 經律 수십 부를 가지고 요동으로 가서 불교를 전파하였다.[51]	

384년/枕流王 元年	百濟	摩羅難陀 / 東晉	가을 7월에 사신을 진나라에 보내어 조공했다. 9월에 호승 摩羅難陀가 진나라에서 왔다. 왕이 그를 맞이하여 궁궐로 모시고 예우로 공경했다. 52) 이듬해 385년에 새로운 도읍 한산주에 절을 짓고 10인을 度僧하니 이것이 백제 불법의 시작이다. 또 阿莘王 즉위년 (392) 2월에 교서를 내려 불법을 믿어 복을 구하라 하였다. 53)	불교 공인
263년/味鄒王 2년	新羅	阿道 / 高句麗	味鄒王 2년 고구려에서 건너온 阿道는 고구려에 사신으로 온 曹魏人 我堀摩의 아들이다. 54)	
417~458년/訥祗王	新羅	墨胡子 / 高句麗	고구려에서 墨胡子가 신라의 一善郡에 건너와 毛禮의 집에서 굴을 파고 숨어 있었다. 55)	
527년/法興王 14년	新羅	異次頓 / 新羅	新羅本記에 法興大王 즉위 14년(527)에 小臣 異次頓이 불법을 위하여 순교하였다. 56)	불교 공인

한편 불교의 공인에 앞서 동진의 고승 지둔도림(314~366)이 '고려도인'에게 당대 중국불교의 조류인 '청담격의불교'의 대가인 법심(286~374)을 소개하는 서찰을 보냈다는 기록이 있다. 지둔도림의 생존연대를 고려하면 '고

---

48) 『梁高僧傳』4 竺潛·法深條.
　　『海東高僧傳』1 亡名傳.
49) 『三國史記』18 高句麗本紀6.
50) 『三國史記』小獸林王 4년條에는 아도의 국적이 기록되어 있지 않지만, 『三國遺事』卷3 順道肇麗條에 高麗本記를 인용하여 순도에 대해서 기록하면서 '소수림왕 4년(374) 갑술(甲戌)에 阿道가 晉으로부터 왔다'고 기록하고 있다.
51) 『梁高僧傳』10 釋曇始傳.
52) 『三國史記』24 百濟本紀 枕流王 卽位年.
53) 『三國遺事』3 興法3 難陀闢濟.
54) 『三國遺事』3 興法3 阿道基羅.
55) 『三國遺事』3 興法3 阿道基羅.
56) 『三國遺事』3 興法3 元宗興法 厭觸滅身.

려도인'은 순도가 고구려에 오기 전에 동진서 활약한 고구려 승려로 추정된다.[57] 이로 미루어 보아 고구려는 불교의 국가 공인 이전에 민간차원에서 유입과 활발한 교류가 있었다.

이밖에도 담시가 동진 태원 (376~396년) 말년에 경률經律 수십 부를 가지고 요동으로 가서 불교를 전파하였다는 기록이 전한다. 따라서 적어도 4세기경에는 고구려에 불교가 들

도판 24. 덕흥리벽화고분 동벽 연꽃

어온 것은 분명하다. 이러한 사실을 뒷받침할 수 있는 물질자료로 고구려의 고분벽화가 있다. 357년경에 축조된 것으로 편년되는 안악3호분과 압록강과 대동강 유역에 산재한 수많은 벽화고분 내부에는 연꽃 등의 불교소재가 그려져 있다.(도판 24)[58]

백제의 불교 공인은 침류왕 원년인 384년의 일이다. 〈표 2〉의 기사에서 마라난타가 백제로 오기 2개월 전의 일로, 백제에서 동진에 사신을 보낸 것이 확인된다. 마라난타의 백제 도래는 사신의 화답으로 이루어진 것임을 미루어 짐작할 수 있는데, 공교롭게도 백제 역시 고구려와 마찬가지로 불교전래가 외교활동과 밀접한 관련이 있음을 알 수 있다. 마라난타의 기사에서 의문시되는 점은 384년 9월에 불교가 백제에 전해지고 불과 1년여 만

---

57) 辛鍾遠, 1992, 「6세기 신라불교의 南朝的 성격」 『新羅初期佛教史研究』, 民族社, p. 182.
58) 전호태, 1989, 「5세기 고구려 고분벽화에 나타난 불교적 내세관」 『한국사론』21, 서울대학교.
　　　　　, 2000, 『고구려 고분벽화 연구』, 사계절.

에 한산주에 창사創寺하고 10인을 도승度僧하였다는 점이다. 이 기록으로 미루어 보아 적어도 마라난타 이전에 이미 백제에 불교가 알려져 있었고[59] 그런 연유로 백제인 10인을 도승할 수 있었을 것이다. 아울러 불교 공인 후 1년여 만에 창사할 수 있었다란 기사를 곱씹으면 불교 공인 초기의 불교사원의 모습은 오늘날 우리가 알고 있는 전형적인 가람배치와는 달랐을 것이다. 기록된 1년여의 기간은 불탑과 불상을 조성하고 불상을 모실 전각을 만들기에는 매우 부족한 시간이다. 그렇기 때문에 백제 역시 고구려처럼 기존 건축물을 불교사원으로 활용하였을 것으로 여겨진다. 그렇다면 초기 불교사원의 모습은 전형적인 불교사원의 가람 배치를 기대할 수 없는 모습이 분명할 것이다.

백제 불교와 관련있는 유물로 5세기 전기경으로 편년되는 한강 뚝섬 출토 금동불좌상金銅佛坐像이 있다(도판 25). 이 불상은 선정인의 자세를 취하고 있는데, 4세기부터 5세기에 걸쳐 크게 유행했던 중국의 여래상[60]과 모습이 같아 중국불상으로 보기도 한다. 그러나 제작수법이 중국불상과 차이가 있어 고구려나 백제에서 직접 만든 불상으로 보기도 한다. 불상의 출토지가 풍납토성 근처의 뚝섬이기 때문에 백제에서 신앙의 대상으로 숭배한 불상으로 판단된다. 그렇지만 선정인의 여래좌상이 특히 고구려를 중심으로 조성되었고, 또 이 형식의 벽화가 고구려에 남아있는 점으로 미루어 볼 때 고구려에서 제

도판 25. 뚝섬출토금동불좌상

---

59) 목정배, 1989, 『三國時代의 佛敎』, 동국대출판부, pp. 39~40.
60) 金元龍, 1961, 「纛島出土 金銅佛坐像」 『歷史敎育』 6.

작하여 백제로 보내졌을 가능성이 크다.

신라에 불교가 처음 전해진 내용은 『해동고승전』과 『삼국유사』에 등장하는 아도[我道]비문에서 확인된다〈표 2〉. 일연은 이 기사에 대하여 아도와 묵호자를 동일인으로 보고 있어 논란의 여지가 있다.[61] 그렇지만 만약 미추왕 때의 기록을 인정하더라도 고구려의 불교초전과 불과 51년의 차이밖에 나지 않는다. 더욱이 아도의 국적이 고구려여서 고구려의 불교초전을 더 올려볼 수 있는 근거가 될 수도 있다. 이처럼 신라불교는 고구려로부터 전해졌고 그것을 방증하는 유물도 현존한다.[62]

신라의 불교가 고구려에서 전해졌던 것을 간접적으로 보여주는 유물로는 415년에 제작된 보물 제1878호 경주慶州 호우총壺杅塚 출토 청동靑銅 '광개토대왕廣開土大王'명銘호우壺杅가 있다. 이 유물은 1946년에 은영총銀鈴塚과 함께 발굴한 호우총(140호 고분, 노서동 213번지)에서 출토된 청동그릇이다. 이 호우는 415년(고구려 장수왕 3)에 제작된 광개토대왕의 호우 10개 중 현존하는 유일한 유물이다. 불교를 상징하는 연꽃 봉우리 모양의 동그란 꼭지가 달린 낮은 곡선형 뚜껑으로 덮여 있는데, 전체적으로는 옆으로 벌어진 납작한 모양을 하고 있다. 그릇 밑바닥에는 4행 4자씩 총 16자(을묘년국강상광개토지호태왕호우십乙卯年國岡上廣開土地好太王壺杅十)가 양각되어 있다. 뚜껑은 10장의 꽃잎 무늬로 장식된 꼭지를 중심으로 1

도판 26. 호우총 출토 청동호우

---

61) 이와 관련해선 아래의 글이 참고 된다.
   신종원, 2006, 「삼국의 불교 初傳者와 초기불교의 성격」『한국고대사연구』44.
62) 秦弘燮, 1981, 「古新羅時代 佛像樣式 北方傳來の問題」『新羅と日本古代文化』, 吉川弘文館.

줄의 양각선이 둘러져 있고, 그 아래로도 간격을 두면서 3줄씩의 양각선이 두 군데 둘러져 있다(도판 26).

여하튼 고구려·백제·신라 삼국에서 불교공인에 앞서 일찍부터 외국 포교승布教僧들이 활발하게 활동하였던 것이 확인되는데, 백제·신라와 서로 국경을 맞대고 있었던 가락국 역시 외국의 포교승들이 활동하였을 가능성이 높다. 왜냐하면 가락국이 백제·신라와 서로 일찍부터 치열한 다툼을 벌였던 역사적 사실로 보아 가락국이 두 나라에서 활동하던 포교승들의 존재를 몰랐을 것으로 판단되지는 않는다. 그렇다면 가락국 불교 전래 시기 역시 당연히 질지왕 이전까지 소급되어야 할 것이다.

가락국으로의 불교 전래 시기와 관련해선 백제 근초고왕의 369년 남방 경략과 373년 동진東晉으로의 사신파견, 『일본서기日本書紀』 신공기 46~47년조의 한반도 남부지역 관련기사와 광개토왕비문廣開土王碑文에 기록되어 있는 399년에 백제의 사주를 받은 왜가 가락국[63]과 함께 신라를 침범한 기사가 주목된다.[64] 특히 백제는 근초고왕의 남방 경략을 기점으로 가야를 아우르고 왜와 통교하는 적극적인 행보를 보이는데, 5세기에 이르면 백제

---

63) 제9회 가야사국제학술회의에서 광개토왕비문에 보이는 '임나가라'를 가락국으로 비정하고 있다.

김두철, 2003, 「高句麗軍의 南征과 加耶」『加耶와 廣開土大王』(제9회 가야사국제학술회의), 김해시.

백승옥, 2003, 「廣開土王陵碑文과 加耶史」『加耶와 廣開土大王』(제9회 가야사국제학술회의), 김해시.

이도학, 2003, 「加羅聯盟과 高句麗」『加耶와 廣開土大王』(제9회 가야사국제학술회의), 김해시.

田中俊明, 2003, 「高句麗進出以後の金官國」『加耶와 廣開土大王』(제9회 가야사국제학술회의), 김해시.

千賀久, 2003, 「日本列島の初期の騎馬文化」『加耶와 廣開土大王』(제9회 가야사국제학술회의), 김해시.

64) 이영식은 4~5세기경에 가야에 불교가 전래되었을 가능성이 높다고 본다.

이영식, 「가야인의 정신세계」『한국고대사속의 가야』, 2001, p. 474.

와 가야의 관계는 광개토왕비문에 있는 것처럼 매우 밀접한 관계로 발전되었다.

이 기사들은 가락국 불교 전래시기에 대하여 두 가지 추론의 가능성을 제시하고 있다. 첫째는 4세기 말경에 가야와 백제가 군사적으로 친밀한 관계를 유지하고 있어 이보다 이른 시기부터 서로 교류가 있었을 것이다. 따라서 백제를 통한 가락국으로의 불교전래 가능성이 높다. 두 번째는 광개토왕의 남정으로 인한 고구려 승려에 의한 불교 전래의 가능성이다. 그러나 고구려가 정복지를 직접 경영하지 않고 돌아갔던 것으로 보아 그 가능성은 크지 않다. 따라서 역사적 선후관계를 놓고 본다면 적어도 4세기대에는 백제를 통해서 가락국으로 불교가 전래[65]되었을 가능성이 높다고 판단된다.

왜냐하면 앞서 살펴본 신라의 경우 고구려에서 묵호자가 건너온 시기와 이차돈의 순교로 불교가 공인되었던 시차를 고려하면 신라의 경우 민간에 불교가 거부감 없이 수용되기까지 264년이란 상당기간의 시간이 걸렸다. 만약 아도비문에 등장하는 아도를 묵호자로 동일시하여도 법흥왕 14년(527)에 불교가 공인되기까지 100여 년의 시간이 경과되어 적어도 신라 땅에 포교승이 건너오고 100여 년 기간 동안 토착신앙과 치열한 경합을 벌였던 것을 알 수 있다. 그렇다면 가락국의 상황도 비슷했을 것으로 예상되는데, 452년의 질지왕의 창사에 앞서 신라와 마찬가지로 100여 년 이전에 가락국에 불교가 들어와 있었다고 볼 수도 있다고 판단된다.

가락국 불교가 백제를 통해서 전래되었을 가능성이 크다면 타당한 전래 경로를 비정하는 것이 이후 언급할 가락국 불교유적 조사방안에 있어 중요한 관건일 것이다. 이와 관련하여 현재까지 가락국시기 불교유적이 확인된

---

65) 曺元榮, 2007, 「가야지역의 佛教傳來와 受容事例」『加耶의 精神世界』(제13회 가야사학술회의), 김해시, p. 113.

예는 앞서 살펴본 것과 같이 전무하지만 김해를 벗어난 지역인 고령 가라국加羅國의 고아동벽화고분[66]의 연화문,[67] 합천 다라국多羅國의 옥전M3호분 출토 연화문장식,[68] 함안 안라국安羅國의 도항리 8호분 출토 연화문장식 금동파편[69] 등의 불교관련 유물이 출토되었다(도판 27).[70] 이밖에도 고령지방을 중심으로 가야시기 연화문전과 암키와가 발견되기도 하여 이 지역에 사찰건축물이 있었을 가능성이 높음을 증명하기도 하였다(도판 27).

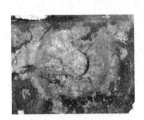
고아동 벽화고분 연화문

도항리 8호분 연화문장식

옥전M3호분 연화문장식

고령 고아리 158-2 연화문수막새

고령 송림리 2호 가마 출토 연화문전

도판 27. 가야제국의 불교 관련 유물

---

66) 계명대학교 박물관, 1984, 『高靈 古衙洞 壁畵古墳 實測 調査報告』.
67) 횡혈식석실분으로 백제의 무녕왕릉, 송산리 6·29호분의 영향을 받은 것으로 보며, 연화문 역시 백제계통의 문양으로 판단하고 있다.
　　김원룡·김정기, 1967, 「高靈壁畵古墳調査報告」『韓國考古』2.
　　전호태, 1992, 「加耶古墳壁畵에 관한 一考察」『韓國古代史論叢』4.
68) 경상대학교 박물관, 1992, 『陜川玉田古墳群Ⅱ』.
69) 관장식품 또는 금속공예품으로 추정.
　　이주헌, 2000, 「토기로 본 安羅와 新羅−古式陶質土器와 火焰形透窓土器를 중심으로−」『加耶와 新羅』(제14회 가야사학술회의, 김해시.
70) 주) 65의 「가야지역의 佛敎傳來와 受容事例」, pp. 114~121.

이들 불교 관련 유적과 유물의 연대는 대략 5세기 말에서 6세기 전기경에 해당되어, 앞서 살펴본 가락국 불교 전래시기 보다 후대로 편년되지만, 고아동벽화고분의 경우에는 백제의 영향을 받은 것이 분명하여 가락국으로부터 불교수용을 단언할 수는 없다. 다만 김해 가락국에서 이동해온 세력이 5세기 초에 본격적으로 옥전고분군을 조영하는 것으로 보고 있어[71] 다라국에 전래된 불교는 가락국에서 들어온 것으로 보는 것이 타당하다. 그렇다면 적어도 5세기 전기경 이전에 가락국의 이주민이 지금의 합천지역으로 불교와 함께 유입되었던 것으로 판단된다.

가야불교와 관련된 유적들이 함안지역을 제외하고는 내륙에 있고 낙동강 수계로 서로 연결되어 있는 점이 주목된다. 낙동강은 이들 가야제국加耶諸國에게는 국경을 맞대고 있는 백제와 신라와의 관계의 부침에 관계없이 활용 가능한 대외창구로서의 역할을 했을 것이다. 더욱이 낙동강 하류에 가락국이 위치하고 있어 가락국은 가야제국加耶諸國에게 있어선 선진문물을 받아들이는 중요한 대외창구였을 것이다.

김해지역 고분유적의 발굴성과에 따르면 가락국 건국세력은 서북한지역의 낙랑문화와 밀접한 관련성이 있다.[72] 가락국의 전신인 구야국狗倻國 지배세력의 무덤인 김해 양동리 162호분은 2세기 후반대로 편년되는데 이곳에서 출토된 철복鐵腹 등의 유물이 평양 정백동 53호 목곽묘출토 낙랑 유물들과 유사성을 보여 일찍부터 낙랑과 활발한 교역을 해왔던 것을 알 수 있다.

서북한 지역 한군현의 존속기인 기원전 1세기부터 기원후 4세기 초까지 우리나라 남해안은 선진문물의 이동 통로였다. 이 항로는 김해의 가락국

---

71) 옥전고분군의 축조세력을 김해 가락국에서 이동해온 세력으로 보는 아래의 연구가 참조된다.
  조영제, 2005, 「옥전고분군의 조사과정과 조사성과」 『고분연구에 있어서 옥전고분군의 위상』(제1회 다라국사학술회의), 합천군
72) 김태식, 2002, 『미완의 문명 7백년 가야사』3, 푸른역사.

을 비롯한 전기가야 여러 나라들의 교역 통로로 이용되었다. 그 증거로 낙동강 서안의 김해·창원·마산·함안·고성·사천·진주와 낙동강 동안의 부산에 이르기까지 폭넓게 출토되고 있는 한漢나라 계통의 화천貨泉·칠기·청동기·철기 등의 유물이 있다. 『삼국지三國志』위서魏書 왜인전倭人傳에는 서북한 지역의 대방군帶方郡에서 일본열도의 왜국에 이르는 해상교통로상의 경유지로서 구야한국狗邪韓國(가락국)을 거명하고 있어 당시 가락국이 해상로를 통한 중계무역으로서 성장 및 발전을 도모하였던 사실이 기록되어 있다. 가락국 초기의 주된 상품은 철정鐵鋌으로 낙랑과 왜에 수출하였고 낙랑의 선진물품을 왜와 주변국에 되파는 중계무역으로 성장할 수 있었다. 서기 313년에 이르면 고구려의 한군현 축출로 해상교통로를 통한 초기교역체계는 그 기능을 상실하게 된다. 더욱이 서기 400년 고구려 광개토왕의 남정으로 가락국은 타격을 입고 가야사회의 주도권은 내륙으로 이동하게 된다.[73] 이러한 일련의 과정 속에서 백제는 4세기 후기경에는 왜와 통교하고 남해안의 제해권을 장악하게 된다.

『삼국지』위서 왜인전에 기술된 해상교통로의 한곳으로 추정되는 사천시 늑도유적과 구야한국으로 가는 길목에 위치한 남해군 고현면의 남치리 분묘군에서 백제 횡혈식석실 1기가 조사되었다. 부장품으로는 은화관식과 관고리 등이 출토되었는데(도면 5, 도판 28), 특히 은화관식은 백제의 나솔奈率(6품) 이상의 고위관인이 착용했던 관식으로 알려져 있기 때문에 1호분의 피장자가 백제 사비기의 고위관인이었음을 시사한다. 또한 백제 사비기의 도읍이었던 부여지역을 중심으로 모두 12점만이 알려져 있는 매우 중요한 유물이 남해군에서 확인되고 있어 백제세력의 한반도 남해안 제해권 장악의 일면을 시사한다.[74]

---

73) 이영식, 2016, 『가야제국사연구』, p. 31.
74) 경남발전연구원 역사문화센터, 2016, 『남해 남치리 백제석실』.

따라서 가락국은 한사군의 멸망 이후 선진문물의 공급처로 한반도 남해안의 제해권을 장악한 백제와 통교하였고, 해상교역을 통하여 가락국으로 들어온 백제의 불교가 낙동강수계를 통해 합천 등으로 전파되었다고 보아도 무방할 것이다. 낙동강 하구에서 내륙 수로로 연결되는 곳에 왕후사지로 비정되는 유적이 분포하고 있어 이러한 추론을 방증한다고 판단된다.

Ⅳ. 맺음말

가락국 불교 전승에 대하여 사적기록과 고고학 조사에 의지해 검토해본 결과 적어도 4세기대에는 해상교통로를 통해서 백제에서 가락국으로 불교가 전래되었을 가능성을 제기할 수 있었다. 가락국 관련 사적기록과 전승에 등장하는 여러 창사創寺와 관련 사실 중에서 질지왕銍知王 시기의 기록이 신빙성이 높아 왕후사王后寺와 관련된 유적지를 찾고자 시도하였고, "김해시 장유면 응달리 태정산 일원", "관동리유적", "김해 율하 2지구 택지개발사업부지" 일원으로 비정할 수 있었다. 이 일

도면 5. 은화관식 출토 유적

도면 5, 도판 28은 『남해 남치리 고려분묘군 발굴조사 학술자문회의 자료집』의 사진과 도면을 전재하였다.
경남발전연구원 역사문화센터, 2014, 『남해 남치리 고려분묘군 발굴조사 학술자문회의 자료집』.

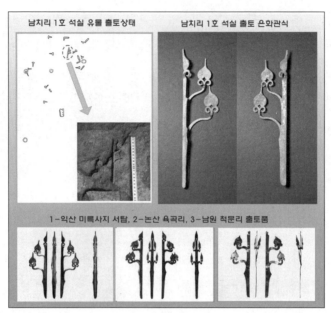

도판 28. 남치리 1호 석실 출토 은화관식

대는 낙동강 하구에서 내륙 수로로 연결되는 곳으로 해상과 내륙으로 진출하기 위한 길목에 위치한 요지이다. 해상교역을 통하여 국가를 발전시켜 나갔던 해상왕국 가락국에 있어서 이 일대는 중요한 요지이다. 그것을 방증하듯 가락국 시기의 도로유적과 선착장유적이 발굴되었고 고려시기에 이르기까지 지방의 유력세력이 경영하였던 것으로 추정되는 청자요지도 주변에서 발굴되었다.

　왕후사와 관련된 유적지의 조사는 김해시의 의뢰로 2004년에 실시되었고 그 결과가 학계에 보고되었다. 2004년 이후 대표적으로 2007년에 개최한 제13회 가야사학술회의 「가야加耶의 정신세계精神世界」 등에서 가락국 불교전래와 관련된 많은 논의가 있었지만 정작 왕후사 등의 가락국 창사創寺와 관련된 사지寺址에 대한 논의는 설화로 치부되어 잊혀져갔다. 필자는 당시 조사보고서 말미에 사찰 후보지를 1개소씩 단계적으로 조사해 나가자는 의견을 제시하였었다. 그렇지만 13년여의 세월이 경과한 지금까지도 조사는 이루어지지 않고 있다.

마지막으로 향후 가야사지를 찾기 위한 조사방안과 이들 유적들의 처리방안에 대해서 언급하고자 한다. 앞서 살펴본 것과 같이 고구려·백제·신라의 불교공인에 앞서 포교승이 활동하였었고 공인 초기 불교사원의 모습이 불탑과 불상을 모시는 전각을 중심으로 배치되는 가람배치와는 차이가 있었을 것으로 예상된다. 그렇다면 질지왕이 창사한 왕후사지 역시 불교식 가람배치와는 차이가 있었을 가능성이 높다. 따라서 "김해시 장유면 응달리 태정산 일원", "관동리유적", "김해 율하 2지구 택지개발사업부지" 일원의 가락국 유물이 출토되는 건물지 유적에 대한 정밀 검토 및 조사가 필요하다.

이 일대가 선사부터 역사시대에 이르기까지 누대에 걸쳐서 사람들의 생활터전으로 이용되었던 점을 고려하면, 육안조사인 지표조사에 그쳐서는 안 되고 반드시 시굴조사를 실시하고, 그 결과를 근간으로 체계적인 조사계획을 수립하여야 될 것이다. 아울러 이 일대에 산재한 유적에 대한 조사결과를 정리 분석할 필요가 있다. 개별 유적의 성격을 밝히는 것도 중요한 일이지만 가락국에 걸맞은 역사문화경관을 복원하는 중장기 계획을 수립하여야지만 올바른 유적 조사와 복원이 가능하기 때문이다.

2004년 조사에서 확인된 무척산 천지 인근의 무척산 기도원 앞마당에 놓여있는 탑재는 더 이상 방치하여선 안 될 것이다. 무척산 기도원 역사를 소개한 안내판에 따르면, 1940년대부터 이 일대를 기독교도들이 기도처로 사용했고, 1953년 10월에 기도원이 시작된 것으로 소개하고 있다(도판 29). 기도원의 외관을 살펴보면 장방형의 석재로 건물 외벽을 쌓고 시멘트로 고정시키고 있어(도판 30), 1953년 10월 기도원을 만들 때 주변에서 구하기 손쉬운 석재를 활용하였던 것으로 판단된다. 무척산 기도원 주변에 석탑의 탑재가 놓여 있어 기도원을 건축할 때 사용한 석재가 통천사와 관련된 석재일 가능성이 크다. 따라서 무척산 기도원과 그 주변의 석재에 대한 정밀 조사가 필요하다.

도판 29. 무척산 기도원 연혁

도판 30. 무척산 기도원 전경

「가락국 불교전승 관련 유적 연구」에 대한 토론문

이 영 식 (인제대학교)

발표자는 『삼국유사』 가락국기가 전하는 서기 48년의 허왕후 동래설과 근현대 김해지역의 문자자료의 서술들은 직접 역사적 사실로 생각하기 어려우며, 5세기 중엽(452년)에 제8대 질지왕이 허왕후를 기려 왕후사를 창사했던 『삼국유사』의 기록은 역사적 사실로 인정할 수 있다고 하였다.

다음으로 문헌기록에서 역사성을 인정할 수 있는 왕후사지와 『김해읍지』가 전하는 명월사지, 모은암지, 자암사지에 대한 정밀지표조사의 결과를 소개하고, 김해지역은 아니더라도 5세기 중엽 이후에 함안, 합천, 고령 등과 같은 가야문화권에서 연화문 등의 불교관련 고고학 자료가 확인됨을 지적하였다.

토론자 역시 주된 발표내용과 비슷한 견해를 발표한 적이 있기 때문에 달리 질문할 것은 많지 않지만 한두 가지 질문으로 토론자의 책무를 이행하고자 한다.

첫째, 전 왕후사지에 대한 발표자 자신의 직접적은 지표조사 성과를 바탕으로 문헌적 사실과 부합하는 유적으로 추정한 것은 좀 과도한 추정이 아닐까 한다. 발표자가 확인했던 관련유물은 12세기 이후의 수막새와 암기와, 그리고 기형을 알 수 없을 정도로 작은 경질토기편 뿐이다. 마침 전 왕후사지가 장유 수가리패총 인근에 위치한다는 데서 비롯한 과도한 추정이라 생각된다. 보완설명을 듣고 싶다.

둘째, 가야불교의 전파루트에 대해 4세기말 경 『일본서기』 신공기에서 한

성 백제가 왜로 통하는 길을 탁순국(창원)과 같은 남부가야에 소개해 줄 것을 요청했던 기록, 「광개토왕릉비」 등에서 보이는 백제와 가야의 군사동맹으로도 해석되는 친선관계 등을 배경으로 5세기 중엽에 창사가 이루어졌으니까, 그에 앞서 4세기 대에 백제로 부터 불교가 전파되었을 가능성을 상정하였다. 5세기 중엽이라도 신라보다 60년 정도 빠르기 때문에 이러한 상정의 가능성은 충분하지만, 4세기 때라면 가락국이 신라에 통합되기까지 200년 가깝게 가야인 들이 불교를 숭상했을 시간이 있는데 비해, 지금까지 확인되는 불교관련 유물이나 유적이 너무 드문 것은 아닌지? 의견을 듣고 싶다. 셋째, 5세기 중엽 이후 다른 가야 지역의 고고자료로서 기획자가 학술대회 포스터에 등장시킨 고령 송림리 전돌이나 함안 말이산고분군의 연화문 금동장식, 합천 옥전고분군 출토 연화문 방울장식, 고령 고아동 벽화고분의 연화문 등의 관련 자료에 대해 언급하였는데 소략한 느낌이다. 보완설명을 부탁하고 싶다.

끝으로, 발표자는 이번 발표를 준비하면서 2004년 자신이 진행했던 정밀지표조사 로부터 무려 13년이 지난 오늘까지 김해지역의 불교관련 유적에 대한 고고학적 조사가 조금도 진전되지 않았음을 안타깝게 생각하고 관련 유적에 대한 체계적인 조사를 제안하였다. 객관적 팩트의 확보노력은 뒤로하고 주장만을 앞세우려는 가야불교연구현황에 대한 아픈 지적으로 수용해야할 것으로 생각한다.

「가락국 불교전승 관련 유적 연구」에
대한 토론문

차 순 철 (서라벌문화재연구원)

가야불교라는 주제는 매우 어려운 작업이다. 발표내용을 들으면서 이러한 노력을 절감하게 된다. 발표자가 지적한 바와 같이 가야불교라는 주제 속에 담긴 설화요소는 논란의 대상이라고 생각된다.

사료의 진위문제에서 가장 중요한 것은 김해읍지에 실려있는 명월사 사적비문이라고 생각된다. 발표자가 언급을 간단히 하셨지만 '건강원년갑신 삼월람색健康元年甲申三月藍色' 명문와의 존재는 사실여부를 떠나서 당시 사람들의 인식을 보여주는 점에서 주목된다. 중국 후한 순제시기인 서기 144년이라는 연대가 왜 이 사적비에서 다루어졌는지 궁금하다. 가야불교의 역사를 이 시기로 특정지은 이유가 있을까?

가야에서 기와를 사용한 시기는 삼국시기 초로 보인다. 김해 부원동유적에서 출토된 기와는 그 역사가 오래됨을 알려준다. 발표자가 지적한 바와 같이 가야에 불교가 초전된 시기가 가장 이를 수도 있다고 생각한다. 그러나 삼국시대의 불교미술을 살펴보면 중국과의 밀접한 관련성이 지적되며, 불상과 경전 등의 유통이 이루어지고 있다.

연화문의 경우 그 기원은 이집트 미술까지 올라가며 중국의 경우 육조시대를 지나면서 활발하게 기물에 등장하고 있다.

백제를 통해서 고령지역으로 연화문이 전래된 사실과 거의 동시기에 신라에도 이러한 연화문의 사용이 나타나고 있다. 하지만 가야의 경우 일찍이 신라에 병합되어 불교와 관련된 유물의 존재가 희소할 수는 있지만, 일

그림 1. 흥국사 소장 사왕석

상 기물에서조차 이러한 관련성을 찾기가 어렵다. 물론 일부 유물의 존재가 보고되어 있고 이를 통해서 불교 사찰의 존재를 추정할 수 있지만, 대부분의 유물이 백제와의 관련성이 크다고 본다. 중요 사례로 지적한 남해 남치리 1호 석실 출토 은제관식은 백제의 귀족이 남해에 거주한 것을 알려주며, 당시 남해안을 따라서 이루어진 백제의 진출 증거라고 생각한다. 그렇다면 불교의 전래와 신앙의 확산문제는 재고의 여지가 있다고 생각된다.

김해지역에 소재한 여러 폐사지와 현존 사찰들에 대한 조사내용을 보면, 적어도 조선 중기 이후에 어떤 계기인지 몰라도 불교사찰들이 중흥되고 사세가 커지면서 김해지역의 불교 역사를 허황후와 함께 연결시키고, 그 역사를 새롭게 일신한 것으로 생각된다.

이러한 모습은 앞서 발표와 같이 김해지역을 기반으로 한 문중을 중심으로 한 조상 현창사업과 관련된다고 생각된다. 이에 대해서 연관성을 찾을 수 있는지 궁금하다.

그림 2. 인도 아잔타석굴 제19굴 서쪽 부조 보살상

　흥국사에 소장된 사왕석은 발표자가 지적한 것처럼 통일신라시대 하대의 석탑면석으로 추정된다. 다만 도상학적으로 볼 때, 천인天人이 하늘에서 내려올 때, 옷자락衣褶이 위로 올라가는 모습으로 추정된다. 석가모니가 수행할 때 뱀이 우산처럼 석가모니 뒤에 위치한 모습은 알려져 있지만, 몸을 감싸는 모습은 조금 이해하기가 어렵다.

　발표자의 지적처럼 김해지역의 사찰들은 해안선을 따라서 형성된 교역로를 중심으로 확인되며, 출토유물로 볼 때, 통일신라시대 하대에 사세가 번창했던 모습이 확인되고 있다. 따라서 현재까지 조사된 자료를 기준으로 본다면, 가야불교의 존재를 허황후와 연결하기보다는 백제의 남해안 진출과정과 연결시켜보는 것이 타당하지 않을까 하는 생각을 가져본다. 이에 대한 의견을 구한다.

가야지역의 선사·고대 수변의례

윤호필*

Ⅰ. 머리말

한국고고학은 90년대 이후로 폭발적으로 증가한 문화재발굴조사에 힘입어 수많은 고고자료를 확보하게 되었고, 이와 더불어 학문적인 연구도 많은 발전을 가져왔다. 이에 수많은 고고자료를 통해 선사시대부터 근대에 이르기까지 다양한 물질문화를 조금이나마 이해할 수 있게 되었다. 하지만 고고학적 연구가 물질문화 연구에 편중되다 보니 그 이면에 내포되어 있는 정신문화에 대해서는 소홀한 감이 있었다. 고고학의 연구목적이 "과거 인류가 남긴 물질적 자료를 통해 당시의 문화(행위, 사회적 조직, 이념 등)를 복

* 중부고고학연구소

원하고, 그들의 문화가 어떻게, 그리고 왜 변화되었는가를 설명하고 그들 문화의 의미를 이해"하는 것임을 볼 때 물질문화와 더불어 정신문화를 살펴보는 것도 중요한 과제라 할 수 있다. 물질문화는 모두 정신문화의 소산이라 볼 수 있지만 물질을 통해 인간의 사상체계를 밝히는 것은 매우 어려운 일이다. 그것은 대부분의 고고자료가 문자기록이 없는 시대에 출토되며, 있다 하더라도 관련기록이 없거나 그 의미를 모르는 경우가 많기 때문이다. 또한 정신문화는 형태가 없기 때문에 물질문화를 통해 유추할 수밖에 없으며, 이러한 과정에서 다양한 해석이 나올 수 있기 때문이다. 이렇듯 정신문화에 대한 연구는 고고학에서는 '인지과정고고학'이라고 하며 최근 세계적인 연구경향으로 활발한 연구들이 진행되고 있다. 하지만 한국고고학에서는 아직 초보적인 연구단계로 활발한 논의는 진행되지 못하는 편이다. 다만 최근에 기존의 물질문화자료를 재해석하거나 의례(제사)유적같이 정신문화와 직간접적인 자료가 증가하고 있어 향후 한국고고학에서 활발한 연구가 진행될 것으로 기대한다.

여기서는 이러한 관점을 바탕으로 정신문화의 직접적인 고고자료인 의례유적을 중심으로 살펴보고자 한다.[1] 의례는 인간의 정신문화를 집약적으로 가장 잘 나타낸 행위로서, 의례목적이나 관련 활동(생활, 농경, 생산, 수리, 항해 등), 의례대상(지신, 산신, 해신, 천신, 농경신, 동물신, 나무나 바위신 등), 의례장소(취락, 연못, 하천, 저수지, 해안, 산, 산성, 고개, 바위 등) 등에 따라 매우 다양하다. 본고에서는 이 중 가야지역에 분포하는 수변의례 유적을 중심으로

---

1) '의례(儀禮)'는 질서가 선 행위를 가리키는 ritus에 그 어원이 있으며, 종래에는 종교의례와 거의 같은 뜻으로 사용되었으나, 오늘날에는 인사로 대표되는 의식적 행동이나 직접 종교와는 관계가 없는 세속적인 행사도 포함되고, 문화속의 형식화된 행동의 넓은 범위에 미치고 있다(梶原景昭 1994). 따라서 의례는 제사보다 포괄적인 개념으로 일상의 정형화되고 반복되는 행위유형으로 문화적으로 정형화된 것을 말한다. 여기서는 포괄적인 개념을 적용하여 '의례'라는 용어를 사용한다.

정리·검토하여 선사·고대인들의 물에 대한 관념과 사상을 단편적으로 살펴보고자 한다.

II. 의례행위의 구성요소 및 판단[2)]

1. 의례의 구성요소

인간은 자연 앞에서 나약한 존재이며, 이를 극복하기 위한 방편 중 하나로 공동체적 삶을 살아간다. 하지만 항상 현실과 미래에 대한 불안과 공포로 이를 극복하기 위한 여러 가지 장치를 마련하는데 그 중의 하나가 '의례'라고 생각한다. 의례는 인간이 힘 있다고 믿는 대상에게 자신의 안녕을 기원하는 것으로 크게 2가지의 목적으로 나눌 수 있다. 첫째는 일상생활이나 미래에 대해 안녕을 기원하는 것이고, 둘째는 자신의 능력으로 감당할 수 없는 문제에 부닥쳤을 때나 그 힘에 대한 공포를 떨치기 위해 기원한다. 이는 모든 의례행위에서 나타나는 것으로 수변의례에서도 이러한 목적을 가지고 의례행위가 이루어진다고 하겠다.

먼저 의례의 구성요소를 살펴보면 크게 '장소祭場', '의식儀式', '공헌供獻'으로 나눌 수 있다. 의례장소는 의례가 행해지는 공간으로 '제장祭場'을 말한다. 제장은 기원의 대상이나 목적에 따라 다양한 공간에서 행해지나 크게는 '일상 생활공간'과 '전용 의례공간'으로 구분할 수 있다. 하지만 이들

---

2) II장은 필자의 졸고인 '한국 선사시대의 수변의례'(윤호필, 2011년)'의 내용 일부를 수정·보완한 것임을 밝혀둔다. 여기서 '의례'는 '의례'보다 광의적 개념으로서 정리한 것으로 '의례행위의 구성요소와 판단' 기준은 '의례'에도 그대로 적용된다.

제장들은 의례적인 의미에서 보면 공간적 차이(위치, 입지)가 있을 뿐 포괄적으로는 '현세와 내세'를 연결하는 장소이자 '참여자와 초월자'를 연결하는 장소이다. 이러한 공간(제장)은 성스러운 장소로서 항상 외부로부터의 오염을 방지하고 청결을 유지하여야 한다.

의식은 주관자나 참여자가 의례대상(신이나 초월자, 자연, 사령死靈, 동·식물 등)에게 기원하거나 소통하기 위한 일정한 행위양상을 말한다. 의례의식에서 가장 중요한 것은 의례대상이 임재臨在하거나 임재하도록 유도하는 일이다. 즉, 의례대상과 소통하는 과정과 결과가 의례의식 속에서 나타나야 하는 것이다. 따라서 의례의식은 일정한 과정이 필요하며, 이를 엄숙히 진행하고 집중시키기 위한 장치들이 마련되어야 한다. 먼저 의례대상에 '상징화' 작업이 필요하며, 이와 더불어 참여자들이 의례의식을 인지하고 의례과정에 집중할 수 있도록 하는 것도 필요하다. 의례대상의 상징화는 의례대상을 인지할 수 있는 상징물을 사용한다든지 장식·형상·미술·도상 등 다양한 방법을 통해 만들어진다. 의례의식의 과정은 참여자에게 의례행위에 필요한 의식 상태(기도(기원)의 말, 몸짓(동작), 체험, 경외심 등)를 요구하거나 불러일으켜야하기 때문에 다양한 주의집중 방법이 필요하며, 이 과정에서 다양한 의례도구가 사용된다. 의례의식에 사용되는 도구는 주로 빛, 소리, 냄새 등을 유발시키는 것으로 이를 통해 주위를 환기시키고 참여자를 집중시키게 된다. 공헌은 희생물과 선물이라는 두 가지 유형이 사용되며, 공헌물로는 물건, 음식, 동물, 사람 등이 있다. 공헌방법은 의례대상에게 공헌물을 바치는 것이 기본적인 방법이며, 이외에 다양한 방법이 사용된다. 공헌의 과정에서도 다양한 의례도구나 기물이 사용된다. 의례유적에서 확인되는 대부분의 유물들은 공헌과정에서 나타난 행위에 의해 발생한 것으로 볼 수 있겠다. 대표적인 공헌 방법으로는 살아있는 생명을 희생시키거나 공헌물(물건, 음식, 음료 등)을 훼손시키는 것이다. 즉, 공헌물을 현세의 물건에서 내세의 물건으로 바꾸는 행위이다.[3] 이는 공헌물이 더 이상 인간의 물건이 아님을 말하는 것으로 현세에서 없애는 행위로 볼 수 있다. 공헌물의 훼손 방법은 음식과 음료의 경우는 태우든지 쏟아버리는 행위가 있으며, 물건은 부수든지 감춰(매납) 버리는 행위가 있다. 의례의 구성요소를 정리하면 〈표 1〉과 같다.[4]

〈표 1〉 의례의 구성요소

의례의 구성요소	내 용
장소 (祭場)	· 일상 생활공간 : 생활 속에서 이루어지는 의례공간. * 주요장소 : 주거지역(주거지, 야외노지, 수혈, 구, 환호, 우물 등) · 전용 의례공간 : 특수한 목적을 위해 이루어지는 의례공간. * 주요장소 : 산, 강변, 해안, 저습지, 신전, 제단(거석기념물), 암각화유적, 매납공간(청동기, 토기 등), 생산공간(경작지, 가마 등) 등
의식 (儀式)	〈의례의식의 요소〉 1. 의례대상의 임재(臨在) : 의례의식은 의례대상이 임재하거나 임재하도록 유도해야 하기 때문에 의례대상은 어떤 물질적 형태 또는 상으로 상징화됨. * 상징물 사용, 장식, 형상 미술 혹은 도상으로 나타남. 2. 주의집중 : 의례의식의 과정은 참여자에게 의례행위에 필요한 의식상태를 요구하거나 불러일으켜야 하기 때문에 다양한 주의집중 방법이 필요함. 즉, 기도의 말, 몸짓(동작), 경외심 등을 요구함. * 의례용구를 이용하여 빛, 소리, 냄새 등 이용. * 의례용구 : 의례용 그릇, 향로, 등잔, 징, 종, 악기, 기타 모든 의례용구 등. * 의례적 체험을 유발하기 위해 춤, 음악, 마약, 고통 가하기 등 다양한 방법 사용.

---

3) 공헌물의 이러한 과정은 기본적으로 의례의식의 과정을 통해 만들어진다.
4) 의례의 구성요소에 관련된 내용은 "靑銅器時代 儀禮에 관한 考古學的 硏究"(李相吉 2000)와 "현대 고고학의 이해" 중 '옛사람들은 무엇을 생각하였는가'(콜린 렌프류·폴 반 (이희준 譯) 2006)의 내용을 일부 참고하여 의례가 이루어지는 주요 요소들을 정리한 것이다.

| 공헌
(供獻) | 〈공헌방법〉
1. 동물 혹은 사람의 희생
2. 음식과 음료 : 공헌물로 바치거나 태우든지 쏟아버리는 행위.
3. 물건 : 공헌물로 바치거나 부수든지 감춰(묻거나) 버리는 행위. |

2. 의례행위 판단

1) 유물양상

의례행위을 고고학적으로 판단하기 위해서는 유적, 유구, 유물에 나타난 의례적 흔적을 살펴보는 것인데, 기본적으로 이를 인지하기가 어렵다는데 문제가 있다. 그것은 특별한 공간에 특별한 구조물을 만들어 의례전용 도구나 용기를 이용한다고 하더라도 오랜 기간 매몰된 상태에서 후대에 그 양상을 구체적으로 파악하기란 쉽지 않기 때문이다. 또한 대부분 원형이 훼손된 상태로 확인되고, 그런 양상이 의례행위가 완료된 후 폐기과정에서 훼손되었는지, 아니면 처음부터 훼손되었는지를 정확히 구별하기 어렵기 때문이다. 다만 고고학적으로 유적의 입지나 유구의 형태와 구조, 유물에 나타난 흔적과 출토 정황을 통해 의례의식이나 공헌의 과정을 추정하여 대략적인 의례양상을 복원하는 것이다.[5]

먼저 의례유물의 검토는 의식이나 공헌과정이 모두 끝난 다음 제장에 남아있는 유구나 유물의 양상을 검토하여 추론한다. 이때 일반적인 유물과 의례유물을 판단하는 것이 필요한데. 이에 대한 기준은 이상길의 연구에 잘 검토되어 있다. 그는 의례유물의 기준을 유물의 존재양상과 유물의 흔적을 통해 판단기준을 설정하였는데, 이를 간단히 정리하면 〈표 2〉과 같다.

---

5) 고고학적으로 중요한 것은 의례의 실체를 구체적으로 파악하는 것이며, 보다 다양한 검증을 통해 기록이 없거나 부족한 시대의 의례행위를 살펴보는 것이다.

〈표 2〉 의례유물의 판단기준

	판단기준	비고
유물의 존재양상	1. 의외의 장소나 위치에서 유물이 출토되는 경우	
	2. 한 개체분의 유물이 일부만 존재하는 경우	
	3. 한 개체의 유물이 멀리 떨어진 곳에서 각기 부분적으로 출토되는 경우	
유물의 흔적	1. 토기의 저부나 동체부에 구멍을 뚫는 행위	천공(穿孔)
	2. 토기를 무작위로 깨뜨리는 행위	파쇄(破碎)
	3. 토기의 특정부위만을 취하는 행위	선별파쇄 (選別破碎)
	4. 실용의 토기(토제품)나 석기를 그대로 이용	전용(轉用)
	5. 토기나 석기를 깨어서 다른 제품을 만드는 행위	전용재가공 (轉用再加工)
	6. 소형모방품이나 이형, 토제품을 이용	전용(專用)
	7. 단도마연토기의 이용	전용(專用)
	8. 각종의 석기를 깨는 행위	파절(破折)
	9. 자연석(천석)의 이용	반입전용 (搬入轉用)
	10. 옥의 이용	

〈표 2〉를 살펴보면 유물에 나타난 의례행위의 흔적이 매우 다양한 것을 알수 있는데, 이는 역으로 의례행위의 양상도 다양함을 의미한다. 또한 의례에 사용된 유물은 일반용품과 의례용품 모두가 사용된다. 일반용품은 실용품(토기, 토제품, 석기 등)을 그대로 전용轉用해서 사용하는 경우와 특수하게 일반용품을 의례에 사용하기 위해 원형이 훼손하는 경우로 나뉜다. 이중 후자는 원형을 훼손하는 행위가 의례행위의 중요한 부분이 되며, 원형의 훼손방법은 천공穿孔, 파쇄破碎, 파절破折, 선별파쇄選別破碎, 전용재가공轉用 再加工 등이 사용된다. 토기류는 주로 깨뜨리는 행위가 주를 이루며, 석기류는 부러뜨리는 행위가 사용된다. 이는 원래의 기능을 부정하거나 의도적

으로 기체를 분리시키는 것으로 의례에 한번 사용되어 신(神)에게 바쳐진 도구는 두 번 다시 사용하지 않는다는 금기의 개념이 내재된 것으로 판단할 수 있다(이상길 2000: 64). 의례용품은 의례전용인 (소형)모방품, 이형품, 토제품 등이 전용(專用)된다. 따라서 훼손된 유물들과 의례전용품 등은 의례행위의 중요한 증거가 되며, 이를 통해 다양한 의례행위를 복원할 수 있다.

2) 입지양상

수변의례가 이루어지는 장소는 크게 하천변, 해안, 저수지(저습지)로 구분할 수 있으며,[6] 의례대상인 물을 중심으로 구분하면 물과 인접한 곳과 떨어진 곳으로 나눌 수 있다.[7] 물과 인접한 제장의 의례는 크게 의례대상(강, 바다, 저수지)에 간접적으로 이루어지는 의례와 직접적으로 이루어지는 의례로 구분할 수 있다. 간접적인 의례는 의례대상을 인지하지 못한 상태에서 이루어지는 것이 아니라 의례대상을 직접 인지 하면서 의례행위를 간접적으로 하는 것이다. 이러한 형태의 의례행위는 수변의례의 가장 기본적인 형태이며, 의례대상인 강, 바다, 저수지(저습지)와 가까운 거리에 제장이 마련된다. 의례형태는 의례대상을 상징하는 의례유구나 의례의식[8]을 통해 이루어지는데, 주로 의례대상과 연결되거나 인접한 소규모의 하천, 일시적으로 만들어진 구(溝), 인위적으로 만들어진 구(溝),[9] 수혈, 분묘(지석묘, 석

---

6) 물과 관련된 모든 의례를 '물의 의례'라는 광의적인 개념으로 보았을 때 하천, 해안, 저수지 등 특정 공간의 주변에서 이루어지는 의례는 협의적 개념이며, 광의적 개념으로 보면 이들 수변의례와 더불어 우물, 샘, 제방, 성수(聖水), 약수, 기우제 등까지를 포함한다. 본고에서는 협의적 개념을 중심으로 검토하였다.

7) 하천, 해안, 저수지의 구분은 협의적 개념에서 수변의례가 이루어지는 장소(祭場)를 나눈 것이다. 이중 하천(河川)은 규모가 큰 것을 강(江), 규모가 작은 것을 천(川)으로 구분할 수 있다.

8) 의례유구를 만들지 않고 의례의식이나 공헌만을 하는 것을 말한다. 고고학적 자료는 공헌물의 흔적인 유물만이 남게 된다.

9) 인위적으로 만들어진 구에는 일반적으로 인식되고 있는 溝와 環濠, 帶狀遺構 등을 포함

관묘), 입석, 제단, 거석 등 다양하게 사용된다. 공헌방법도 직접적인 공헌보다도 대부분 의례유구를 통해 간접적으로 이루어지게 된다. 직접적인 의례행위는 하천, 바다, 저수지와 접한 곳이나 그 내부가 제장이 되어 의례행위가 이루어진다. 그리고 의례에 사용된 공헌물도 의례대상에 직접적으로 바쳐지는 경우가 많다. 이러한 의례행위는 간접적인 의례와는 다른 방식으로 나름의 의도와 목적이 있는 것으로 보인다. 어떤 행위를 함에 있어 대상에게 직접적인 행동을 한다는 것은 보다 강력한 의지를 표명하는 것으로 의례행위의 경우도 같은 것으로 볼 수 있다. 즉, 의례대상에게 보다 강력한 요구나 기원이 필요할 때 직접적인 의례가 행해진다고 생각한다. 따라서 직접적인 의례는 간접적인 의례보다도 참여자의 의지의 표현이 가장 적극적이고 강력한 것으로 생각된다.[10]

Ⅲ. 가야지역 선사·고대 수변의례의 특징과 성격

의례의 구성요소와 의례행위의 판단을 통해 가야지역의 선사·고대 주요 의례유적을 '제장(입지, 경관, 유구형태와 구조)', '의식과 공헌(출토유물 및 출토양상)'의 관점에서 검토하여 특징과 성격을 파악하였다. 대상유적은 산청 묵곡리유적, 진주 평거3-1지구유적, 창원 상남 의례유적, 밀양 금천리유적,

---

한다.

10) 직접적인 의례의 경우 의례대상(하천변, 해안, 저수지) 내에서 이루어지기 때문에 후대에 이를 파악하기가 특히 어렵다. 그것은 하천이나 바다의 경우는 물이 지속적으로 움직이며, 때로는 범람이나 태풍으로 인해 인접한 지역까지 원형이 훼손되기 때문이다. 다만 단편적인 자료와 여러 가지 정황으로 볼 때 의례대상에 대한 직접적인 의례도 다양한 방법으로 이루어졌을 것으로 생각된다.

마산 가포동유적, 사천 늑도유적, 사천 방지리유적, 합천 영창리유적, 김해 봉황동유적, 고성 동외동유적 등 10개 유적이다.[11] 검토내용을 표로 정리하면 〈표 3〉, 〈표 4〉, 〈표 5〉와 같다.

1. 제장의 입지 및 경관

　수변의례의 특성상 제장은 기본적으로 하천이나 저습지, 해안 주변에 입지하고 있다. 수변의례 제장의 입지 선택은 여러 가지로 검토가 가능하지만 의례대상과 제장을 연결시켜 경관을 재구성 해보면 다양한 자연방위가 확인되어, 이 요소가 제장의 입지선택에 중요한 부분은 아닌 것으로 보인다. 또한 앞서 살펴본 의례의 입지양상을 적용해 보면 저습지를 제외하면 모두 간접적인 의례행위가 이루어지는 입지로 생각된다. 따라서 제장은 의례대상을 잘 조망할 수 있는 위치와 입지가 중요하며, 이러한 조망권이 입지 선택에서 가장 중요했을 것이다. 따라서 의례대상의 위치나 입지가 제장을 선정하는 가장 중요한 요소가 된다.

　청동기시대는 하천변에 주로 입지하면서 본류와 지류가 만나는 합수지점 주변, 본류 옆 소하천변에 주로 입지한다. 또한 인접하여 취락이 위치하는 경우가 많다. 하천변의 제장들은 본류보다는 지류에 입지하면, 제장이 평탄지로서 집단적 의례행위가 용이하다. 제장을 중심으로 한 경관구성은 다양하게 나타나는데, 산청 묵곡리유적의 경우 제장을 중심으로 전면은 '강+산'이 위치하고 배후는 '곡간평지'가 위치하고, 진주 평거3-1지구유적은 충적대지의 중앙부에 위치하고 있어 전면은 '구하도+충적지(밭)+강

---

11) 대상유적 중 산청 묵곡리유적(청동기시대, 삼국시대)과 밀양 금천리유적(삼한시대, 삼국시대)은 한 유적에서 두 개의 시대가 중복되어 있어 이를 구분하여 검토하였다. 또한 김해 봉황동유적은 봉황대구릉을 중심으로 많은 유적들이 조사되었지만 이중 의례와 관련된 몇 개의 유적을 선별하여 검토하였다.

+산', 배후는 '자연제방(취락)+배후저지(논)+산'으로 구성된다. 창원 상남동 유적은 전면은 '소하천+평지+낮은구릉', 배후는 '평지'로 구성된다. 이러한 경관구성은 입지한 지역이 충적지이기 때문에 나타나는 경관형태로 가장 중요한 것은 하천으로 생각된다.[12] 그것은 하천이 산을 깎고 땅을 만들고 생명을 키우는 역할을 하기 때문이다. 전체적으로 보면, 청동기시대 수변 의례의 제장은 의례대상을 인지할 수 있는 위치의 평탄하고 넓은 곳을 선택하였으며, 취락과의 관계는 독립된 형태로 떨어져 있지만 가까운 거리에 위치하여 접근이 용한 곳을 선정하였다. 의례형태는 의례행위를 위한 별도의 건물을 축조하지 않고 노천에서 그대로 이루어진 '노천의례'형태이다.

삼한시대는 밀양 금천리유적을 제외하면 모두 구릉에 입지한다. 밀양 금천리유적은 청동기시대와 입지적으로 비슷한 형태이기는 하지만 의례대상인 저습지를 직접적으로 이용한 것이 차이가 있다. 경관구성도 전면에 '강+산', 배후에 '곡간평지'로서 충적지에 입지한 유적의 경관이다. 의례형태는 저습지에 직접적인 행위를 하는 형태이기 때문에 별도의 시설은 없는 '노천의례'형태로 생각된다. 다만 저습지에 대형통나무가 걸쳐져 있어 의례행위와 관련된 시설물로 생각된다.

구릉에 입지하는 제장은 주변보다 높은 곳에 위치하기 때문에 기본적으로 주변 조망이 매우 유리한 조건을 갖추고 있으며, 제장의 위치에 따라 다양한 성격을 가진다. 구릉입지는 크게 해안이나 섬에 위치한 구릉과 하천변 구릉으로 구별된다. 해안 구릉에 입지한 유적은 마산 가포동유적으로

---

12) 최근에 통영 한산도 망산봉수대를 조사하는 과정에서 청동기시대 마제석검 1점과 마제석부 1점이 출토되어 청동기시대의 의례유적으로 확인되었다. 입자가 섬의 정상부로 하천변의 제장과는 다른 형태로 생각된다. 또한 출토양상으로 보아 마산 가포동유적과 같이 '매납의례'로 생각된다. 따라서 청동기시대에도 해안을 중심으로 한 제장들도 활발히 조성되었을 가능성이 높다.(경상문화재연구원, 2017) 비슷한 김해 구관동유적, 부산 다대동 봉화산유적(신석기시대) 등이 있다.

마산만을 둘러싸고 있는 구릉의 사면 중턱에 위치하고 있어 마산만 일대를 한 눈에 조망할 수 있다. 이는 마산만에서 행해지는 어로행위나 향해 선박을 조망할 수 있는 곳으로 지리적으로도 중요한 곳이다. 즉, 중요한 어장이자 해양교통로를 한 눈에 조망할 수 있는 것이다. 또한 주변에 관련유구가 없이 단독으로 조성된 것이 특징이며, 노천에서 그대로 이루어진 '노천의례'형태이다.

섬의 구릉에 위치한 사천 늑도유적과 사천 방지리유적은 섬이라는 독립된 공간에 위치하면서도 구릉 상부나 정상부에 위치하여 섬 내에서 조망권이 좋은 곳에 입지한다. 특징적인 것은 두 유적 모두 제장이 바다와 함께 육지를 바라보고 있는 것이다. 이는 '바다+육지'라는 이중적인 의미를 갖는다고 하겠다. 사천 늑도유적은 사천 대방동과 남해 창선면 사이에 위치한 섬으로 남해안을 따라 향해하는 연안해향의 중요한 해양교통로 상에 위치한다. 또한 주변에 산재한 크고 작은 섬들이 조망할 수 있으며, 중요한 기착지로서의 역할도 한다. 사천 방지리유적 또한 사천만을 조망할 수 있는 위치에 있으며, 사천만은 남해바다에서 내륙으로 지출할 수 있는 중요한 교통로이다. 즉, 사천만을 통해 남강과 연결되는 것이다. 이렇듯 섬에 위치한 제장들도 모두 중요한 해양교통로 상에 위치하고 있다. 또한 양 지역 모두 섬 자체가 하나의 취락 공간으로서 제장 또한 취락의 한 부분으로 인식되었을 것으로 생각된다. 하지만 취락 내 제장의 입지는 주거지역과 혼재된 것이 아니라 별도 공간에 배치된다. 의례형태는 모두 노천에서 그대로 이루어진 '노천의례'형태이다.

하천변 구릉에 입지한 유적은 합천 영창리유적으로 하천과 주변 충적지를 한 눈에 조망할 수 있는 입지이다. 지리적으로는 경남의 내륙에 위치하지만 주변하천을 따라 형성된 중요한 교통로 상에 위치한다. 이 유적은 소규모 취락이지만 다중환호와 구릉 급경사면으로 둘러싸여 취락경계가 분명한 독립적인 입지에 있다. 특징적인 것은 다른 유적의 제장과는 달리 주거지역 내에 혼재되어 나타난다. 다만 주거지와는 다른 배치를 보인다. 유적의 입지나 취락의 형태 등으로 볼 때 취락자체가 하나의 의례공간으로 생각되며, 주거지도 의례와 관련된 것으로 보인다. 모두 노천에서 의례가 행해졌다.

삼국시대는 구릉 정상부, 하천변, 저습지 등에 입지한다. 이러한 입지형태는 이전 시대의 제장입지와 유사한 형태로 경관구성도 비슷하다. 산청 묵곡리 유적이나 밀양 금천리 유적은 각각 청동기시대와 삼한시대의 제장과 겹쳐져 있거나 인접해 있는 경우도 있다. 이는 수변의례 제장의 특성상 특정한 곳에 입지하기 때문으로 생각되며, 또한 물과 관련된 인간의 생활양상이나 정신문화가 근본적으로 큰 변화가 없는 것을 말해준다. 하지만 세부적으로는 제장의 규모나 관련유구의 규모와 성격 등이 더 다양해지고 확대되는 것을 알 수 있다. 김해 봉황동유적은 봉황대 일대를 중심으로 넓은 지역에서 수변의례 관련 유구들이 확인된다. 이들 지역은 김해만과 해반천을 기반으로 제장이 형성된 것으로 생각되며, 특히 봉황대는 이들 제장들의 중심지로서 주변일대에서 가장 높이 위치하며, 주변을 살필 수 있는 조망권을 가지고 있다. 특히, 김해만에서 내륙으로 진출하는 중요한 교통로인 해반천이 위치한 것은 이 일대가 중요한 거점지역임을 말해준다. 따라서 이 일대는 수변의례가 폭넓게 이루어지면서도 봉황대 같은 중심 제장에서는 특수한 목적이나 기능의 의례가 이루어졌을 가능성이 높다. 고성 동외동 유적은 독립구릉의 정상부에 입지하며, 주변은 바다가 근접했던 것으로 생각된다. 따라서 주변의 넓은 평야와 바다를 조망하기에 매우 좋은 조건이었음을 알 수 있다. 또한 제장이 구릉 정상부의 평탄면에 위치하고 있어 집단적 의례가 용이한 제장으로 생각된다. 주변에 산재한 가야의 고총고분보다도 제장의 입지가 높고 소가야의 중심지에 속해 있어 김해 봉황동유적의 봉홍

대 제장과 비슷한 성격의 중요한 제장이었을 것으로 생각된다.

〈표 3〉 제장의 입지 및 경관

시대	유적명	입지 및 경관(제장(祭場))		형태	출토유구
		입지	경관구성		
청동기시대	산청 묵곡리 유적 (청동기)	· 하천변 · 합수지 주변 (본류+지류)	[남쪽] 강+산 ▲ 제장 ▼ [북쪽]곡간평지	노천 의례	구상유구, 주거지, 고상가옥 (소규모취락)
	진주 평거3-1지구 유적	· 하천변 · 본류 옆 소 하천 · 자연제방	[남쪽] 구하도+충적지(밭)+강+산 ▲ 제장 ▼ [북쪽]자연제방(취락)+배후저지(논)+산	노천 의례	제단+미저지, 주거지, 분묘, 경작지, 수혈 등 (대규모취락)
	창원 상남 의례유적	· 하천변 · 소하천옆	[남쪽] 소하천+평지+낮은구릉 ▲ 제장 ▼ [북쪽] 평지	노천 의례	자연구, 환호, 분묘
삼한시대	밀양 금천리 유적 (삼한)	· 저습지	[남쪽] 강+산 ▲ 제장 ▼ [북쪽] 곡간평지	노천 의례	저습지
	마산 가포동 유적	· 구릉사면	[동쪽] 바다 ▲ 제장 ▼ [서쪽] 산	노천 의례 (사면)	큰 바위틈
	사천 늑도유적	· 구릉사면 · 곡부	[북쪽·육지] 바다 ▲ 제장(섬) ▼ [남쪽] 산	노천 의례	패총, 주거지, 분묘, 토취장, 수혈 (대규모 취락)
	사천 방지리 유적	· 구릉사면	[동쪽·육지] 바다+육지 ▲ 제장(섬) ▼ [서쪽] 산+바다	노천 의례	구상유구, 주거지, 분묘, 환호, 패총 (소규모 추락)
	합천 영창리 유적	· 구릉 정상부	[동쪽] 강+산 ▲ 제장 ▼ [서쪽] 산	노천 의례	수혈, 주거지, 분묘, 구상유구, 환호

시대	유적	입지	방향	의례	비고
삼국시대	밀양 금천리 유적 (삼국)	· 저습지	[남쪽] 강+산 ▼ 제장 ▼ [북쪽] 곡간평지	노천 의례	저습지, 관개시설 (보, 호안 시설)
	김해 봉황동유적	· 저습지 · 구릉정 상부	[남쪽] 바다 ▼ 제장 ▼ [북쪽] 저습지+산	노천 의례	저습지, 주거지, 고상가옥, 수혈, 토성, 환구, 경작지
	고성 동외동 유적	· 구릉 정상부	[남쪽] 평지+바다 ▼ 제장 ▼ [북쪽] 평지+낮은 구릉	노천 의례	수혈, 주거지, 패총, 고분군 (소규모 취락)
	산청 묵곡리 유적 (삼국)	· 하천변 · 합수지 주변 (본류+지류)	[남쪽] 강+산 ▼ 제장 ▼ [북쪽]곡간평지	노천 의례	구상유구, 분묘 (대규모 고분군)

2. 제장의 유구형태 및 특징

청동기시대 제장의 형태는 구상유구와 제단이 사용된다. 구상유구는 인위적으로 구를 파거나(산청 묵곡리유적) 자연구를 그대로 이용(창원 상남 의례유적)하는 경우가 있다. 제단은 소반형태의 소형의 제단을 여러 개 배치한 형태이다. 제장의 규모로 보면 산청 묵곡리유적이 가장 대규모이며, 나머지는 소규모에 해당된다. 하지만 의례행위는 규모에 관계없이 일회성이 아닌 지속적으로 행해진 것으로 보인다. 구상유구 형태의 제장은 구상유구 주변에 의례의식이 행해지는 공간이 별도로 있으며, 구상유구는 공헌과정에서 공헌물이나 의례에 사용된 기물들이 폐기되는 장소로 이용된다. 물론 이 폐기 과정도 중요한 의례행위 과정 중의 하나로 볼 수 있다. 구상유구의 형태는 평면은 호상이나 굴곡이 있으며, 단면은 모두 깊이가 얕고 완만한 'U'자형이다. 이러한 형태는 저습지를 제장으로 사용하는 것과 대조적이다. 저습지는 대체적으로 어는 정도의 깊이를 가지고 있기 때문에 공헌물이나 의례용 기물을 폐기 할 경우 바닥으로 가라앉아 지상에는 드러나지 않게 된다. 이에 반해 구상유구는 의례과정이나 의례 이후에도 대부분 폐기된 상태를 볼 수 있을 뿐만 아니라 차후의 의례에서도 폐기양상을 보면서 의례행위가 이루어진다. 즉, 지속적으로 폐기과정을 볼 수 있는 것이다. 따라서 제장에 이용되는 구상유구는 이러한 의도가 반영되어 축조되거나 자연구를 찾는 다고 볼 수 있다. 경우에 따라서는 주변에 수혈을 만들거나 큰 자연석을 이용하여 의례에 같이 활용하기도 한다. 제단형태의 경우는 의도적으로 의례시설을 만든 것으로 중요한 의미를 가진다. 또한 제단시설이 확인된 평거동3-1지구의 경우처럼 주거지역과 인접한 곳에 소형제단을 만든 것은 의례활동이 항시적으로 이루어지고 있음을 알 수 있다. 또한 공헌물과 의례용 기물을 인접한 소하천에 폐기한 것은 구상유구의 의례양상을 유추하는데 도움을 된다.

　삼한시대는 구상유구, 수혈, 패총, 자연바위, 저습지 등이 제장으로 이용된다. 구상유구는 청동기시대와 비슷하지만 다른 점은 취락의 구성에 포함되어 있다는 점이다. 즉, 취락과 별도의 공간이 아니라 취락 내에 배치되는 것이다. 다만 취락 내의 배치가 혼재되기 보다는 별도의 공간에 모여 있는 경우가 많고, 그 위치는 주거지역의 외곽에 배치된다. 구상유구의 형태는 청동기시대와 달리 직선적인 것이 많고 바닥도 일정하지 않고 울퉁불퉁하며 깊은 것들도 확인된다. 수혈은 구상유구와 비슷한 성격으로 취락내에 배치되지만 주로 주거지 등 생활유구와 혼재되어 나타난다. 대부분이 부정형으로 바닥도 정형하지 못하다. 패총은 삼한시대에 새롭게 등장하는 제장이다. 패총은 취락 내에 존재하기도 하고 별도로 존재하기도 한다. 제장으로 이용될 경우는 취락과 인접한 경우가 많다. 패총은 주 기능이 생활폐기장의 성격을 갖는다. 따라서 패총이 제장으로 사용될 때는 특별한 경우라고 생각된다. 또한 의례의식도 패총 내부에서 직접적으로 이루어지기도 하지만 대부분은 구상유구와 같이 인접한 주변공간에서 의례의식이 이루어진 다음 공헌물과 의례용 기물을 폐기하는 장소로 이용된 것으로 보인다. 따라서 패총에서 다양한 공헌물이나 의례용 기물이 출토될 경우 유물의 종류나 출토상황 등을 검토하여 직접적인 의례행위가 있었는지 의례행위 후 폐기된 것인지 파악하는 것이 필요하다. 따라서 패총 내부나 인접한 공간에서의 의례행위를 모두 염두에 두어야 한다. 자연바위를 제장으로 활용한 것은 주로 매납의례가 목적인데, 이는 지속적으로 공헌물을 바치기 보다는 일회성 공헌으로 보인다. 또한 제장은 다른 사람들이 인지할 수 없기 때문에 의례 참가자만의 특별한 제장으로 사용되었을 가능성이 높다. 또한 공헌물은 일회성이지만 개별적인 의례행위는 지속적으로 이루어졌을 가능성이 있다. 저습지는 내부공간에서 직접적인 의례가 행해지거나 주변에서 의례의식이 이루어진 다음 폐기 장소로 이용된다. 밀양 금천리유적에서 확인된 저습지 제장에서는 특별하게 대형의 통나무가 저습지 안에까지 걸쳐져 있어 공헌물이나 의례용 기물의 폐기를 저습지 안에서 실행할 수 있다. 이는 대형 통나무가 인위적으로 옮겨져 배치된 것으로도 용도를 짐작할 수 있다. 따라서 저습지 제장의 용도는 다양하게 사용된 것으로 생각된다.

삼국시대도 구상유구, 하천, 저습지, 제방, 패총, 구릉 등 다양한 곳을 제장으로 이용한다. 특징적인 것은 산청 묵곡리유적 같이 하천변의 별도 공간에 구상유구 형태로 제장이 마련되기도 하지만 중심지역에서는 관개시설이나 제방, 대규모 취락공간 주변 등에 제장이 만들어지고 의례행위도 대규모로 진행된다. 김해 봉황동유적의 경우는 봉황대구릉 일대가 금관가야의 중심취락으로 대규모 패총을 비롯한 호안시설, 제방, 토성 같은 기반시설 등이 밀집해 있어 다양하고 체계적인 의례가 이루어졌을 것으로 보

인다. 고성 동외동유적의 경우 구릉 정상부에 반구형의 부정형 의례수혈이
중첩되어 대규모로 확인되며, 인접해서 주거지와 대규모 패총이 위치한다.
이러한 형태는 김해 봉황동유적과 같이 대규모 의례행위가 있었던 것으로
추정할 수 있겠다. 이렇듯 삼국시대의 제장형태는 전 시대에 비해 보다 다
양해지면서 보편화와 특수화가 함께 진행된다. 즉, 수변의례 활동이 다양
한 곳에서 활발히 이루어도 지지만, 이와 더불어 특정한 제장에서는 특정
소수나 국가주도의 체계적인 수변의례가 이루어졌음을 알 수 있다.

〈표 4〉 제장의 유구형태 및 특징

시대	유적명	제장(祭場) : 유구형태 및 특징	
		유구형태	특징
청동기시대	산청 묵곡리 유적 (청동기)	구상유구 (토기구)	· 대규모 · 평면은 호상이며, 단면은 완만한 접시형태. · 구상유구 외부는 평탄면으로 일부 수혈이 확인됨. · 6개의 구상유구가 확인되며, 부분적으로 중복되어 있으며, 구의 수, 평면형태, 폭, 가장자리 굴착형태 등을 볼 때 일정기간 순서를 달리하여 조성된 것으로 보임. · 구상유구는 토기구(1)+토기구(2)+수혈군A가 한 세트(1군-선행), 토기구(4)+수혈군B가 세트(2군-후행) 세트를 이룸. · 구상유구는 같은 곡률을 이루면서 등 간격으로 배치되어 있어 상호 관련성이 있음. · 구상유구의 바닥은 중앙부를 따라 다시 좁은 구가 길게 패어져 있거나 크고 작은 수혈이 많이 패여 있었고, 그 내부에 유물이 들어 있는 상태임.
	진주 평거3·1지구 유적	제단	· 소규모 · 의례행위를 위한 제단축조. · 제단은 소형으로 총 7기가 확인되며, 자연제방 전사면에 등고선을 따라 열상으로 배치됨. · 소형제단의 일부에서 성혈(B제단1개, C제단6개)이 확인됨. · 유물이 투기된 곳은 앞쪽의 구하도(저지대)에 집중됨. 목탄과 소토 흔적 확인.

	창원 상남 의례유적	구상유구	· 소규모 · 자연구를 이용하였으며, 평면은 부정형, 단면은 완만한 'U'자형. · 외부와 내부에 큰 자연석이 둥글게 분포하며, 일부에서 성혈이 　확인됨. · 내부는 천석+석재+토기편이 혼재되어 있음.
삼 한 시 대	밀양 금천리 유적 (삼한)	하도, 저습지	· 소규모 · 저습지에 걸쳐진 대형의 통나무 주변에 점토대토기가 집중적 　으로 출토.
	마산 가포동 유적	두개의 큰 바위 틈	· 소규모 · 급경사면으로 주변에 굴러 내린 자연암괴가 분포하며, 주변지 　역에서 물이 용수됨. · 자연암괴 주변에서 목탄과 소토 흔적 확인.
	사천 늑도 유적	패총, 구릉 정상부	· 대규모 · 다양한 유구에서 의례유물이 확인되지만 주로 패총에서 많이 　출토됨. · 유물의 양이 취락규모에 비해 월등히 많아 일상폐기 이외에 지 　속적인 의례활동에 의한 폐기도 이루어짐. · 패총은 주로 곡부, 구릉의 중, 하부지역에 입지하기 때문에 실 　질적인 의례의식은 구릉의 상부지역이나 정상부에서 이루어 　졌을 것으로 보임.
	사천 방지리 유적	구상유구, 수혈, 패총	· 대규모 · 취락 내에서 별도의 의례공간이 존재함. · 의례공간은 구릉의 동서 가장자리 부분과 배후 곡부지역에 위 　치함. · 중심적인 의례공간은 대형의 구상유구가 배치된 동쪽지역으 　로 의례유물이 양도 많고 의례행위의 흔적도 잘 확인됨. · 특히, 판상철부 2점의 매납(93호 구상유구)은 특별한 의미를 　가짐.
	합천 영창리 유적	수혈	· 소규모 · 세형동검의 인위적인 매납. · 급경사면에 위치하며 부정형에 바닥의 요철이 심하며 경사가 　급함(22호). · 구릉 정상부에 위치하며 부정형에 바닥은 평편함(28호).

삼 국 시 대	밀양 금천리 유적 (삼국)	하도, 저습지	· 소규모 · 관개시설인 보시설과 호안시설 설치. · 주변에 농경작활동의 가능성 있음.
	김해 봉황동 유적	패총, 제방 저습지, 구릉	· 대규모 · 삼한·삼국시대의 봉황대구릉 주변은 내만성 기수역 환경으로 인접해서 바닷물이 들어왔던 시기로 대부분 미고지와 미저지, 저습지 등으로 형성되어 있음. 따라서 봉황대구릉은 상대적으로 주변이나 해양을 조망하기에 가장 유리한 장소임. 또한 서쪽에 인접한 해반천을 통해 바다나 내륙으로의 진출도 용이함. · 봉황대유적에서는 패총을 비롯한 수혈주거지, 고상건물지, 야철지, 토기가마, 구, 수혈, 토성, 제방, 선착장, 하천 접안시설 등 다양한 유구들이 확인됨. · 봉황대유적은 금관가야의 중심지이자 김해의 관문으로 지형적으로 좋은 해양조망권을 가지고 있어 해양과 관련된 다양한 수변의례가 이루어짐. · 수변의례는 패총, 제방의 목조구조물, 저습지의 가장자리나 말목열, 구릉의 상부나 정상부에서 이루어짐
	고성 동외동 유적	수혈	· 대규모 · 반구형의 부정형 수혈이 중첩적으로 조성되며, 4개소가 확인됨. 이중 3호 수혈은 연접하지 않고 독립적으로 조성됨, · 1호 수혈군은 최소 26기 이상 중첩되며, 규모는 대부분 직경 1.5~2m 정도로 큰 것은 3m 정도임. · 수혈 출토유물은 대부분 바닥면 보다는 상층퇴적토에서 확인됨. 따라서 수혈조성의 목적이 폐기장이 아님을 알 수 있으며, 의례의식도 내부가 아닌 수혈 주변에서 이루어진 후 수혈로 폐기됨. · 1호 수혈군은 목탄흔적과 피열된 흔적이 많고 일부는 돌을 놓은 것도 확인됨(수혈L).
	산청 묵곡리 유적 (삼국)	구상유구	· 대규모 · 평면은 호상이며, 단면은 완만한 접시형태. · 여러 개의 구상유구가 겹쳐진 형태 · 외부는 평탄면이며 일부 수혈이 확인됨. · 내부는 천석+석재+토기편이 혼재되어 있음.

3. 제장의 출토유물 종류 및 특징

이 장에서는 의례행위를 복원하고 의례의 목적이 무엇인지를 추론적이지만 대략적으로 살펴보고자 한다. 이를 위해 먼저 제장에서 출토된 유물의 종류, 출토양상, 특징 등을 검토한다. 제장 출토유물은 토기류, 석기류, 농공구, 수확구, 가공구, 수렵구, 석재생산구, 옥가공구, 장신구류, 토제류 등으로 분류할 수 있으며, 이를 정리하면 〈표 5〉와 같다. 출토유물은 제장의 성격을 파악하는데 중요한 단서를 제공하며, 출토양상은 의례행위를 복원하는데 도움을 준다.

청동기시대는 토기류를 중심으로 일상적인 생활용품들이 기본적으로 출토되지만 생계방식에 따른 다양한 유물들도 출토된다. 유물은 대부분 인위적으로 훼손(천공, 파쇄, 파절, 선별파쇄, 전용재가공)하였다. 또한 의례의식 과정에서 의례적 상징성을 높이기 위해 만들어진 다양한 '상징물'들도 출토된다. 청동기시대의 의례적 상징물은 '모형토기', '소형토기', '적색마연토기', '가공토제품', '이형토제품' 등이 확인된다. 출토양상은 제장 내에서 대부분 폐기된 형태로 뒤섞여서 확인된다. 또한 폐기 과정이나 폐기 이후에 돌(석재)을 같이 폐기하거나 불을 지르거나(소각) 하는 행위가 동반되는 경우가 많다.

산청 묵곡리유적은 다른 의례유적에 비해 매우 다양한 종류의 유물이 확인된다. 이를 유물의 성격에 따라 분류하여 의미를 살펴보면, 생활용품은 생활의례, 무구는 권력유지 및 집단의 결속강화를 위한 의례, 농공구·수확구·가공구·수렵구·어로구는 농경과 수렵, 어로에 따른 식량생산의례, 석재생산구·옥가공구는 위세품 생산에 따른 생산의례 등으로 볼 수 있다. 다소 복잡하지만 다양한 유물이 출토된다는 것은 그만큼 다양한 목적의 의례행위가 있었다는 것을 말해준다. 출토양상에서도 기본적으로 천석과 석재 그리고 유물편들이 다양한 형태로 뒤섞여 있으며, 대부분 다양한 형태로 인위적 훼손이 이루어졌다. 일부는 소각의 흔적도 확인된다. 또한 구상 유구의 바닥 중앙부를 따라 좁은 구를 하나 더 파고 그 내부에 토기편을 서로 겹치게 해서 꽂아 넣거나 석부를 세워서 꽂는 등 다양한 구조나 폐기 흔적도 확인된다. 이렇듯 다양한 목적을 가진 의례가 한 제장에서 지속적으로 이루어지는 이유는 무엇일까? 기본적으로 의례행위는 기원 목적에 따라 의례대상을 찾고 그와 관련된 장소에서 행해지는 것이 보통일 것이다. 그런데 산청 묵곡리유적 같이 한 제장에서 다양한 기원 목적을 가진 의례가 이루어진다면 다른 관점에서 생각해 볼 필요가 있다. 즉, 제장의 '의례적 상징성'이 보다 포괄적으로 적용되었을 가능성이 높다. 제장이 하천변에 입지하고 있다고 해서 모두 하천과 관련된 기원만을 하는 것이 아니라 큰 의미에서 보면 '물의 상징성'을 통해 기원의 목적을 이루려고 한 것으로 이해된다. 물은 생명의 근원, 정화와 재생(재창조), 순환, 지혜, 소원의 매개체, 죽음, 농경, 왕권 등 다양한 관념적 의미를 가지고 있다. 따라서 이러한 관념들을 세부적인 기원 목적의 매개체로 이용하여 보다 강력한 기원의 효과를 기대했을 것으로 보인다. 산청 묵곡리유적의 제장에서는 크게 보면 집단의 안녕, 생산량의 증대, 집단의 결속 등을 위해 수변의례를 이용한 것으로 생각된다.

진주 평거3-1지구 유적과 창원 상남제사 유적은 대부분 일상용품들이 중심을 이루면서 의례용 유물인 소형토기나 적색마연토기 같은 것이 확인된다. 또한 대부분의 의례용 기물들은 인위적 훼손이 다양하게 이루어졌다. 출토양상은 각종 기물들이 뒤섞여 출토되며, 폐기과정에서 돌을 함께 폐기 하거나 일부는 소각하는 행위도 보인다. 전체적으로 인접해서 생활유구들이 확인되고 있어 생활의례와 관련이 있는 것으로 보이며, 물의 상징성과도 연결된다. 평거3-1지구유적에서 확인된 제단은 의례가 행해지는 곳과 폐기되는 공간이 분리되어 있음을 보여주는 좋은 예이다. 청동기시대 유적들 모두 다양한 기원 목적을 가지고 있지만 그 속에는 물을 통한 기원이 기본적으로 내포되어 있다고 하겠다.

삼한시대는 하천과 함께 해양과 관련된 의례가 증가한다. 즉, 바다를 볼 수 있는 조망권을 가진 제장이 증가하며, 이와 관련해서 패총이 의례행위로 인해 발생한 공헌물과 의례용 기물들의 폐기장으로 등장한다. 밀양 금천리유적은 주변에 의례유구와 관련된 유구가 확인되지 않는 것으로 보아 특별한 의례장소(제장)이었을 가능성이 있다. 또한 대형 통나무를 인위적으로 설치한 것도 이를 뒷받침한다. 유물은 일상용품이나 목기, 자연유물 등의 출토되는 것으로 보아 생활의례와 관련된 것으로 보이며, 제장의 입지나 형태 등으로 볼 때 집단의 안녕을 기원하는 의례가 이루어졌을 것으로 보인다.

마산 가포동유적은 바다를 가장 잘 볼 수 있는 곳과 자연바위가 흩어진 곳을 제장으로 선택하여 그 틈에 금속기인 세형동검, 동모, 동과를 파절하여 매납하였다. 이는 개인이나 소수만을 위한 의례로 생각되며, 집단보다는 유력자나 소수 공동체의 안녕을 기원한 것으로 보인다. 이러한 의례형태는 집단적 의례활동과는 대조적인 소수의 유력자만을 위한 독립적인 의례활동으로 중요한 의미를 가진다.

사천 늑도유적과 사천 방지리유적은 섬이라는 독립적 공간 특징과 더불어 남해안지역의 중요한 교통로상에 위치하고 있어 이와 관련된 다양한 의례행위가 있었던 것으로 보인다. 이들 유적에서는 육지에서는 보기 드문 낙랑계 유물이나 야요이계 유물들이 많이 확인되고 다양한 이형제품들도 출토되기 때문이다. 이 중 늑도유적은 국제적인 허브 무역항으로 빈번한 해상활동이 이루어지는 곳이다. 따라서 해양관련 의례가 빈번하게 이루어졌던 것으로 보인다. 현재 직접적인 제장은 발견되지 않았지만 패총에서 나타난 양상을 통해 대략적으로 추정이 가능하다. 패총 출토유물은 종류가 너무 다양하며, 폐기양도 섬의 규모에 비해 너무 많다. 이는 일반적 생활폐기 뿐만 아니라 다른 폐기 양상이 있었다는 것으로 의례행위에 의한 폐기를 생각해 볼 수 있다. 늑도패총에서 출토된 유물을 보면 의례용 기물에서 나타나는 훼손의 흔적이 있는 유물의 양이 기본적으로 많이 확인되며, 특히 의례전용 기물인 복골, 소형토기, 이형토기 등이 많이 확인된다. 이러한 특징들은 주변에서 의례가 지속적으로 이루어졌음을 의미하며 출토양으로 볼 때 활발한 의례행위가 상정된다. 따라서 직접적인 유구는 확인되지 않았지만 기본적인 의례유구의 입지패턴으로 볼 때 패총과 인접한 구릉의 상부와 정상부를 중심으로 활발한 의례활동이 있었던 것으로 보인다. 이러한 배경에는 지리적으로 중요한 교통로상에 위치하고 무역항이라는 유적의 성격이 작용한 것으로 보이며, 의례의 성격은 주로 향해의 안전과 함께 집단의 안녕, 생산량의 증대를 기원한 것으로 생각된다.

사천 방지리유적은 지리적으로 해양과 내륙을 연결하는 중요한 교통로상에 위치한다. 내륙은 남강을 통해 내륙 각지로 연결되며, 해양은 사천만을 통해 남해안 각지로 연결된다. 유적의 규모는 늑도에 비해 작지만 섬 전체에 2중의 환호, 주거지군, 패총, 분묘, 의례유구(구상유구, 수혈) 등이 분포하고 있어 독립성을 갖춘 취락유적이다. 특히, 내부에서 구상유구를 중심으로 다양한 의례행위가 확인되며, 93호에서는 판상철부 2점이 매납된 것도 확인되었다. 또한 주거지의 수에 비해 의례관련 유구의 수가 많고 유적 내 유구의 배치에서도 일반적인 취락과는 다른 양상이다. 따라서 사천 방지리유적은 의례적 성격이 강한 취락으로 생각되며, 유적 전체가 하나의 제장으로 사용되었을 가능성도 있다. 의례의 성격은 사천 늑도유적과 비슷할 것으로 생각되며, 주로 향해의 안전과 함께 집단의 안녕 등을 기원한 것으로 생각된다.

합천 영창리유적은 육지에 위치하지만 사천 방지리유적과 비슷한 면이 있다. 다중환호와 급경사면으로 둘러싸여 독립적인 취락형태를 가지며, 소규모 취락이다. 유구는 주거지를 중심으로 무덤, 수혈, 구상유구 등이 확인되며, 이중 22호와 28호 수혈유구에서 매납의례가 확인되었다. 매납형태는 세형동검을 수혈의 가장자리에 꽂아 세우거나 일부공간에 세형동검, 동촉, 뼈조각 등을 주머니에 넣어서 일괄 매납하였다. 금속기를 매납하는 형태는 마산 가포동유적(청동기)과 사천 방지리유적(철기)에서도 확인되며 모두 같은 의미로 생각된다. 다만 마산 가포동유적은 매납의례 행위만을 위한 의례전용 제장으로 독립적인 성격이 강하다고 볼 때 사천 방지리유적과 합천 영창리유적은 취락 내에서 다른 유구들과 같이 배치되어 있다는 것이 다른 점이다. 하지만 근본적인 기원의 목적은 같다고 보여지며, 새로운 패턴의 의례행위로서 당시의 의례행위 복원에 중요한 단서를 준다. 삼한시대의 수변의례는 저습지, 하천, 바다 모두에서 폭 넓게 이루어지지만 그중에서 해양의례의 증가가 두드러지고 개인이나 소수만을 위한 의례가 나타나는 것이 특징이다.

삼국시대도 다양한 제장에서 다양한 유물들의 출토되지만 출토유물의 전체적인 양상은 패총에서 확인할 수 있다. 물론 패총에는 의례행위에 사용된 기물만 있는 건 아니지만, 의례유물의 판단 기준을 통해 살펴보면 금속류, 토기류, 석기류, 장신구류, 토제류, 골각기, 목기류 등에서 이전시대보다 훨씬 다양하고 더 많은 양의 의례유물들이 출토된다. 또한 공헌물로 이용되었을 가능성이 높은 동물이나 곡물, 열매 등도 확인된다. 그중 가장 주목되는 것이 회현리패총에서 확인된 복골이다. 여기서는 101점의 복골이 확인되었는데, 단일 유적으로는 최대라 볼 수 있다. 복골은 길흉을 점치는 도구로서 의례의식에 있어 중요한 도구 중 하나로 사용된다. 이러한 기물이 대량으로 확인된 것은 지속적이고 대규모로 의례행위가 있었던 것을 알 수 있다. 이러한 대규모의 의례행위는 회현리패총이 접한 봉황대구릉에서 행해졌을 것으로 생각된다. 이는 입지적으로 봉황대 구릉이 패총의 상부에 위치하고 있고, 지리적으로는 서쪽에 접한 해반천이 내륙으로 향하는 교통로에 있으며, 남쪽으로는 해양을 조망하기에 가장 좋은 조건을 갖추고 있기 때문이다. 지형적으로는 주변일대가 대부분 미저지와 미고지들로서 가장 돋보이는 독립적인 구릉이다. 봉황대구릉 일대는 금관가야의 중심취락이 있는 곳으로 호안시설, 제방, 토성 같은 기반시설이 갖추고 있으며, 주변 저습지와 제방에서는 모형토기, 소형토기, 인물형토기, 마형토기 등의 의례전용 기물들도 일괄로 출토된다. 이러한 정황들은 봉황대구릉에서 이루어진 의례가 국가 주도의 의례행위였을 가능성을 말해준다.

고성 동외동유적은 입지적으로 구릉 정상부의 평탄면에 바다를 볼 수 있는 조망권을 가지고 다양한 의례가 행해졌는데, 여기서 주목할 만한 것은 중첩된 수혈유구로 볼 때 지속적이고 체계적인 의례행위가 있었던 것으로 보이며, 단조철부나 조문청동기 등의 금속기의 매납도 중요한 의미를 가진다. 특히 조문청동기는 새를 모티브로 하는 상징성을 가지고 있으며, 의례의식에도 직접적으로 사용되었을 가능성이 높다. 김해 봉황동유적과 고성 동외동유적은 지리적 위치, 입지형태, 출토유물 등으로 볼 때 국가 단위의 의례가 행해졌을 가능성이 매우 높다고 생각된다. 그것은 두 유적 모두 중심지역에 위치하며 주변과 바다를 볼 수 있는 조망권, 위세품을 의례도구나 공헌물로 사용한 점이 들 수있다. 이러한 관점에서 볼 때 작게는 집단의 안녕과 크게는 국가의 안녕을 기원하는 의례가 있었을 것으로 생각하며, 이는 두 유적 모두 해양으로 통하는 관문적 성격을 가지고 있게 때문에 해양의례도 주된 의례행위였다고 생각한다.

시대	유적명	의식(儀式)과 공헌(供獻)	
		출토유물의 종류	출토양상 및 특징
청동기시대	산청 묵곡리 유적 (청동기)	· 토기류: 무문토기,적색마연토기, 소형토기,주구형토기 · 석기류: 무구(석검, 석창, 석촉, 모방품), 농공구(석부, 굴지구, 모방품), 수확구(석도, 부리형석기, 석겸), 가공구(갈판, 공이), 수렵구(석구), 석재생산구(지석, 투공구, 찰절구), 원판형석기, 옥가공구(투공구날, 옥지석, 활비비추) · 장신구류: 옥 · 토제류: 어망추, 방추차, 토주, 부리형토제품, 투공된 저부, 가공저부	· 출토상태: 천석+석재+유물편 · 유물은 토기구 바닥에 있는 좁은 구나 수혈을 중심으로 중앙부에 집중됨. 이는 토기편을 서로 겹치게 해서 꽂아 넣거나 석부를 세워서 꽂은 경우가 확인됨. · 돌은 구의 폭에 비해 천석의 크기가 매우 큰 점, 크고 작은 돌이 무질서하게 분포하는 점, 의도적으로 깨거나 불에 달구어진 것들이 많음. · 출토유물의 종류가 다양하며, 유물은 대부분 파쇄되어 출토됨.
	진주 평거 3·1 지구 유적	· 토기류: 무문토기, 적색마연토기, 소형토기 · 석기류: 석도, 석겸, 유구석부, 석촉, 지석 · 토제류: 방추차, 어망추	· 출토상태: 천석+유물편 · 제단에서는 출토유물이 거의 없음 · 폐기장은 2개소가 확인되며, 서로 인접하여 구하도에 위치한다. · 2개의 폐기장은 규모 및 출토양상 등이 비슷함 · 폐기장은 자연지형 중 주변보다 낮은 곳을 선택하였으며, 바닥은 울퉁불퉁함. · 유물은 완형을 깨뜨린 후 그 편을 폐기한 것으로 보임
	창원 상남 제사 유적	· 토기류: 무문토기, 적색마연토기, 파수부토기, 소형완 · 석기류: 석도, 석촉, 석부, 석착, 지석 · 토제류: 방추차	· 출토상태: 천석+유물편 · 자연구 1개소가 확인되며, 규모는 길이 20m, 너비 4m~1m, 깊이 10cm~20cm 정도이다. · 유물은 대부분 파쇄되어 석재들과 폐기됨.

	밀양 금천리 유적	· 토기류: 점토대토기(원형, 삼각) 발, 호, 옹, 두형토기, 주머니호, 단경호, 야요이토기, 파수, 목기 (나무방망이, 바가지) · 석기류: 석도 · 토제류: 어망추 · 자연유물: 복숭아, 가래나무, 표주박, 멜론(참외), 때죽나무, 뚜껑덩굴, 애기마름, 오리나무, 가시나무과, 황벽나무, 콩, 포도, 비름, 여뀌, 환삼덩굴, 올챙이고랭이, 층층나무 등	· **출토상태: 대형 통나무, 잔가지+유물편** · 대형 통나무는 자연제방과 저습지가 맞닿는 부분에 걸쳐져 있으며, 크기는 길이 10m, 직경 70cm 정도이다. · 유물은 대형통나무의 좌우에 집중적으로 확인되며, 통나무에서 멀어질수록 빈도가 확연히 줄어든다. · 통나무는 참나무과로 습지주변에서는 자라지 않기 때문에 인위적으로 옮겨서 배치함. 따라서 대형통나무와 의례유물은 밀접한 관련성이 있음. · 인공유물 이외에 자연유물도 많이 출토됨.
삼한시대	마산 가포동 유적	· 금속류: 세형동검, 동모, 동과 · 토기류: 점토대토기, 무문토기 · 석기류: 타제보습	· **출토상태: 두 개의 바위 틈+유물편(매납)** · 모두 편으로 출토되며 의도적으로 파쇄하여 매납.
	사천 늑도 유적	· 금속류: 청동기, 철기, 중국동전(반량전, 오수전), 쇠못 · 토기류: 점토대토기 옹(원형, 삼각), 호, 야요이토기, 낙랑토기, 한계회도, 모형토기, 소형토기, 시루, 두형토기, 컵형토기, 조합우각형파수 · 석기류: 석검, 석촉, 석추, 석겸 · 장신구류: 상감옥, 자안패 · 토제류: 국자, 원판형토제품, 어망추, 방추차 · 골각기: 낚시바늘, 자돌구, 복골 · 자연유물: 사슴, 맷돼지, 패각	· **출토상태: 패각(패총)+유물편** · 패총은 출토유물의 종류가 다양하며, 폐기 양도 인접한 취락에 비해 너무 많음. · 과다한 폐기양은 일반적 생활폐기와 더불어 의례행위로 인한 폐기양이 합쳐졌기 때문으로 생각함. · 자연유물(동물뼈)도 상당수 확인됨. · 공헌방법이나 공헌물의 다양했음을 알 수 있음.
	사천 방지리 유적	· 금속류: 판상철부 · 토기류: 점토대토기, 소형토기, 마연토기, 대형토기편, 두형토기, 시루, 뚜껑, 야요이토기	· **출토상태: 패각(패총)+수혈+구상유구+유물편** · 패총은 4개소가 확인되며, 이중 3개소는 육지와 마주보는 전사면에 위치하고 A패총만 바다를 바라보는 후사면 위치함.

	· 석기류: 석부, 지석, 석겸, 석착, 고석, 원판형 석기, 미완성 석기 · 토제류: 방추차, 원형토제품 · 골각기: 송곳, 예새, 낚시바늘, 바늘, 녹각, 끌, 조개팔찌 · 자연유물: 사슴, 노루, 멧돼지, 개, 소, 말, 양속, 토끼과, 족제비과, 쥐과 등, 가오리, 메가오리, 복어, 농어, 참돔, 감성돔등, 조류골편	· 패총의 시기적 변화 보면, 원형점토대 단계는 후사면 패총이 중심을 이루고 삼각형점토대 단계가 되면 후사면 패총은 소멸단계로 접어들고 전사면 패총이 중심을 이룸. · 패총에서도 의례유물이 확인되고 있어 의례행위가 활발히 이루어진 것으로 보임. · 의례수혈은 대부분 부정형으로 의례유물 및 목탄, 소토가 확인됨. · 의례구상유구는 구릉의 양쪽 끝 지역에 주로 분포하는데, 그 중에서도 동쪽지역의 구상유구가 규모가 크고 의례유물도 집중되어 있음. · 의례유물은 수혈보다도 구상유구에서 더 많이 출토되며, 내부에서 목탄과 소토가 함께 출토됨. · 전체적으로 의례유구는 주 생활공간은 구릉의 중심부 보다는 양 가장자리나 후사면 곡부에 배치되어 있으며, 이는 취락내에서 의례공간이 구별되어 있음을 말해줌.
합천 영창리 유적	· 금속류: 세형동검, 동촉 · 토기류: 점토대토기 · 석기류: 석부	**· 출토상태: 부정형 수혈+유물편(매납)** · 22호 수혈은 부정형으로 바닥 굴곡이 심하고 경사가 급함. 내부출토 세형동검은 1/2이 결실된 채 경사면 위쪽 벽에 세워져 출토되었고, 주변에서 석부와 무문토기편 공반됨. · 28호 수혈은 부정형의 소형 수혈로 바닥은 평편함. 세형동검은 수혈 동쪽에 튀어나온 모서리 부분(길이 30cm, 너비 20cm)에서 출토됨. 이 부분은 회갈색 유기물 부식흔적이 있는 곳으로 세형동검(병부결실), 동촉, **뼈조각** 등이 같이 출토됨. · 이러한 정황으로 볼 때 유기질의 주머니 속에 유물을 넣어서 매납한 것으로 추정됨.(p75~76)

삼국시대	김해 봉황동 유적	·금속류: 철도자, 철족, 철겸, 주조철부 ·토기류: 고배, 호, 옹, 발, 완, 분, 노형토기, 시루, 사족기, 인문도, 야요이계토기, 조합우각형파수 부장경호, 타날문단경호, 무문단경호, 대호, 모형토기, 소형토기, 기대 ·석기류: 지석, 석도, 석부, 석촉, 경석 ·장신구류: 패제, 수하식, 비녀, 골관 ·토제류: 송풍관, 내박자, 어망추, 방추차, 인물형토우, 마형토우 ·골각기: 골촉, 골침, 낚시바늘, 자돌구, 복골 ·목기류: 판재, 노, 말목 ·자연유물: 사슴, 멧돼지, 말, 소, 개, 고양이, 토끼, 쥐, 돌고래, 고래, 강치, 고라니, 대합, 굴, 고둥, 조개, 바지락, 백합	·출토상태: 구릉+제방+저습지+유물편 ·봉황동유적은 다양한 유구들의 복합적으로 형성되어 있어 유물의 종류가 매우 다양함. 특히 의례전용 유물들이 많이 출토됨. ·제방에서는 목조시설이 설치되어 있는데 여기서 다양한 목제품, 토기편, 수골편 등이 출토됨. ·저습지에서 토기, 석기, 토제, 골각기, 목기, 자연유물 등 다양한 유물들이 출토되며, 특히, 의례전용 유물인 모형토기, 소형토기, 인물형토우, 마형토우, 등도 출토됨. ·패총에서도 다양한 유물들이 출토되지만, 의례전용 유물인 소형토기나 복골이 대량으로 출토됨.
	고성 동외동 유적	·금속류: 단조철부, 조문청동기 ·토기류: 연질토기 대각, 파수부, 단경호, 옹, 시루, 소형토기 도질토기, 고배, 장경호, 소형배 ·토제류: 내박자	·출토상태: 매몰토+할석+유물편 ·출토유물은 대부분 상부층에서 확인됨. ·골편은 수혈 I, J, O에서는 확인되며, 굴껍질은 수혈J에서는 확인된다. 이는 음식과 관련될 가능성이 있음. ·가지구 1호 C수혈에서 조문청동기 출토
	산청 묵곡리 유적 (삼국)	·토기류: 도질토기(고배, 개, 배, 대부발, 파수부완, 호, 대옹, 기대, 컵형토기), 연질토기(개,배, 완,옹,호,시루,파수)	·출토상태: 천석+석재+유물편 ·내부 출토 돌은 크기가 다양하고 무질서하게 분포하며 의도적으로 깨거나 불에 달구어진 것이 많음. ·토기편을 가지런히 정돈하여 땅에 일렬로 박아둔 것처럼 보이는 부분도 있음 ·바닥에서 새로운 수혈들이 확인되며, 그 내부에 토기편과 옥 등이 박혀있음.

Ⅳ. 맺음말

본고에서는 가야지역 선사·고대의 수변의례에 대해 대략적으로 검토하여 보았으나 아직 많은 자료가 부족하고 연구방법이나 연구이론도 부족함을 느꼈다. 따라서 향후 보다 많은 자료와 세밀한 연구가 필요할 것으로 생각한다.

수변의례는 의례장소가 물과 인접한 곳만을 말하는 것이 아니라 기본적인 의례대상이 '물'과 관련된 것으로 유구의 종류나 공헌물이 달라도 기본적인 의례개념이나 방식은 비슷할 것으로 생각된다. 특히, 물이 가지는 다양한 의미가 의례의식이나 공헌물에 반영되어 나타나게 된다. 물의 물리적 특징은 액체로써 색, 냄새, 맛이 없는 평범한 성질을 가지고 있다. 하지만 물이 가지는 관념적 의미는 매우 다양하다. 물의 관념적 의미는 생명의 근원, 정화와 재생(재창조), 순환, 지혜, 소원의 매개체, 죽음, 농경, 왕권 등 개인이나 집단, 그리고 시대에 따라 다양하게 의미되어지고 관념화 된다. 따라서 수변의례의 의례행위도 참여하는 개인이나 집단의 관념화된 '물'의 의미에 따라 다양하게 이루어진다. 즉, 물에 대한 세계관에 따라 의례행위가 이루어지게 되는 것이다. 이러한 양상은 청동기시대부터 삼국시대까지 유구의 형태, 의례행위, 공헌물, 의례용 기물 등이 변화하였어도 기본적인 맥락은 같은 것으로 생각된다.

청동기시대는 주로 취락을 중심으로 한 집단의례가 중심이며, 집단의 안녕과 더불어 생산량의 증대가 가장 중요한 기원이었으며, 삼한시대는 시대의 변화로 의례행위 양상이 다변화하기 시작하며, 형태나 종류도 매우 다양해진다. 특히 패총이 본격적으로 등장하면서 의례행위의 양상을 파악할 수 있는 증거들이 많이 확인되었다. 또한 청동기나 철기의 매납은 집단의 의례와 더불어 유력개인이나 소수집단의 의례행위가 본격화되었음을 말해 주는 것으로 중요한 의미가 있다. 삼국시대는 국가가 들어서면서 의례양상이 보다 체계화되고 대규모화 되어 지역의 중심지를 중심으로 개인이나 소집단의 의례와 더불어 국가 주도의 의례가 이루어진다. 또한 가야지역에서는 하천이나 저습지를 기반으로 한 의례보다도 해양을 기반으로 한 의례가 주도적인 역할을 한 것으로 보인다. 이는 가야가 남해안의 중요한 교통로를 점하고 있어 해양교류가 빈번하고 해양세력으로서의 역할이 증대되었기 때문으로 생각한다.

「가야지역의 선사·고대 수변의례」에 대한 토론문

차 순 철 (서라벌문화재연구원)

고대 사회에서 의례는 사람과 신을 연결하는 통로로 중요한 의미를 가지고 있다. 발표자가 지적한 것처럼 수변제사는 〈물〉을 매개로 신과의 접촉을 시도하는 행위라고 말할 수 있다. 의례규모를 통해서 수변의례를 행하는 주체와 목적에 대해서 구분을 시도하고 있는데, 이러한 분화가 나타난 원인을 어떻게 생각하는지 궁금하다.

마산 가포동유적의 사례를 거론하면서 개인이나 소수만의 의례로 생각되며, 집단보다는 유력자의 안녕을 기원한 것으로 보았는데, 집단과 분리된 유력개인을 위한 제사라면 어떤 성격을 가질지 궁금하다.

고성 동외동 패총에서 출토된 청동제 새모양 장식의 경우 전라남도 영광군 수동유적에서 유사한 제품이 출토된 바 있다. 양 지역에서 비슷한 유물이 확인된 점으로 볼 때, 양 지역의 제의문화가 유사할 가능성과 상호교류의 산물로 볼 수도 있는데 어떻게 생각하는지 궁금하다. 또한 중국 남부지역과 삼한시대 마한과 변한세력이 해양을 통해서 서로 교류한 산물로도 볼 수 없는지 궁금하다.

또한 이러한 물가 주변에서 바닷가로 제장이 옮겨지는 모습을 근거로 국가제사의 존재를 상정하고 있다. 그렇다면 봉황대 구릉과 회현리 패총이 이러한 제사의례가 행해진 곳인지? 김해 부원동유적에서 출토된 복골의 존재는 수변제의 유적과 다른 별도의 제사로 볼 수 있을지 알고 싶다.

沖ノ島祭祀と信仰

山田広幸*

Ⅰ. はじめに

　沖ノ島祭祀や信仰については、これまで考古学、民俗学、歴史学などの研究者によって多角的に論じられてきた。さらにこれらの事象をより理解するためには、これまでの学術成果について一定の整理が必要となっている。

　そこで、発表では古代における沖ノ島祭祀遺跡を中心とした沖ノ島祭祀と、今なお続く沖ノ島信仰を概観すると共に、各分野におけるこれまでの研究成果を簡単に整理したい。

＊宗像市 市民協働環境部 郷土文化課

「神宿る島」沖ノ島

II. 宗像大社について

　宗像大社は九州本土から約60km離れた沖ノ島に位置する沖津宮と九州
本土から約10km離れた大島に位置する中津宮、九州本土の田島に位置す
る辺津宮の三宮と大島に位置する沖津宮遥拝所からなる。三宮にはそれ
ぞれ宗像三女神の一神が祀られ、沖津宮には長女神の田心姫神(たごりひ
めのかみ)が中津宮には次女神の湍津姫神(たぎつひめのかみ)が、辺津宮
には末女神の市杵島姫(いちきしまひめのかみ)が鎮座している。宗像三女
神は日本全国に約6,400の神社に祀られ、その総本宮が宗像大社である。日
本の歴史書である『古事記』『日本書紀』の中にも宗像三女神や鎮座地が述
べられている。神社境内地はすべて国の史跡に指定されており、特に沖ノ
島では4世紀後半から9世紀末までの約500年間にわたり国家的祭祀が行

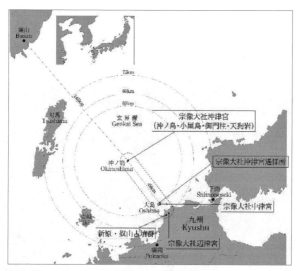

「神宿る島」宗像・沖ノ島と関連遺産群位置図

われていた。実施された発掘調査では、国際色豊かな奉献品が数多く出土し、現在、そのうち8万点が国宝に指定されている。

　これらの沖ノ島をはじめとした境内地(宗像大社沖津宮(沖ノ島・小矢島・御門柱・天狗岩)・宗像大社中津宮・宗像大社辺津宮・宗像大社沖津宮遥拝所)と、沖ノ島祭祀の担い手として活躍した宗像氏の墳墓群である新原奴山古墳は、「神宿る島」を崇拝する伝統が、古代東アジアにおける活発な対外交流が進んだ時期に発展し、海上の安全を願う生きた伝統と明白に関連し今日まで受け継がれてきたことを物語る稀有な物証として、「神宿る島」宗像・沖ノ島と関連遺産群の名称で2017年7月のユネスコの世界文化遺産登録を目指している。

　(「『神宿島』宗像・沖ノ島と関連遺産群」については、2017年5月に世界遺産委員会の諮問機関であるイコモスによる評価結果がユネスコ世界遺産センターから通知された。その内容は、構成資産8つのうち、宗像大社沖津

九州北部の宗像地域から沖ノ島方向を望む

宮遙拝所、宗像大社中津宮、宗像大社辺津宮、新原・奴山古墳群を除く、沖ノ島及び3つの岩礁(小屋島・御門柱・天狗岩)の4つが「記載」が適当と勧告するものであった。)

Ⅲ. ムナカタの語源について(1)

　ムナカタは神名・氏族名・地名として用いられるが、その表記は歴史上「胸肩」「胸形」「胸方」「宗形」と、現在用いられている「宗像」が知られている。「宗形」は8世紀(奈良時代)の正倉院文書や長屋王家木簡に見られることからその時代を中心に用いられたと考えられる。現在使われている「宗

宗像市内を貫流する釣川

像」の表記は8世紀以降に使用されるようになったと言われる。「胸肩」「胸形」「胸方」の「胸」を用いる表記については『古事記』『日本書紀』に見ることができる。ムナカタの語源については諸説あり、地形説や入墨説などが代表的なものである。地形説は宗像市内を貫流する釣川は古来、上流まで入海であり、干潟を形成していたことから「沼無潟」「空潟」と書き「ムナカタ」と呼ぶようになったという説である。また、宗像は漁業が盛んな地域で、日本海沿岸の海女発祥の地としても知られており、中津宮の位置する大島や九州本土沿岸部の鐘崎地区では現在も潜水による海女漁が行われている。宗像の遺跡からもこれまで漁撈活動に関わる遺物が数多く見つかっており、沖ノ島の祭に優れた宗像地域の人々が担っていたと考えられる。宗像地域の人々は海と共に生きてきた。その沿岸部に住む宗像の人々が胸に「×」や「△」の入墨を入れていたと考えるのが入墨説である。近隣

地域から見つかった埴輪をみると鱗文の入墨があり、宗像市内の装飾古墳からも三角文で区画され彩色された装飾が見られる。三角文はシナ海沿岸の竜蛇信仰と関係する蛇の鱗形とも考えられている。また、鐘崎地区の海女が1940年頃まで使っていた潜水具に「大」の文字や「☆」の文様を縫い付け呪いとして身に着けていた。祀も海洋航海技術

Ⅳ. 『古事記』『日本書紀』にみる宗像

『日本書紀』(720年成立) 宗像大社所蔵

宗像三女神の誕生と鎮8世紀前半に成立した日本の歴史書である『古事記』と『日本書紀』に見ることができる。宗像三女神は古代の宗像地域に勢力を展開していた地方豪族宗像氏が16世紀まで代々奉斎してきた神で、「海神」としての性格を持つ。三女神誕生については『古事記』(上巻)、『日本書紀』(神代上)第六段「瑞珠盟約章」の本文と3つの異伝、さらに第七段の1つの異伝に記載がある。三女神は、高天原における最高神天照大神と国津神スサノヲノ命の誓約(うけひ)(古代日本の占い。あらかじめ定めた2つの事柄のどちらがおこるかによって、吉凶や事の成否を判断する)により誕生した。鎮座地については、『古事記』に「胸形之奥津宮・胸形之中津宮・胸形之辺津宮」、「日本書紀第6段第2の一書」に「遠瀛・中瀛・海瀛」と記載があり、すでに『古事記』

『日本書紀』の成立時には沖ノ島・大島・九州本土の3ヶ所にすでに三女神の鎮座地があったことが分かる。また、一部の日本書紀中には天照大神からの神勅(神から与えられた命令)が記されている。「日本書紀第6段第1の一書」には「汝三神宜降居道中、奉助天孫為而天孫所祭也」、「日本書紀第6段第3の一書」には「今在海北道中。號曰道主貴」とあり、すなわち、「三女神は朝鮮半島、中国大陸と続く海の道の神で、天孫を助け奉るために三女神が降臨し天孫が祭る所と為った」ということである。座地については、

　当時、『古事記』『日本書紀』の編纂は当時の国家の大事業であり、皇室や各氏族の歴史上での位置づけを行うという、極めて政治的意味の強いものであった。宗像三女神が『古事記』『日本書紀』にこれほど重要神として記載されていることは、沖ノ島をはじめとした宗像地域が当時の国家にとって極めて重要視されていたということである。

Ⅴ. 沖ノ島の位置と環境

　沖ノ島は九州本土から約60km離れた位置にある弧島である。宗像三女神の田心姫神を祀る沖津宮があり、古来より神の島として神聖視されてきた。島は東西約1.5km、南北0.5km、周囲約4kmで、東北東から西南西に脊梁が続き、中央に最高峰一ノ岳(243.1m)から東へ二ノ岳、三ノ岳、白岳と連なっている。島は岩の島でほとんどは石英斑岩からなり、島の周囲は断崖絶壁である。南西側標高80mから90mのところに沖津宮の社殿があり、その周囲に祭祀遺跡がある。

Ⅵ. 沖ノ島祭祀遺跡の発掘調査

　沖ノ島は最近まで「お言わず様」と呼ばれ信仰の対象であった。島で見聞きした一切の口外を禁止され、さらに一木一草たりとも島外への持ち出しを禁止されていたことから、宗像神社復興期成会による調査以前に沖ノ島に祭祀品が存在していたことを記す史料は少ない。江戸期では、貝原益軒の『筑前国続諸社縁起』(1704)、明治期では江藤正澄の「澳津島紀行」『東京人類学会雑誌』第69号(1891)、20世紀前半には柴田常恵の『中央史壇』13巻4号(1927)と大場磐雄の『神道考古学論攷』に垣間見ることができる（2）。

　現在知られている沖ノ島祭祀の姿は、衰退していた宗像大社の復興を図る目的で1942年に結成された「宗像神社復興期成会」(会長出光佐三　出光興産創業者　宗像出身)の事業として実施された発掘調査成果に基づくと言ってよい。

　沖ノ島祭祀遺跡での発掘調査は1954年から1971年までの間、3次10回に渡って実施された。第1・2次発掘調査の記録は『沖ノ島－宗像神社沖津宮祭祀遺跡－』宗像神社復興期成会編(1958)と『続沖ノ島－宗像神社沖津宮祭祀遺跡－』宗像神社復興期成会編(1961)に、第3次発掘調査の記録は『宗像沖ノ島』第3次沖ノ島学術調査隊編(1979)に収められている。

<発掘調査の記録>

第1次調査 1954年～1955年

第1回 1954年5月30日～6月4日

　沖津宮周辺に1～9・13号遺跡を確認。沖津宮の北側に隣接する「御金蔵」と称される4号遺跡は巨岩が重なる岩窟の中にあり、近世に至る奉納品が収納されていた。また、社務所周辺で縄文・弥生土器・石器を採集。

第2回 1954年8月5日～8月20日

　第1回調査でトレンチ調査が行われた7・8号遺跡の調査と新たに発見された16号遺跡の調査。

第3回 1955年6月5日～6月12日

　第1回調査で縄文・弥生土器・石器が採集された社務所前遺跡の調査。

第4回 1955年10月17日～11月3日

第2次調査 1957年～1958年

第1回 1957年8月16日～8月26日

　8・16・17・19号遺跡の調査。19号遺跡は予備調査で、鏡1面が露出していた。

第2回 1958年8月23日～9月3日

　第1回調査で予備調査を行った19号遺跡の調査および8号遺跡の排土調査。

第3次調査 1969年～1971年

第1回予備調査 1969年4月2日～7日

　金属探知機を用いた5号遺跡の調査。金銅製龍頭2個を発見。

第2回予備調査 1969年5月8日～5月28日

遺跡周辺の測量作業

第1回学術調査 1969年9月28日～10月20日

　5・6号遺跡、正三位社前遺跡・社務所前遺跡の調査。

第2回学術調査 1970年5月5日～5月25日

　4・21・20(14のち欠番)・1号遺跡の調査。

第3回学術調査 1970年9月26日～10月20日

　1・4号遺跡の継続調査、22号遺跡の調査。この調査をもって学術調査
は終了。

第4回調査 1971年5月9日～5月18日

　遺跡の点検、撤収作業および保存のための禁足区域の設定。

Ⅶ. 祭祀遺跡の変遷

　沖ノ島では4世紀後半から9世紀末までの約500年間にわたり祭祀が行わ
れた。沖ノ島では22の祭祀遺跡が確認され(3)、沖ノ島の祭祀遺跡は、沖津
宮社殿後背の巨岩群を中心に形成され、岩上祭祀→岩陰祭祀→半岩陰・半
露天祭祀→露天祭祀ということがわかっている。4形態に変遷する

岩上祭祀 4世紀後半~5世紀 (16・17・18・19・21号遺跡)

　岩上で祭祀を行うもので、Ⅰ号巨岩を中心に5遺跡が分布している。21号
遺跡はⅠ号巨岩から少し下ったF号巨岩上にあり、小石を用いて方形の祭壇
を設け、その中央に大石を据えていた。Ⅰ号巨岩の遺跡では、中国の漢式鏡

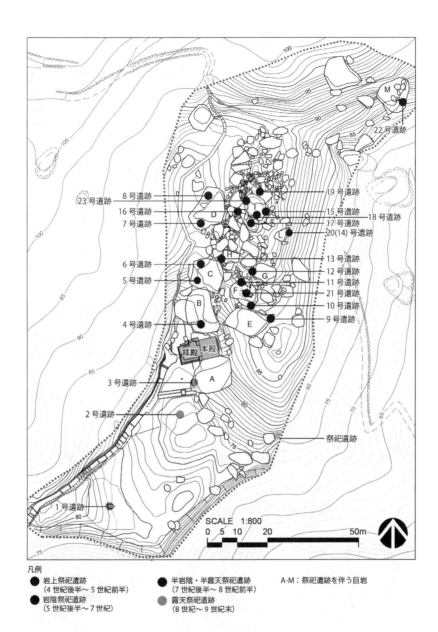

23号遺跡	
8号遺跡	19号遺跡
16号遺跡	15号遺跡 18号遺跡
7号遺跡	17号遺跡
	20(14)号遺跡
6号遺跡	13号遺跡
5号遺跡	12号遺跡
	11号遺跡
	21号遺跡
4号遺跡	10号遺跡
	9号遺跡

拝殿　本殿

3号遺跡

2号遺跡

祭祀遺跡

1号遺跡

SCALE 1:800
0 5 10 20 50m

凡例

● 岩上祭祀遺跡
（4世紀後半〜5世紀前半）

● 岩陰祭祀遺跡
（5世紀後半〜7世紀）

● 半岩陰・半露天祭祀遺跡
（7世紀後半〜8世紀前半）

● 露天祭祀遺跡
（8世紀〜9世紀末）

A-M：祭祀遺跡を伴う巨岩

沖ノ島祭祀遺跡位置図

や仿製鏡・碧玉製腕飾(石釧・車輪石・鍬形石)・碧玉やガラス製の玉類・武具・工具などが見つかっている。17号遺跡では8種21面の大量の仿製鏡が鏡背を裏にして見つかった。また、18号遺跡からは舶載と考えられる三角縁二神二獣鏡が見つかっている。これらは、4〜5世紀代の古墳時代前期の副葬品と等しく、見つかった多数の鏡の量を見ても当時ヤマト王権の中心地であった畿内の第一級古墳に匹敵するものである。

21号遺跡（1970年発掘調査時）
詳細な検討に基づき、礫を本来の祭壇の位置に並べ直している

17号遺跡の鏡出土状況

四神文帯二神二獣鏡
18号遺跡出土

獣文縁宜子孫銘獣帯鏡21号
遺跡出土

画文帯同向式神獣鏡
推定21号遺跡出土

180 가야인의 불교와 사상

岩陰祭祀 5世紀後半〜7世紀(4・6・7・8・9・10・11・12・13・15・22・23号遺跡)

岩陰祭祀では、祭祀場が岩上祭祀の巨岩上から巨岩下の地面に移動する。

7号遺跡出土の金製指輪は中央に四葉座を持ち、新羅出土のものと酷似している。また、金銅製歩揺付雲珠・金銅製棘葉形杏葉・金銅製心葉形杏

7号遺跡(右)と8号遺跡(左)(1954年発掘調査時)

葉は朝鮮半島における高い技術で作られた物である。

また8号遺跡から出土した円形浮出文を施したカットグラス破片はイランのギーラーン地方産とされ、シルクロードを経由して沖ノ島に持ち込まれたものと考えられる。

7世紀になると6号遺跡や22号遺跡で祭祀がみられるようになる。22号遺跡では、せり出した巨岩の庇の下に沿って祭場が設けられ、明確な祭場の区画が示されている。

この頃になると奉献品に金銅製雛形紡織具がみられるようになり、後の日本の古代中央集権国家が確立する祭祀の萌芽がみられるようになる。

金銅製歩揺付雲珠(7, 8号遺跡)

金銅製棘葉形杏葉(7号遺跡)

金製指輪(7号遺跡)

金銅製心葉形杏葉(7号遺跡)

カットグラス破片(8号遺跡)

22号遺跡(1970年発掘調査時)

22号遺跡の金銅製雛形紡織具

半岩陰・半露天祭祀 7世紀後半〜8世紀前半(5・20号遺跡)

　この段階の祭祀は祭祀場が岩陰直下の地面だけでなく、岩陰の地面まで及ぶ。5号遺跡と20号遺跡がそれにあたり、祭祀の場が磐座である巨岩から離れる段階のもので、社殿祭祀への転換期と考えられている。岩陰祭祀段階では岩陰を外れるところに土器を据え置く状態がみられたが、この段階からは岩陰と露天の両方から祭祀品が見つかっている。また、祭祀に使われた物も金属製雛形と土器が主体となり、前段階と大きく変化する。5号遺跡からは多種にわたる金属製雛形品が見つかっている。人形・楽器・紡織具・武器・工具・容器等があり、いずれも小鉄板や薄い銅板に鍍金を施し切って作られている。このほか、舶載品として5号遺跡から唐三彩と金銅製龍頭が見つかっている。この時期には、日本から定期的に遣新羅使、遣唐使が派遣されており、舶載品はこれらによる対外交渉の産物と考えられて

5号遺跡(1969年発掘調査時)

金銅製龍頭(5号遺跡)

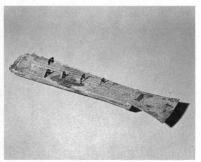

唐三彩長頸壺(5号遺跡)　　　　　　　金銅製雛形五弦琴(5号遺跡)

いる。またこの時期から土器を用いた祭祀が確認される。須恵器の甕・器
台・長頸壺坏及び土師器のセットが土器祭祀として使用されていた。

露天祭祀 8世紀前半～10世紀初頭(1・2・3号遺跡)

　沖ノ島祭祀の最終形態で、祭祀場が巨岩から完全に離れ平坦な地面に祭
祀場を設けた。1号遺跡は沖津宮社殿の南西の平坦面にある。8世紀以降、同
じ場所で祭祀が繰り返され膨大な量の土器や滑石製品が集積したと考え

1号遺跡(1970年発掘調査時)

られる。露天祭祀の祭祀品として
は土器(坏・蓋・鉢・埦・高坏・壺・
坩・甕・器台)があり、有孔土器の
ように沖ノ島のほか宗像地域の
ごく限られた場所でしか見つか
っていない物もある。また、特殊品
として奈良三彩がある。奈良三彩
は祭祀遺跡・墳墓・寺院・官衙から
見つかっているが、いずれも国家

滑石製人形(1号遺跡)

滑石製馬形(1号遺跡)

有孔土器

奈良三彩有蓋小壺

の関与のあった限られた遺跡で見つかっているのが特徴である。このほか、特筆すべきものとして滑石を加工し滑石製形代がある。人形・馬形・舟形あり、形代は藤原京や平城京などの都や国衙・官衙

滑石製舟形(1号遺跡)

からも見つかっているが、滑石製は珍しい。半岩陰・半露天祭祀期に引き続き、金属製雛形も見つかっている。ほかに皇朝銭の富寿神宝や八陵鏡片もあるが、前段階までの祭祀品と異なり国際的遺物は全く見られない。この時期は律令祭祀の確立期であったためと考えられる。形代などの祭祀品は律令祭祀に特徴的な遺物で、中央で形成された律令祭祀が遠く離れ

た沖ノ島まで及んでいることは、沖ノ島における祭祀が国家にとって重要視されていたことを示していると言える。

沖ノ島祭祀遺跡との関連遺跡：考古学

これまで、大島の最高峰御嶽山(224m)山頂の大島御嶽山遺跡では発掘調査によって、九州本土の辺津宮では採集によって沖ノ島祭祀遺跡の露天祭祀期と同様の遺物が見つかっている。露天祭祀期の祭祀品である滑石製形代や土器などは他地域の祭祀遺跡では見られないことや固有の祭祀品であることもあり、この時期に3ヶ所による祭祀行為が行われていた。これは、『古事記』『日本書紀』に記載された三宮の場所とも一致する内容である(4)。

大島御嶽山遺跡出土奈良三彩　　　　　大島御嶽山遺跡出土滑石製形代

沖ノ島祭祀と宗像地域との関係：考古学

これまでの研究によって、沖ノ島ではヤマト王権が関与した国家的祭祀が4世紀後半に始まったことや、その契機が国内および朝鮮半島の情勢と深く関わっていたことがほぼ定説となっている。一方で、沖ノ島祭祀は本

来この地域で活動していた海人族の信仰に関わるもので、朝鮮半島情勢に4世紀後半から関与するようになったヤマト王権が沖ノ島祭祀に関与した結果、国家的祭祀に昇格し、それを統率していた地方豪族の宗像氏が祭祀を司るようになったと考えられている。これについては、考古学的視点で宗像地域の在地型祭祀や地方豪族宗像氏の展開の検討によって沖ノ島と宗像地域との関係が指摘されている(5)。また、宗像地域の朝鮮半島系考古資料を集成・検討し、宗像地域独自の動きの中で朝鮮半島との関わりを見出した研究も行われている(6)。

韓国扶安竹幕洞祭祀遺跡との比較:考古学

古代の海上交通を考える上で沖ノ島祭祀遺跡と共通性の高い韓国扶安竹幕洞祭祀遺跡との比較研究も行われた。竹幕洞祭祀遺跡第3段階の祭祀期は沖ノ島祭祀遺跡の7・8号遺跡と同時期の5世紀後半から6世紀前半の時期で、この時期に加羅による南朝朝貢の際に栄山江流域と加耶、倭による共同祭祀が行われたことが推定されている。その背景には東アジアをめぐる情勢との関連が指摘されており、さらに北部九州においては畿内とは別の交易観でネットワークを形成していたと考えられている。(7)

律令祭祀と沖ノ島祭祀との関係:考古学・歴史学

沖ノ島祭祀では、祭祀の形態と共に祭祀品の内容も変遷し、その性格を変えていった。

井上光貞氏は岩陰祭祀から岩陰祭祀から半岩陰・半露天祭祀の祭祀品の変化に着目し、その2つの時期の間が「葬祭の未分化から分化へ」の転換

期であるとし、葬祭未分化の時期では「神を祭る祭儀の独自性は未熟であるが、第3期(半岩陰・半露天祭祀期)になると、それが形成され、祭儀が確立する」と指摘している。また、半岩陰・半露天祭祀期には「"律令的祭祀"ないしその"先駆的形態"がすでに存在していた」と述べている。氏はさらに律令的祭祀について「8世紀初頭に公布された大宝令の、神祇令とよぶ篇目によって規定され、実施された国家的祭祀であると述べている。また、神祇令についての施行細目の一つに10世紀初頭に成立施行された『延喜式』があり、当時の祭祀で用いられた祭具について細かく記されている。沖ノ島の祭祀で用いられた土器や金属製雛形をみると『延喜式』の記載と一致し、井上氏はそれぞれを比較した場合、律令的祭祀と沖ノ島の祭祀の一致は半岩陰・半露天祭祀の成立した7世紀後半とその前後に出現していることを指摘している(8)。

　また、近年は笹生衛氏により、8世紀段階の律令祭祀の内容を記録した『皇太神宮儀式帳』の神宮御神宝と沖ノ島祭祀遺跡の遺物組成の比較研究も行われている。このことから、両者は5世紀代から共通点を見出すことができるとし、同時期の日本列島の祭祀遺跡でも確認できるという。さらに、『皇太神宮儀式帳』の祭祀の流れと比較すると、沖ノ島祭祀遺跡はすべて祭祀の場ではなく、「祭祀の準備」「祭祀」「祭祀後の対応」という各段階と対応関係を想定できるという。その内容は、巨岩上や岩陰にかけて展開する遺跡の多くは、祭祀後に神霊の近くへと品々を納めた場であったとし、大量の土器や滑石製形代が集積する1号遺跡は祭祀の後、撤下した神饌の食器や祭具を整理・集積した結果形成されたとするものである。この成果は、これまでの「すべて祭祀の場」であったと想定してきた沖ノ島祭祀遺跡について、一石を投じるものとなった(9)(10)。

　また、文献史料の再検討により、律令祭祀制度における宗像大社の位置

づけを把握しようとする研究も行われている。古代の対外交渉には極めて政治的な一面があり、『延喜式』では外国に使者を遣わす時の祭では、唯一「私幣」を奉ることができたという。外国に使者を遣わす時の祭においては天皇の意思が反映したかたちで大陸との交流を示す品々が祭祀に用いられたとするもので、不確定要素の多い航海の安全、大陸との外交を目指すために律令祭祀制度制とは別の枠組みで特別な祭祀が行える状況があったというものである。このことは『日本書紀』にみられる宗像の特別な対応の背景としても想定されている(11)。

神道からみた沖ノ島：宗教学(12)

　日本においては、アニミズムが原始信仰となって後に神道が成立したと考えられ、沖ノ島での祭祀は、原始信仰の存在を示し、現在に至るまで「信仰」を継続させているという観点から貴重で稀な存在であると言われている。古来より日本では自然に宿る精霊に対し大いなる力を感じ、脅威や感動を与えるものとして、山や川に宿る精霊に対して畏敬の念を持ってきた。自然は多くの恵みを与えると同時に、深刻な災害をもたらす存在でもあった。沖ノ島も海上交通に際しては、その姿から「神」として畏敬の念を持たれ信仰されてきたと考えられる。日本における古代の「神」は「八百万の神」という言葉からもすべてものであり、自然と同義であったとされる。『延喜式』神名帳には三千以上もの神が載せられていた。日本の古い「神」に対する観念は「神々しい」などのように形容詞的に理解され、そのため、そのように感じられるものはすべて「神」になりえたという。また、日本ではアミニズムからはじまった神道と仏教とが混在していた神仏習合の歴史が長く続いたことから、現在でも仏教としての「仏」を「神」と呼ぶこ

とがある。これも神々しい力を持つものはすべて「神」と表現する国民性にあると考えられている。現在、日本の神社に行けば社殿が存在する。これは本来、伽藍を構築する仏教の影響によって形成されたもので、アミニズムが原始信仰であった日本の姿を示しているものではないとされる。原始信仰の時代には社殿は存在せず、季節ごとに行う祭の時に一時的に祭壇を構築するか、巨岩の前で祭祀を行ったと考えられ、これらの場所は「磐座」「磐境」「神籬」などと呼ばれている。このような場所は数少ないが、沖ノ島祭祀遺跡はこれらが良好に残存した事例として貴重である。沖ノ島は、孤島という条件はあるものの、近世まで神主が常駐していないにも関わらず、祭祀遺跡が良好に保存されてきた。その要因として、「信仰」が考えられている。怖いもの、恐ろしいもの、祟りがあるものという意識があったことから保存されてきたと考えられ、いまなお残る禁忌についても「信仰」の一形態ととらえられている。現在まで残る禁忌としては、「女人禁制」「島内で四足の動物を食べてはいけない」「上陸前の禊」「入島の制限」などがあり、現在は5月27日の沖津宮現地大祭に限って一般男性が200名に限り沖ノ島に渡って参拝できる唯一の機会となっている。

宗像大社の祭事と信仰：民俗学 (13)

今日の宗像大社では、神社古来の祭事に由来するものや、氏子や崇敬者に所縁のある年間約40の祭事が行われている。宗像大社の祭事は、沖ノ島での祭祀に始まり現在に至るまで、長きにわたり行われてきた。宗像大社の祭事はその時代の政治や社会の影響を受け、消長を繰り返しながら今日まで至る。宗像大社の祭事については、重要文化財宗像大社文書をはじめとする豊富な史料に鎌倉時代以降の詳細な記録が残され、具体的な祭

事の内容を知ることができる。中世の宗像大社は宗像大宮司家のもとで神社が最も繁栄した時代であった。年間を通じ数多くの祭事が斎行され、中世には年間5921度（閏年9468度）もの祭事が行われていた。現在行われている祭事では10月1日から10月3日にかけて行われている秋季大祭が特に氏子や崇敬者たちの信仰心が顕著に現れた祭事と言える。特に10月1日に行われる「みあれ祭」は沖津宮、中津宮、辺津宮の宗像三女神が年に1度、辺津宮にそろう神迎えの神事である。沖津宮と中津宮の女神を載せた2隻の御座船と先導船を先頭に数百隻の漁船が大島から神湊まで海上神幸する。大漁旗をなびかせながら海を進む漁船団の姿は壮観であり、現在の宗像三女神信仰を象徴する神事である。これらにみられるように宗像地域の島や沿岸部には沖ノ島を御神体として遥拝する沖ノ島信仰や宗像三女神信仰に関する信仰が今も色濃く残っている。

VIII. まとめ

　沖ノ島は古代からその姿を大きく変えることなく現在まで守られてきた。その背景には、宗像地域の人々による篤い信仰と厳格な禁忌があったためである。国家的祭祀が4世紀後半から10世紀前半もの間行われていたにも関わらず、史料をみてもその記述は僅かである。沖ノ島に対する記述は沖ノ島祭祀遺跡では1954年から1971年までの間、3次10回に渡って発掘調査が実施され、近年になってようやくその姿が明らかとなった。沖ノ島祭祀や信仰については、発掘調査以降、考古学、民俗学、歴史学などの研究者によって多角的に論じられてきたが、未だ多くの課題やテーマを残し

ている。考古学については、宗像地域の沖ノ島祭祀との関係、祭祀に使用された土器等の祭祀品の製作地に関する課題。歴史学については律令祭祀期における沖ノ島祭祀の役割。宗教学については、日本の原始信仰の在り方や変遷があると言える。また、民俗学については、現在まで宗像地方に色濃く受け継がれてきた沖ノ島信仰や宗像三女神信についてもさらに追及する必要がある。今後、新たな研究成果によりこれらが明らかとなり、宗像の歴史がさらに解明されることを期待したい。

参考1:世界遺産登録基準「世界遺産条約履行のための作業指針」より

I. 人間の創造的才能を表す傑作である。

II. 建築, 科学技術, 記念碑, 都市計画, 景観設計の発展に重要な影響を与えた, ある期間にわたる価値観の交流又はある文化圏内での価値観の交流を示すものである。

III. 現存するか消滅しているかにかかわらず, ある文化的伝統又は文明の存在を伝承する物証として無二の存在(少なくとも希有な存在)である。

IV. 歴史上の重要な段階を物語る建築物, その集合体, 科学技術の集合体, 或いは景観を代表する顕著な見本である。

V. あるひとつの文化(又は複数の文化)を特徴づけるような伝統的居住形態若しくは陸上・海上の土地利用形態を代表する顕著な見本である。又は, 人類と環境とのふれあいを代表する顕著な見本である。

(特に不可逆的な変化によりその存続が危ぶまれているもの)

VI. 顕著な普遍的価値を有する出来事(行事), 生きた伝統, 思想, 信仰, 芸術的作品, あるいは文学的作品と直接または実質的関連がある(この基準は他の基準とあわせて用いられることが望ましい)。

VII. 最上級の自然現象, 又は, 類まれな自然美・美的価値を有する地域を包

含する。

Ⅷ. 生命進化の記録や，地形形成における重要な進行中の地質学的過程，あるいは重要な地形学的又は自然地理学的特徴といった，地球の歴史の主要な段階を代表する顕著な見本である。

Ⅸ. 陸上・淡水域・沿岸・海洋の生態系や動植物群衆の進化，発展において，重要な進行中の生態学的過程又は生物学的過程を代表する顕著な見本である。

Ⅹ. 学術上又は保全上顕著な普遍的価値を有する絶滅のおそれのある種の生息地など，生物多様性の生息域内保全にとって最も重要な自然の生息地を包含する。

参考2：信仰に関わる世界遺産

パパハナウモクアケア：アメリカ合衆国 登録基準 / (ⅲ)(ⅵ)(ⅷ)(ⅸ)(ⅹ)

　ハワイ諸島から北西約250 km に位置し、1931km もの長さにわたって小さな島々と環礁群が連なる複合資産である。ニホア島とモクマナマナ島は、ハワイ原住民にとって命が生まれ死後に魂が帰る場所と考えられている聖地で、祭祀遺跡が残されている。現存するハワイ原住民の精神的な世界観や伝統にのっとったきわめて重要な場所である。

スカン・グアイ：カナダ 登録基準 / (ⅲ)

　太平洋上に浮かぶ150 の島々からなる諸島の最南端のアンソニー島にある。19 世紀末に廃墟となった集落の先住民族であるハイダ族が残したベイスギの10軒の住居跡を含む集落の遺跡と2000年前のものとされる4つの貝塚、2 つの洞窟、墓地などの遺跡が残っている。10m近い高さのトーテムポールには、シャチや人間、神話などが芸術的に彫刻されている。

これは優れた人物に敬意を表して、あるいは墓碑として作られ、部族間で豪華な品物を贈りあう祝宴の儀式などにも使われたものと推定されている。

首長ロイマタの地:バヌアツ 登録基準 / (iii)(v)(vi)

エファテ島、レレパ島、アートック(レトカ)島にある偉大な指導者ロイマタの生涯に関わる1600 年前後の三つの遺跡群。ロイマタの住居、亡くなった地であるファレス洞窟、家族らとともに埋葬された無人島のアートック島からなる。ロイマタにまつわる伝説や、種族間の円満な紛争解決のため彼が採り入れた道徳を大切にする慣習などは、地域の人々に今なお受け継がれている。

ラパ・ヌイ国立公園:チリ 登録基準 / (i)(iii)(v)

南太平洋上のイースター島にあり、原住民は4 世紀頃ポリネシアから移住したと言われている。その後1300 年間、孤立状態にありながら複雑な文化を発展させ、10 ～ 16 世紀にかけて、各部族の神化された先祖を村の守り神として巨石像モアイを残した。そのほか、大きな石の祭壇アウや墳墓などが残されている。

チロエ島の教会群:チリ 登録基準 / (ii)(iii)

チリ領パタゴニアに属するチロエ島の教会群は、木造教会建築として類稀な形態を見せており、ラテンアメリカにおいては唯一の事例である。17 ～ 18 世紀にイエズス会の修道士たちによって建設された。

エレファンタ石窟群:インド 登録基準 / (i)(iii)

インド西部、ムンバイ湾の東の沖合10km にあるエレファンタ島にある
7 世紀頃のヒンドゥー教の石窟寺院。七つの石窟からなり、第一石窟の高
さ5.5m の三面のシヴァ神像はヒンドゥー彫刻の傑作。

デロス島：ギリシャ　登録基準 /（ii）（iii）（iv）（vi）

　エーゲ海に浮かぶ小島、デロス島にある紀元前 5 〜 3 世紀の遺跡。ギリ
シャ神話のアポロンとアルミテスの生誕地としてデルフィに次ぐ聖地と
して栄えた。ギリシャの各都市国家が共同で、岩上に建てたアポロン神殿、
それにアルミテス神殿、劇場、アゴラ、大理石の獅子像など最盛期の遺跡が
残る。

パトモス島の聖ヨハネの修道院のある歴史地区（ホラ）と聖ヨハネ黙示録の洞窟：ギリシャ　登録基準 /（iii）（iv）（vi）

　パトモス島はエーゲ海南東部にあるドデカニサ諸島の一つで、中世の町
ホラは、城壁が巡らされた聖ヨハネ修道院がある。キリストの十二使徒の
一人聖ヨハネがパトモス島に流刑され、95〜 97年ごろにアジアの7つの教
会の聖徒宛に黙示録を書いた。

アトス山：ギリシャ　登録基準 /（i）（ii）（iv）（v）（vi）

　ギリシャ北部の半島の突端にあるギリシャ正教の聖山で、島ではないが
陸路では行くことができない。10 世紀頃から作られた修道院が20 あり、
中世以来の聖地としてビザンティン文化の宝庫である。

セント・キルダ：イギリス　登録基準 /（iii）（v）（vii）（ix）（x）

　スコットランドの沖合185km の四つの島と二つの岩礁などからなる。

北大西洋で最大の海鳥の繁殖地で、ヒルタ島では2000年以上前の巨石遺跡も発見されている。農業、牧羊を生業とし、伝統的な石の家に住んでいた生活の痕跡が残されているが、1930年以降は無人島である。

オークニー諸島の新石器時代遺跡中心地：イギリス 登録基準 / (i)(ii)(iii)(iv)

　スコットランド北部にある多島海の大小70からなる諸島にある。メインランド島には代表的な遺跡が残され、BC3000 ～ 2000年頃の新石器時代の円形墳墓、何らかの儀式のために建造されたと思われる直径44mと104mの環状列石、それに石造りの家の集落遺跡を構成資産とする。新石器時代の北部ヨーロッパの人々の文化の高さを示す顕著な証である。

ストーンヘンジ、エーヴベリーと関連する遺跡群：イギリス 登録基準 / (i)(ii)(iii)

　4000年以上前の先史時代の巨石の環状列石遺跡で、高さ6m以上の大石柱が100m近い直径の内側に祭壇を中心に、四重の同心円状に広がる。エーヴベリー以外に6つの関連遺跡群がある。

スケリグ・ヴィヒール：アイルランド 登録基準 / (iii)(iv)

　アイルランド本土から11.6kmの海上に位置し、周囲が急峻な絶壁に囲まれる島全体が登録されている。キリスト教の修道院が建てられて信仰の場となり、修道院閉鎖後は巡礼の地として無人島となった。その厳しい立地環境から、早い段階の修道院遺跡が良好な状態で保存されている。

モン・サン・ミッシェルとその湾:フランス　登録基準 / (i)(iii)(vi)

　要塞のような壮大なキリスト教の修道院を載せたノルマンディ地方の
岩山である。修道院建築以前も聖地として礼拝堂が設置され、巡礼者が訪
れていた。修道院は966 年に創建された後増改築が繰り返され、用途も要
塞や監獄に変更されるなど変遷を辿るが、現在も信仰の場として継承さ
れている。

ソロヴェツキー諸島の文化・歴史的遺産群:ロシア　登録基準 / (iv)

　ロシア北西部、白海のオネガ湾口にある大小6 つの島で、15世紀にロシ
ア正教のソロヴェツキー修道院が建てられ、以後多くの修道院が建てら
れた。修道院は強固な要塞とも知られた。ソヴィエト時代は強制収容所と
なった後、北方艦隊の基地がおかれた。

キジ島の木造建築:ロシア　登録基準 / (i)(iv)(v)

　サンクトペテルブルクの北東約350km、オネガ湖に浮かぶ小島で、「キ
ジ」とは先住民の言葉で「祭祀の場」を意味する。18世紀のロシア正教の聖
堂など、キジ島全体が木造建築の特別保護区に指定されている。

マチュ・ピチュの歴史保護区:ペルー　登録基準 / (i)(iii)(vii)(ix)

　熱帯雨林に覆われた山岳地帯、標高2280m の四方を絶壁で隔てられた
自然の要害の地にあるインカ帝国の要塞都市。太陽の神殿、王女の宮殿、集
落遺跡、棚田、井戸、排水溝、墓跡などが残る。高度な文明と祭祀センターが
存在したことが分かる形跡が至る所にみられる。

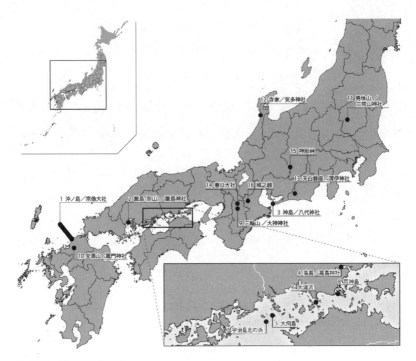

日本国内の祭祀遺跡位置図

参考3:国内の祭祀遺跡

厳島(弥山) / 厳島神社 / 広島県廿日市市 / 5世紀末～8世紀

厳島(宮島)は本州から約500 メートル離れた瀬戸内海の小島で、島自体が信仰の対象となった聖なる島に展開した神社、世界文化遺産「厳島神社」が位置する。21世紀になって、弥山の山頂や中腹に位置する巨岩群から6世紀～8世紀後半の祭祀遺跡の存在が報告されており、麓の厳島神社周辺からも5世紀後半以降の祭祀遺物が確認されている。厳島神社はもともと宗像三女神の市杵島姫を祀ってきた神社であり、12世紀以降に日本でも有数の神社となった。

神島 / 八代神社 / 三重県鳥羽市 / 6世紀、8〜10世紀

　渥美半島と志摩を結ぶ伊勢湾口に浮かぶ神島は、潮流が速く暗礁も多い海の難所に位置する。八代神社の神宝として保管されている祭祀遺物は、6世紀頃、8〜9世紀、10世紀以降のものに大別されるが、その来歴は不明。その祭祀の背景については、古代国家や伊勢神宮との関係などが想定されている。

高島 / 高島神社 / 岡山県岡山市 / 5世紀後半〜6世紀前半

　高島は瀬戸内海の0.7km程沖合いの周囲1.5kmの小島であり、その北方にはかつて広大な浅海が広がり、航路の要衝にあった。島の最高所である標高30m程の山の頂上付近の巨岩群と、その北側の山の北麓、さらにその北方の平地の三ヶ所に祭祀遺跡が分布する。山頂では島外の集団による祭祀が行われ、それ以外では地域の海浜集落の人々による祭祀が行われたとされている。

大飛島 / 岡山県笠岡市 / 7世紀〜10世紀前半

　大飛島は瀬戸内海のほぼ中央に位置する小島であり、周辺の海は満潮に際しては東西から流れ込む潮が合わさり、干潮にあっては東西へと潮が分かれる。祭祀遺跡は砂州の基部と山とが接する部分の巨石群にあり、奈良三彩小壺や古代銭貨、須恵器、土師器などが発見され、航海の安全を祈る祭祀が行われたと考えられている。

大浦浜 / 香川県坂出市 / 6世紀前半、8〜9世紀

　遺跡はかつて海であった児島から1km沖合いの備讃瀬戸に浮かぶ周囲5.4kmの櫃石島にあり、島の東側の砂州上に立地する。祭祀遺構は確認さ

れず、包含層から祭祀遺物が出土している。5世紀末～6世紀前半には製塩に伴う祭祀が行われ、8、9世紀には奈良三彩小壺・古代銭貨などが出土している。

宇治島北の浜 / 広島県福山市 / 8世紀～9世紀前半

宇治島は瀬戸内海の周囲4.25km程の小島であり、北東4.6kmに大飛島が位置している。島の中部の海に面した北向きの砂丘部に祭祀遺跡があり、広さ約10㎡の範囲に拳大から人頭大の海岸円礫が敷きつめられていた。奈良三彩の出土などから、国家が関与して航海の安全を祈った祭祀とみられている。

荒神島 / 香川県香川郡直島町 / 5～8世紀

瀬戸内海中央の直島群島の西端にある、周囲4km足らずの荒神島の北側の海浜の、わずかな平坦地に位置する。海浜集落の海人が集団内で行った祭祀と、強大な社会勢力による航海の安全を祈る祭祀とが行われた遺跡と想定されている。

三輪山 / 大神神社 / 奈良県桜井市 / 4世紀後半～7世紀前半

三輪山は秀麗な山容から、古くより神の宿る山として信仰の対象となっている。山の頂上、中腹、麓に三つの磐座群がある。麓にある大神神社は本殿がなく、山自体を御神体とする拝殿の背後に磐座がある。古代国家による祭祀が行われたと考えられている。

宝満山 / 竈門神社 / 福岡県太宰府市ほか / 7世紀後半～10世紀

古代国家による九州本島の支配拠点であり、外交の窓口であった大宰府

の東、標高830m の宝満山の山頂部および山中、山麓に祭祀遺跡が10ヵ所以上点在している。頂上部では岩上祭祀が行われていたと考えられ、多量の土器と奈良三彩、施釉陶器、古代銭貨などが崖下で採取されている。

日光男体山 / 二荒山神社 / 栃木県日光市 / 8世紀後半〜10世紀

標高2486m の男体山の山頂部の火口壁上に鎮座する、神社周辺の巨岩の岩陰に立地する。最も古い祭祀遺構では、岩に挟まれた隙間に祭祀遺物がぎっしりと重複して堆積していた。山岳信仰の対象としての男体山の歴史は、782 年に遡るとされる。

寺家 / 気多神社 / 石川県羽咋市 / 8世紀〜9世紀

日本海に面した海岸砂丘上の窪地で、火を炊いて神を迎え、神饌を供える儀式が長期にわたり行われた祭祀遺跡と考えられている。砂丘の尾根上には祭具を生産した人々の集落があったとみられ、近隣の古社である気多神社と関わるものと想定されている。

天白磐座 / 渭伊神社 / 静岡県浜松市 / 4世紀後半〜6世紀、8世紀〜10世紀

古社、渭伊神社の本殿背後の小丘陵の頂部に並び立つ三つの巨岩を中心とした祭祀遺跡である。最も大きい岩に対して祭壇を設営して祭祀が行われ、その後三つの巨岩に囲まれた範囲などに祭祀場の範囲が拡大した。丘陵は川に近接し、農業のための水源をまつる祭祀が行われていたと考えられる。

春日大社 / 奈良県奈良市 / 8 世紀、10世紀

御蓋山(春日山原始林)は 8 世紀の都であった平城京の東に位置し、神が

降臨する神聖な山として、麓の春日大社の禁足地とされてきた。春日大社は8世紀の中頃に創建された、藤原氏の氏神を祀る神社である。山中からは岩に対して行なった古代祭祀遺跡などが発見されているが、年代などの詳細は明らかではない。

神坂峠 / 長野県下伊那郡阿智村 / 5世紀~10世紀

標高1570m の長野県と岐阜県の県境にあり、古代官道の一つである東山道の最高地点に位置する祭祀遺跡である。遺跡の中心は峠の北側の平坦部に位置し、20cm 前後の礫によって径4m の範囲でマウンド状を呈する積石遺構がある。重要な交通路における道中の安全を祈る祭祀などが行われたものとみられる。

城之越 / 三重県伊賀市 / 4世紀後半~5世紀

伊賀盆地の南方で川が大きく屈曲する標高170m の丘陵の麓に所在し、人工の井泉とそこから湧き出た水を通す貼石溝と、それにより囲まれた楕円形の広場や方形の壇からなる祭祀遺構が発見されている。聖域として区画された場所で、水源や湧水を対象とした祭祀が行われたものと考えられている。

引用参考文献

(1) 亀井輝一郎2011「古代の宗像氏と宗像信仰」『「宗像・沖ノ島と関連遺産群」研究報告Ⅰ』

(2) 椙山林継2012「宗像復興期成会による調査以前の沖ノ島」『「宗像・沖ノ島と関連遺産群」研究報告Ⅱ-1』

(3) 小田富士雄2011「沖ノ島祭祀遺跡の再検討−4〜5世紀宗像地方との関連で−」『「宗像・沖ノ島と関連遺産群」研究報告Ⅰ』

(4) 山田広幸2012『大島御嶽山遺跡−福岡県宗像市所在の発掘調査報告−』宗像市文化財調査報告書第64集

(5) (3)に同じ。花田勝広2003『倭政権と古代宗像−地域考古学の提唱』

(6) 亀田修一2013「古代宗像の渡来人」『「宗像・沖ノ島と関連遺産群」研究報告Ⅲ』

(7) 高慶秀2011「韓国における祭祀遺跡−祭祀関連遺物−沖ノ島祭祀の位置づけのための比較的検討資料−」『「宗像・沖ノ島と関連遺産群」研究報告Ⅰ』

(8) 井上光貞1984「第二編 古代沖の島の祭祀」『日本古代の王権と祭祀』

(9) 笹生衛2011「沖ノ島祭祀遺跡における遺物組成と祭祀構造−鉄製品・金属製品を中心に」

(10) 笹生衛2012「日本における古代祭祀研究と沖ノ島祭祀−主に祭祀遺跡研究の流れと沖ノ島祭祀遺跡の関係から−」『「宗像・沖ノ島と関連遺産群」研究報告Ⅱ-1』

(11) 加瀬直弥2011「古代神祇祭祀制度の形成過程と宗像社」『「宗像・沖ノ島と関連遺産群」研究報告Ⅰ』

(12) ノルマン・ヘイヴンズ「神道からみた沖ノ島」『「宗像・沖ノ島と関連遺産群」研究報告Ⅱ-2』

(13) 森弘子2011「宗像大社の無形文化財」『「宗像・沖ノ島と関連遺産群」研究報告Ⅱ-1』

오키노시마(沖ノ島)의 제사와 신앙

야마다 히로유키*
번역 : 주 홍 규**

Ⅰ. 머리말

오키노시마의 제사 및 신앙에 관해서는 지금까지 고고학, 민속학, 역사학 등을 전공한 연구자들에 의해 다각적으로 논해졌다. 하지만 이에 관한 실상을 더 잘 이해하기 위해서는 지금까지의 학술성과에 관한 정리의 필요성이 있다.

이에 본 고에서는 고대 오키노시마의 제사유적을 중심으로 한 오키노시마의 제사와, 지금도 계속되고 있는 오키노시마의 신앙을 개관함과 동시에, 각 연구 분야에 있어서 지금까지의 성과를 간단히 정리해 보고자 한다.

---

* 무나카타시시민협동환경부 향토문화과
** 영남대학교 문화인류학과

「신이 머무는 섬」 오키노시마

II. 무나카타 대사宗像大社에 관해서

무나카타 대사는 큐슈九州 본토로부터 약 60㎞정도 떨어진 오키노시마에 위치하는 오키츠미야沖津宮와 큐슈 본토로부터 약 10㎞정도 떨어진 오오시마大島에 위치하는 나카츠미야中津宮, 큐슈 본토의 타시마田島에 위치하는 헤츠미야辺津宮의 삼궁三宮과 오오시마에 있는 오키츠미야 요배소遙拝所로 구성된다. 이 삼궁에는 무나카타의 3여신들이 각각 모셔져 있다. 오키츠미야에는 장녀 신인 타고리히메카미田心姫神가, 나카츠미야에는 차녀 신인 타기츠히메카미湍津姫神가, 헤츠미야에는 막내 여신인 이치키시마히메市杵島姫가 진좌되어 있다. 무나카타 3여신은 일본 전국에 약 6,400여 신사에 모셔져 있지만 그 총 본궁이 무나카타 대사이다. 일본의 역사서인 『코지키古

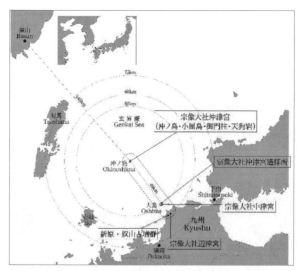

「신이 머무는 섬」무나가타·오키노시마와 관련 유산군의 위치도

事記』, 『니혼쇼키日本書紀』에도 무나카타 3여신이나 진좌지가 기술되어 있다. 신사의 경내는 모두 국가 사적으로 지정되어 있는데, 특히 오키노시마에서는 4세기 후반에서 9세기 말까지의 약 500년 간에 걸친 국가적 제사가 행해졌다. 발굴조사를 실시한 결과, 풍부한 국제색을 띤 봉헌품이 다수 출토되었는데, 그 중 8만 점이 현재 국보로 지정되어 있다. 이와 같은 오키노시마를 시작으로 한 경내지(무나카타 대사 오키츠미야(오키노시마·코야지마·미카도바시라·텐구이와)·무나카타 대사 나카츠미야·무나카타 대사 헤츠미야·무나카타 대사 오키츠미야 요배소)와, 오키노시마 제사를 담당해 활약했던 무나카타씨의 분묘군인 신바루누야마新原奴山고분은, 「신이 머무는 섬」을 숭배하는 전통이 고대 동아시아에서 활발한 대외교류가 행해지던 시기에 발전했고, 해상의 안전을 기원하는 살아있는 전통과의 관련성이 명백하며, 지금까지도 이러한 전통이 이어져 온 것을 이야기해주는 매우 희소한 예로서, 「신이 머무는 섬」무나카타·오키노시마와 관련 유산군 이라는 명칭으로 2017년 7월

큐슈 북부의 무나카타 지역에서 오키노시마 방향을 조망

에 유네스코 세계문화유산 등록을 목표로 하고 있다.

『신이 머무는 섬』무나카타·오키노시마와 관련유산군』에 관해서는, 2017년 5월에 세계유산위원회의 자문기관인 이코모스에 의한 평가결과가 유네스코 세계유산센터로부터 통지되었다. 그 내용은 구성자산 8개 중, 무나카타 대사 오키츠 요배소, 무나카타 대사 나카츠미야, 무나카타 대사 헤츠미야, 신바루·누야마 고분군을 제외한, 오키노시마 및 3개의 암초 (코야지마·미카도바시라·텐구이와)의 「기재」가 적당하다고 권고되어 있었다.

Ⅲ. 무나카타의 어원에 관해서

무나카타는 신의 이름·씨족 이름·지명으로 이용되는데, 역사상 그 표기는 「胸肩」「胸形」「胸方」「宗形」와 현재 사용되고 있는 「宗像」가 알려져 있다. 「宗形」는 8세기(나라奈良시대)의 쇼쇼잉몬죠正倉院文書나 나가야노오오케長屋王家의 목간에서 보이는 점으로 미루어 이 시대를 중심으로 이용된 것으로 생각된다. 현재 사용되고 있는 「宗像」의 표기는 8세기 이후에 사용되었다고 알려져있다. 「胸肩」, 「胸形」, 「胸方」와 같이 「胸」를 이용한 표기는 『古事記』, 『日本書紀』에서 볼 수 있다. 무나카타의 어원에 관해서는 여러 설이 있는데, 그 중에서도 지형설이나 문신설이 대표적이다. 지형설은 무나카타 시내를 관통해 흐르는 츠리카와(釣川)가 오래 전에는 상류까지 바다

무나카타 시내를 관통해 흐르는 츠리카와

의 입구 길목이었고, 갯벌이 형성되어 있었던 것으로 미루어, 「沼無潟」,「空潟」로 적고 「무나카타」로 불리게 되었다고 하는 것이다. 또한, 무나카타는 어업이 성행한 지역으로서 동해 연안의 해녀 발상지로도 알려져 있는데, 나카츠미야가 위치한 오오시마大島나 큐슈 본토 연안부의 카네자키鐘崎 지구에서는 현재도 해녀 어업이 행해지고 있다.

무나카타의 유적에서는 지금까지 어로활동에 관한 유물이 다수 발견되었는데, 오키노시마의 제사도 우수한 해양항해술을 가진 무나카타 지역의 사람들이 맡고 있었다고 생각된다. 무나카타 지역의 사람들은 바다와 같이 살아왔다. 그 해안부에 살던 무나카타 지역의 사람들이 가슴에 「×」나 「△」의 문신을 새기고 있었다고 생각하는 것이 문신설이다. 인근지역에서 발견된 하나와埴輪를 보면 비늘문양의 문신이 있는데, 무나카타시의 장식고분에서도 삼각문으로 구획되어 채색된 장식이 보인다. 삼각문은 중국해 연안의 용사신앙竜蛇信仰과 관계된 뱀의 비늘모양이라고 생각하기도 한다. 또한 카네자키지구의 해녀가 1940년경까지 사용했던 잠수구에 「大」라는 문자나 「☆」문양을 꿰매어 주술로서 몸에 붙이고 있기도 했다.

Ⅳ. 『古事記』『日本書紀』에 보이는 무나카타

무나카타 3여신의 탄생과 진좌지에 관해서는 8세기 전반에 성립된 일본의 역사서인『古事記』와『日本書紀』에서 확인된다. 무나카타 3여신은 고대 무타카타 지역에서 세력을 전개하고 있던 지방호족인 무나카타씨가 16세기까지 대대로 봉사해 왔던 신으로 「해신」으로서의 성격을 지닌다. 3여신 탄생에 관해서는『古事記』(上巻),『日本書紀』(神代上)第6段「瑞珠盟約章」의

본문과 3개의 異傳, 또한 第7段 一書의 異傳에 기재되어 있는데, 3여신은 타카아마하라高天原의 최고신인 아마테라스오오미카미天照大神와 쿠니츠카미国津神인 스사노오우의 생명의 계약(우케히 : 고대 일본의 점술, 2가지 정한 것 중에 어느 쪽이 일어나느냐

『日本書紀』(720년 성립) 무나카타 대사 소장

에 따라 길흉이나 일의 성패를 판단함)에 의해 탄생했다. 진좌지에 관해서는『古事記』에「무나카타노오쿠츠미야胸形之奥津宮 · 무나카타노나카츠미야胸形之中津宮 · 무나카타노헤츠미야胸形之辺津宮」로,「日本書紀 第6段 第2의 一書」에는「오키츠遠瀛 · 나카츠中瀛 · 헤츠海瀛」로 기재가 되어 있어서, 이미『古事記』,『日本書紀』가 성립될 때에는 오키노시마 · 오오시마 · 큐슈 본토의 3곳에 이미 3여신의 진좌지가 있었던 것을 알 수 있다. 또한,『日本書紀』중에는 아마테라스오오미카미로부터의 신칙(신에게서 부여받은 명령)이 적혀있다.「日本書紀 第6段 第1의 一書」에는「汝三神宜降居道中, 奉助天孫爲而天孫所祭也」로,「日本書紀 第6段 第3의 一書」에는「今在海北道中, 號日道主貴」라고 되어 있는데, 이는「3여신은 한반도, 중국대륙과 이어지는 바닷길의 신으로, 천손을 도와 드리기 위해 3여신이 강림했으므로, 천손이 제를 올리는 곳으로 되었다」라는 것이다. 당시,『古事記』,『日本書紀』의 편찬은 당대의 국사적 대 사업이었고, 황실이나 각 씨족의 역사적 자리매김을 행한다고 하는 매우 강한 정치적 의미를 가지는 것이었다. 무나카타 3여신이『古事記』,『日本書紀』에 이렇게 중요한 신으로 기재되어 있는 것으로 미루어, 오키노시마를 포함한 무나카타 지역이 당시의 국가에서 매우 중요시되었다고 볼 수 있다.

V. 오키노시마의 위치와 환경

오키노시마는 큐슈의 본토에서 약 60㎞ 떨어진 위치에 있는 고립된 섬이다. 무나카타 3여신 중의 타고리히메신을 모신 오키츠미야가 있는데, 예로부터 신의 섬으로서 신성시되어 왔다. 섬은 동서로 약 1.5㎞, 남북으로 0.5㎞, 주위가 약 4㎞인데, 동북동에서 서남서로 험지가 계속된다. 중앙의 최고봉인 이치노타케一ノ岳(243.1m)에서 동쪽으로 니노타케二ノ岳, 산노타케三ノ岳, 시라타케白岳가 연결되어 있다. 이 섬은 바위섬으로 대부분이 석영반암으로 되어 있다. 섬의 주위는 단애절벽이다. 서남측 표고 80m에서 90m인 곳에 오키츠미야의 사전社殿이 있고, 그 주위에 제사유적이 있다.

VI. 오키노시마 제사유적의 발굴조사

오키노시마는 최근까지 「오이와즈사마(섬에서 있었던 일을 발설해서는 안되는)」로 불리며 신앙의 대상이었다. 섬에서 보고 들은 어떤 것도 입 밖으로 내는 것이 금지되었다. 또한 풀 한포기, 나무 한그루도 섬 밖으로 반출되는 것이 금지되었기 때문에 무나카타신사부흥기성회에 의한 조사 이전에 오키노시마에 제사품이 존재하고 있던 것을 적은 사료가 극히 적지만, 에도江戸시기에는 카이바라 에키켄貝原益軒의 『筑前国続諸社縁起』(1704)에, 메이지明治시기에는 에토 마사즈미江藤正澄의 「澳津島紀行」『東京人類学会雑誌』제69호(1891)에, 20세기 전반에는 시바타 죠우우에柴田常恵의 『中央史壇』13권 4호(1927)와 오오바 이와오大場磐雄의 『神道考古学論攷』에서 엿볼 수 있다.

현재 알려져 있는 오키노시마 제사의 모습은 쇠퇴했던 무나카타대사의 부흥을 꾀할 목적으로 1942년에 결성된 「무나카타신사부흥기성회」(회장 : 이데미츠 사쵸우(이데미츠 興産의 창업자로 무나카타 출신))의 사업으로 실시된 발굴조사성과에 기반을 두었다고 해도 좋다.

오키노시마 제사유적의 발굴조사는 1954년부터 1971년까지 총 3차 10회에 걸쳐 실시되었다. 제1·2차 발굴조사의 기록은 『沖ノ島-宗像神社沖津宮祭祀遺跡-』宗像神社復興期成会編(1958)와 『続沖ノ島-宗像神社沖津宮祭祀遺跡-』宗像神社復興期成会編(1961)에, 제 3차 발굴조사의 기록은 『宗像沖ノ島』第3次沖ノ島学術調査隊編(1979)에 수록되어 있다.

〈발굴조사의 기록〉

제1차 조사 : 1954년~1955년

제1회　1954년 5월 30일~6월 4일

오키츠미야 주변에 1~9·13호 유적을 확인. 오키츠미야의 북측에 연접한 「오카네구라御金蔵 : 금고」로 불리는 4호 유적은 거암이 겹쳐있는 암굴 속에 있는데, 근세에 이르기까지 봉납품이 수납되어 있었다. 또한 사무소 주변에서는 죠몽縄文·야요이弥生토기·석기를 채집.

제2회　1954년 8월 5일~8월 20일

제1회 조사에서 트렌치 조사를 행한 7·8호 유적의 조사와 새롭게 발견된 16호 유적의 조사.

제3회　1955년 6월 5일~6월 12일

제1회 조사에서 죠몽·야요이 토기·석기가 채집된 사무소 앞 유적의 조사.

제4회   1955년 10월 17일~11월 3일

제2차 조사 : 1957년~1958년

제1회   1957년 8월 16일~8월 26일

   8·16·17·19호 유적의 조사. 19호 유적은 예비조사에서 거울 1점
   이 노출되어 있었음.

제2회   1958년 8월 23일~9월 3일

   제1회 조사에서 예비조사를 행한 19호 유적의 조사 및 8호 유적의
   배토조사

제3차 조사 : 1969년~1971년

제1회 예비조사   1969년 4월 2일~7일

   금속탐지기를 이용한 5호 유적의 조사. 금동제용두 2점을 발견.

제2회 예비조사   1969년 5월 8일~5월 28일

   유적 주변의 측량작업

제1회 학술조사   1969년 9월 28일~10월 20일

   5·6호 유적, 쇼우산미샤正三位社 앞 유적·사무소 앞 유적의 조사.

제2회 학술조사   1970년 5월 5일~5월 25일

   4·21·20(14 뒤의 결번)·1호 유적의 조사.

제3회 학술조사   1970년 9월 26일~10월 20일

   1·4호 유적의 계속 조사, 22호 유적의 조사. 이 조사를 끝으로 학
   술조사가 종료.

제4회 조사 1971년 5월 9일~5월 8일

   유적의 점검, 철수 작업 및 보존을 위한 금지구역의 설정.

Ⅶ. 제사유적의 변천

　오키노시마에서는 4세기 후반에서 9세기 말까지 약 500년간에 걸쳐 제사가 행해졌다. 오키노시마에서는 22개의 제사유적이 확인되었다. 오키노시마의 제사유적은 오키츠미야사전 배후의 거암군을 중심으로 형성되었는데, 암상제사 → 암음제사 → 반암음·반노천제사 → 노천제사 라고 하는 4형태로 변천하는 것으로 알려져 있다.

암상제사岩上祭祀 4세기 후반~5세기 (16·17·18·19·21호 유적)

　암상에서 제사가 행해졌는데 Ⅰ호 거암을 중심으로 5개의 유적이 분포되어 있다. 21호 유적은 Ⅰ호 거암으로부터 약간 아래에 있는 F호 거암의 위에 있는데, 작은 돌을 이용해 방형의 제단을 만들고 그 중앙에 큰 돌을 놓았다. Ⅰ호 거암의 유적에서는 중국의 한경漢鏡이나 방제경倣製鏡·석천(石釧 : 벽옥제 팔장식)·차륜석車輪石·초형석鍬形石·벽옥이나 유리제의 구슬류·무구·공구 등이 발견되었다. 17호 유적에서는 8종 21면에 이르는 다량의 방제경이 거울의 배면을 뒤로한 채로 발견되었다. 또한 18호 유적에서는 박제품으로 생각되는 삼각연이신이수경三角緣二神二獸鏡이 발견되었다. 이것들은 4~5세기대의 고훈시대古墳時代 전기의 부장품들과 같고, 발견된 다수의 거울의 양을 보더라도 당시의 야마토 왕권의 중심지였던 키나이畿內의 제 1급 고분에 필적할 만한 것들이다.

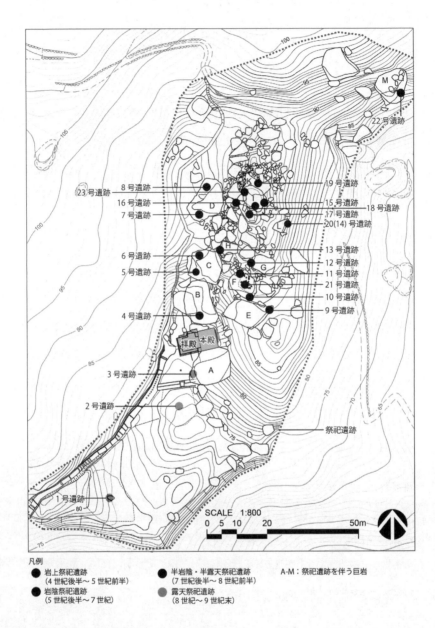

凡例

● 岩上祭祀遺跡
（4世紀後半～5世紀前半）

● 岩陰祭祀遺跡
（5世紀後半～7世紀）

● 半岩陰・半露天祭祀遺跡
（7世紀後半～8世紀前半）

● 露天祭祀遺跡
（8世紀～9世紀末）

A-M：祭祀遺跡を伴う巨岩

오키노시마 제사유적 위치도

21호 유적(1970년 발굴조사 당시)
상세한 검토를 통해 돌을 본래의 제단 위치에
바로 배열했다.

17호 유적의 거울 출토 상황

四神文帯二神二獸鏡
18호 유적 출토

獸文緣冝子孫銘獸帯鏡
21호 유적 출토

画文帯同向式神獸鏡
추정 21호 유적 출토

암음제사岩陰祭祀 5세기 후반~7세기
(4·6·7·8·9·10·11·12·13·15·22·23호 유적)

암음제사에서는 제사장소가 암상제사의 거암 위에서 거암 아래의 지면
으로 이동한다. 7호 유적에서 출토된 금제 반지는 중앙에 사엽문이 배치되

어 있는데, 신라에서 출토된 것과 매우 흡사하다. 또한 금동제보요부운주金銅製步搖付雲珠·금동제극엽형행엽金銅製棘葉形杏葉·금동제심엽형행엽金銅製心葉形杏葉은 한반도의 높은 기술에 의해 만들어진 것이다.

또한 8호 유적에서 출토된 원형부출문円形浮出文을 표현한 컷팅유리 파편은 이란의 기라안 지방산으로 추정되는데, 실크로드를 경유해 오키노시마에 반입된 것으로 생각된다. 7세기가 되면 6호 유적이나 22호 유적에서 제사가 보이기 시작한다. 22호 유적은 튀어나온 거암의 아래를 따라 제사장소가 형성되어 있는데, 명확히 제사장소의 구획이 표시되어 있다. 이 때가 되면 봉헌품에 금동제추형방직구金銅製雛形紡織具가 보이는데, 이후 일본의 고대 중앙집권국가가 성립한 제사의 맹아가 보이기 시작한다.

金銅製步搖付雲珠(7, 8호 유적)

金銅製棘葉形杏葉(7호 유적)

金製指輪(7호 유적)

金銅製心葉形杏葉(7호 유적)

カットグラス破片(8호 유적)

22号 遺跡(1970年 発掘調査時)

22号 遺跡の金銅製雛形紡織具

반암음·반노천제사半岩陰半露天祭祀 7세기 후반~8세기 전반(5·20호 유적)

이 단계의 제사는 제사장소가 암음직하의 지면뿐만이 아니라 암음의 지면에까지 이른다. 5호 유적과 20호 유적이 여기에 해당하는데, 제사장소가 이와쿠라磐座인 거암에서 떨어진 단계의 것으로, 사전제사社殿祭祀로의 전환기로 생각되고 있다. 암음제사 단계에서는 암음을 벗어난 곳에 토기를

5호 유적(1969年 発掘調査時)

金銅製龍頭(5호 유적)

唐三彩長頸壺(5호 유적)

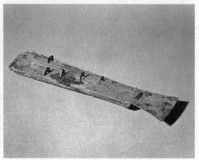

金銅製雛形五弦琴(5호 유적)

가야인의 불교와 사상

놓는 상태를 보였으나, 이 단계부터는 암음과 노천의 양방에서 제사품이 발견된다. 또한, 제사에 사용된 것도 금속제추형金属製雛形과 토기가 주체로 되는데, 전 단계와는 다른 큰 변화를 보인다. 5호 유적에서는 다양한 종류의 금속제추형품이 발견되었다. 인형·악기·방직구·무기·공구·용구 등이 있는데, 모두 작은 철판이나 얇은 동판에 도금을 한 후 잘라 만들었다. 이 이외에도 박재품舶載品이 있는데, 5호 유적에서 당삼채와 금동제 용두가 발견되었다. 이 시기에는 일본에서 정기적으로 견신라사, 견당사를 파견하였으므로 박재품은 이와 같은 대외교섭의 산물로 생각되고 있다. 또한 이 시기부터 토기를 이용한 제사가 확인된다. 스에키의 옹甕·기대器台·장경호長頸壺·고배高坏 및 하지키의 세트가 토기제사에 사용되었다.

노천제사露天祭祀 8세기 전반~10세기 초두(1·2·3호 유적)

오키노시마 제사의 최종 형태로, 제사장소가 거암에서 완전히 떨어진 평탄한 지면에 설치되었다. 1호 유적은 오키츠미야사전의 남서쪽 평탄면에 있다. 8세기 이후, 같은 장소에서 제사가 반복적으로 행해졌으므로 방대한 양의 토기나 활석滑石 제품이 집적되었다고 생각된다. 노천제사의 제

1호유적(1970년 발굴조사 당시)

사품으로는 토기(배坏·개蓋·발鉢·완埦·고배高坏·호壺·감坩·옹甕·기대器台)가 있는데, 유공토기有孔土器와 같이 오키노시마 이외에는 무나카타 지역에서 매우 한정된 장소에서만 발견되는 것도 있다. 또한, 특수품으로서 나라삼

채奈良三彩가 있다. 나라삼채는 제사유적·분묘·사원·관아 등에서 발견되는데, 모두 국가가 관여된 한정된 유적에서 확인되는 특징이 있다. 이 이외에도 특필할 만한 것으로 활석을 가공한 활석제 카타시로滑石製形代와 같은 것들이 있다. 이 중에는 인형人形·마형馬形·주형舟形 등이 있는데, 유사한 형태의 카타시로는 후지하라쿄藤原京나 헤이세이쿄平城京 등의 도성이나 국아國衙·관아官衙에서도 발견되었으나 활석제는 매우 드물다. 반암음·반노천제사기에 이어 금속제추형도 발견되었다. 이 이외에도 황조전皇朝錢인 후쥬우신보富壽神宝나 팔릉경八陵鏡의 파편도 있으나, 이전 단계까지의 제

有孔土器

奈良三彩有蓋小壺

滑石製舟形(1호 유적)

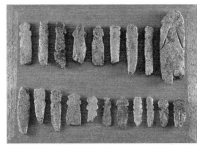

滑石製人形(1호 유적)　　　　　　　滑石製馬形(1호 유적)

사품들과는 달리 국가적 유물은 전혀 보이지 않는다. 이 시기가 율령제사의 확립기였기 때문으로 생각된다. 카타시로 등의 제사품은 율령제사에서 나타나는 특징적인 유물로서, 중앙에서 형성된 율령제사가 멀리 떨어진 오키노시마에까지 확인되는 것은, 오키노시마의 제사가 국가적으로 중요시되고 있었던 것을 나타내고 있다고 말할 수 있다.

오키노시마 제사유적과의 관련 유적 : 고고학

지금까지 오오시마의 최고봉인 미타케산御嶽山(224m)의 산정에 있는 오오시마 미타케산 유적의 발굴에 의해, 큐슈 본토의 헤츠미야 에서는 채집에 의해 오키노시마 제사유적의 노천제사기와 같은 유물이 발견되었다. 노

大島御嶽山 유적출토 奈良三彩　　　　大島御嶽山 유적출토 滑石製形代

천제사기의 제사품인 활석제 카타시로나 토기 등은 다른 지역의 제사유적에서는 보이지 않는 고유의 제사품이기도 하므로, 이 시기에 3군데에서 제사행위가 행해지고 있었다. 이것은 『古事記』, 『日本書紀』에 기재된 3궁의 장소와도 일치하는 내용이다.

오키노시마 제사와 무나카타 지역과의 관계 : 고고학

지금까지의 연구에 의하면 오키노시마에서는 야마토 왕권이 관여된 국제적 제사가 4세기 후반에 시작된 점이나, 그 계기가 국내 및 한반도의 정세와 깊이 관여되어 있다는 것이 거의 정설로 되어 있다. 한편 오키노시마의 제사는 본래 이 지역에서 활동하고 있던 아마海人 족의 신앙에 관여된 것으로, 한반도의 정세에 4세기 후반부터 관여하게 된 야마토 왕권이 오키노시마의 제사에 관여한 결과, 국가적인 제사로 승격했고 이를 통솔하고 있던 지방호족의 무나카타씨가 제사를 담당하게 되었던 것으로 생각한다. 이에 관해서는 고고학적 시점에서 무나카타 지역의 재지형 제사나 지방호족인 무나카타씨의 전개를 검토해 오키노시마와 무나카타 지역과의 관계가 지적되고 있다. 또한 무나카타 지역의 한반도계 고고자료를 집성·검토하고 무나카타 지역 독자의 움직임 속에서 한반도와의 관계를 도출하고자 하는 연구도 행해졌다.

한국 부안 죽막동 제사유적과의 비교 : 고고학

고대의 해상교통을 생각함에 있어서 오키노시마의 제사유적과 공통성이 높은 한국의 부안 죽막동 제사유적과의 비교연구도 행해졌다. 죽막동 제사유적 제 3단계의 제사시기는 오키노시마 제사유적의 7·8호 유적과 동 시기인 5세기 후반부터 6세기 전반인데, 이 시기에 남조南朝에 조공하기 위해 영산강 유역과 가야와 왜에 의한 공동제사가 행해진 것으로 추정되고 있다. 그 배경에는 동 아시아를 둘러싼 정세가 관련된 것으로 지적되고 있는데, 북부 큐슈에서는 키나와는 다른 교역관으로 네트워크를 형성하고 있었다고 보기도 한다.

율령제사와 오키노시마 제사와의 관계 : 고고학·역사학

오키노시마 제사에서는 제사의 형태와 함께 제사품의 내용도 변천하였고 그 성격도 변했다. 이노우에 미츠사다井上光貞는 암음제사에서 반암음·반노천제사의 제사품의 변화에 착목한 후, 이 두 시기 사이가「장제의 미분화에서 분화로」의 전환기라고 보고, 장제의 미분화 시기에서는「신을 모시는 제의의 독자성은 미숙하나, 제 3기(반암음·반노천제사기)가 되면 독자성 형성되어 장의가 확립된다」라고 지적했다. 또한 반암음·반노천제사기에는「"율령적 제사" 혹은 그 "선구적 형태"가 이미 존재하고 있었다」라고 이야기한다. 더 나아가 이노우에는 율령적 제사에 관해「8세기 초두에 공포된 대보령大宝令에서 진기령神祇令이라고 불리는 차례에서 규정되었고 실시된 국가적 제사」라고 기술하고 있다. 또한 진기령에 관해서는 시행세목의 하나로 10세기 초두에 성립되어 시행된 『엔기시키延喜式』가 있는데, 여기에는 당시의 제사에서 사용된 제구에 관해 상세하게 기술되어 있다. 오키노시마의 제사에 사용된 토기나 금속제추형을 보면 『延喜式』의 기재와 일치하는데, 이노우에는 각각을 비교해 보면 율령적 제사와 오키노시마의 제사의 일치는 반암음·반노천제사가 성립된 7세기 후반과 그 전후에 출현하는 것으로 지적했다.

또한, 근자에는 사소우 마모루笹生衛에 의해 8세기 단계의 율령제사 내용을 기록한『코우타이진구기시키쵸皇太神宮儀式帳』의 신보神宝와 오키노시마 제사유적의 유물조성과의 비교연구도 행했다. 이 연구를 통해 양자는 5세기대로부터 공통점을 발견할 수 있는데, 동 시기 일본열도의 제사유적에서도 유사성이 확인된다고 한다. 더 나아가『皇太神宮儀式帳』의 제사 흐름과 비교해 보면 오키노시마의 제사유적은 이미 제사의 장이 아니라, 「제사의 준비」, 「제사」, 「제사 후의 대응」이라고 하는 각 단계의 대응관계를 상정할 수 있다고 한다. 그 내용은 거암의 위나 암음에 걸쳐 전개한 유적의 다수가 제사 후에 신령 가까이에 물품들을 매납하는 장소였다고 볼 수 있고, 대량의 토기나 활석제의 카타시로가 집적된 1호 유적은 제사 후, 물린 공양의 식기나 제구를 정리·집적한 결과 형성된 것으로 본다. 이와 같은 연구성과는 오키노시마 제사유적이 「모두 제사의 장」이었다고 상정해 왔던 기존의 연구에 대해서 파문을 일으키기 충분한 것이었다.

또한 문헌사료의 재검토에 의해 율령제사제도에서 무나카타대사가 어떠한 자리매김을 하고 있었는지를 파악하고자 하는 연구도 행해졌다. 고대의 대외교섭에는 매우 정치적인 일면이 있는데,『延喜式』에 의하면 외국의 사자를 배웅할 경우에는 유일하게 「사폐私幣」를 바치는 것이 허용되었다고 한다. 외국에 사자를 보낼 때의 제사에 있어서는 텐노天皇의 의사가 반영된 형태로 대륙과의 교류를 나타내는 물품들이 제사에 사용되었던 것으로 보고 있어서, 불확정 요소가 많은 항해의 안전, 대륙과의 외교를 지향해, 율령제사제도와는 다른 범주에서 특별한 제사가 행해졌던 상황이 있었던 것으로 보인다. 이러한 것은『日本書紀』에 보이는 무나카타의 특별한 대응의 배경으로도 상정되고 있다.

신도神道로 본 오키노시마:종교학

　일본에서 애니미즘이 원시신앙으로 된 후 신도가 성립된 것으로 생각되는데, 오키노시마에서의 제사는 원시신앙의 존재를 알려주고 현재에 이르기까지「신앙」이 계속되고 있는 관점에서 볼때 귀중하고 희소한 존재라고 말할 수 있다. 예로부터 일본에서는 자연에 머무는 정령, 다시 말해 큰 힘이 감지되고, 위협이나 감동을 전하는 것으로서, 산이나 강에 머무는 정령에 대해 경외감을 가져 왔다. 자연은 많은 은혜를 줌과 동시에 심각한 재해를 가져오는 존재이기도 했다. 오키노시마도 해상교통을 함에 있어서 그모습 자체로「신」으로서 경외감을 가지고 신앙으로 추앙 받아 왔다고 생각된다. 일본에서 고대의「신」은「야오요로즈노카미八百万の神」이라고 하는 단어에서도 보이듯이 만물이고 자연과 동일한 것으로 간주되었다.『延喜式』의 신메이쵸神名帳에는 삼천 이상의 신이 실려있다. 일본의 오래된「신」에 대한 관념은「성스럽다」와 같이 형용사적으로 이해되기 때문에 이와 같이 간주되는 것 모두가「신」으로 될 수 있다고 한다. 또한 일본에서는 애니미즘에서 시작한 신도와 불교가 혼재되어 있던 신불습합의 역사가 오랫동안 계속되고 있었던 점으로 미루어, 현재도 불교로서의「불佛」을「신」으로 부른적이 있다. 이것 또한 성스러운 힘을 가진 모든 것을「신」으로 표현하는 국민성에 있었던 것으로 생각된다. 현재, 일본의 신사에 가면 사전社殿이 존재한다. 이는 본래 가람을 구축하는 불교의 영향에 의해 형성된 것으로, 애니미즘이 원시신앙이었던 일본의 모습을 나타내주는 것은 아닌 것으로 생각된다. 원시신앙의 시대에는 사전社殿이 존재하지 않고, 계절별로 행하는 행사에 일시적으로 제단을 구축하거나, 거암 앞에서 제사를 행한 것으로 생각되는데, 이와 같은 장소는「이와쿠라磐座」「이와사카磐境」「히모로기神籬」등으로 불린다. 이와 같은 장소는 그 수가 많지 않은데 오키노시마 제사

유적은 이와 같은 장소 중에서도 상태가 양호하게 남아 있는 사례로서 귀중하다. 오키노시마가 고립된 섬이라고 하는 조건이 있기는 하지만, 근세에 이르기까지 신주神主가 상주하지 않았음에도 불구하고, 제사유적이 양호하게 보존되어 왔다. 그 요인으로서「신앙」을 생각해 볼 수 있다. 무서운 것, 두려운 것, 신들린 것 등의 의식이 있어서 보존되어 왔다고 생각되는데, 지금도 남아있는 금기 또한「신앙」의 한 형태로 보인다. 현재까지 남아 있는 금기로서는「여인금제女人禁制」,「섬 안에서 네발 달린 동물을 먹지 않기」,「상륙하기 전에 목욕재계」,「입도入島의 제한」등이 있다. 현재는 5월 27일에 열리는 오키츠미야 현지 대제에 일반 남성을 200명으로 한정해 오키노시마에 건너가 참배할 수 있는 유일한 기회가 있다.

무나카타 대사의 제사와 신앙:민속학(13)

지금의 무나카타 대사는 예로부터 신사 제사에서 유래한 것으로서, 같은 씨족이나 숭경자와 인연이 있는 연간 약 40회의 제사가 행해지고 있다. 무나카타 대사의 제사는 오키노시마에서의 제사를 시작으로 현재에 이르기까지 오랜 기간에 걸쳐 행해졌다. 무나카타 대사의 제사는 그 시대의 정치나 사회에서 영향을 받아, 소멸과 영속을 반복하면서 지금에 이르고 있다. 무나카타 대사의 제사에 관해서는 풍부한 사료가 남아 있다. 중요문화재 무나카타대사 문서를 비롯해 가마쿠라시대鎌倉時代 이후의 상세한 기록이 남아 있어서 구체적인 제사의 내용을 알 수 있다. 중세의 무나카타대사는 무나카타 대궁사가大宮司家의 아래에서 신사가 가장 번영했다. 중세에는 수많은 제사가 거행되었는데, 연간 5921번(윤년에는 9468번)이나 행해졌다. 현재 행해지고 있는 제사 중에서 10월 1일부터 10월 3일에 걸쳐 행해지는 추계대제가 특히 같은 씨족이나 숭경자들의 신앙심이 두드러지게 나타나는

제사라고 볼 수 있다. 특히 10월 1일에 행해지는「미아래みあれ제」는 오키츠미야, 나카츠미야, 헤츠미야의 무나카타 3여신을 1년에 한 번, 헤츠미야에 모아 신맞이를 하는 행사이다. 오키츠미야와 나카츠미야의 여신을 태운 2척의 고자부네御座船와 선두선先導船을 선두로 수백척의 어선이 오오시마에서 코우노미나토까지 해상 신행을 한다. 풍어깃발을 휘날리며 바다를 헤치고 나아가는 어선단의 모습은 장관인데, 현재의 무나카타 3여신 신앙을 상징하는 행사이다. 여기에서 보이는 바와 같이 무나카타 지역의 섬이나 연안부에는 오키노시마 자체를 신으로 삼아 숭앙하는 오키노시마 신앙이나 무나카타 3여신 신앙에 관한 신앙이 지금도 농후하게 남아 있다.

Ⅷ. 맺음말

오키노시마는 고대로부터의 그 모습이 크게 변하지 않고 현재까지 지켜져 왔다. 그 배경에는 무나카타 지역의 사람들에 의한 경이로운 신앙과 엄격한 금기가 있었기 때문이다. 사료를 보면 국제적 제사가 4세기 후반부터 10세기 전반 사이에 행해졌음에도 불구하고 이에 관한 기술이 매우 적다. 오키노시마 제사유적은 1954년부터 1971년까지 사이에 3차 10회에 걸쳐 발굴조사가 실시되었지만, 근자에 와서야 겨우 그 모습이 명확해졌다. 오키노시마 제사나 신앙에 관해서는 발굴조사 이후에 고고학, 민속학, 역사학 등 다양한 연구자들에 의해 다각적으로 논해졌으나 아직 많은 과제와 테마가 남아 있다. 고고학적으로는 무나카타 지역과 오키노시마 제사와의 관계나, 제사에 사용된 토기 등, 제사품의 제작지에 관한 과제가 남아 있다. 역사학적으로는 율령제사기에 있어서 오키노시마 제사의 역할이, 종교학적으로는 일본 원시신앙의 상태나 변천 등의 과제가 남아 있다. 또한 민속학적으로는 현재까지 무나카타 지방에서 농후하게 계속 이어져오고 있는 오키노시마 신앙이나 무나카타 3여신 신앙에 관해서도 더욱 추구할 필요가 있다. 향후 새로운 연구성과에 의해 이와 같은 것이 밝혀져 무나카타의 역사가 더욱 상세하게 해명될 것을 기대한다.

참고 1 : 세계유산 등록 기준 「세계유산 조약 이행을 위한 작업지침」에서

I. 인간의 창조적 재능을 나타낸 걸작일 것.

II. 건축, 과학기술, 기념비, 도시계획, 경관설계의 발전에 중요한 영향을 끼쳤거나, 일정 기간 동안 가치관의 교류 또는 일정 문화권 내의 가치관 교류를 나타내는 것.

III. 현존하거나 소멸하고 있는지에 관계 없이, 어떤 문화적 전통 또는 문명의 존재를 전승하는 물증으로서 둘도 없는 존재(적어도 희소하게 남아 있는 존재)일 것.

IV. 역사상 중요한 단계를 말하는 건축물이나 그 집합체, 과학 기술의 집합체, 혹은 경관을 대표하는 현저한 표본일 것.

V. 어떤 하나의 문화(또는 복수의 문화)를 특징짓는 것과 같은 전통적인 거주형태 혹은 육상·해상의 토지 이용 형태를 대표하는 현저한 표본일 것. 혹은 인류와 환경과의 접촉을 대표하는 현저한 표본일 것.
(특히 불가역적인 변화에 의해 그 존속이 위험에 처해 있는 것)

VI. 현저한 보편적 가치를 가지는 일(행사), 살아있는 전통, 사상, 신앙, 예술적 작품, 혹은 문학적 작품과 직접 또는 실질적 관련이 있는 것(이 기준은 다른 기준과 더불어 이용되는 것이 바람직하다).

VII. 최상급의 자연 현상, 또는, 유례가 드문 자연미·미적 가치를 지닌 지역을 포함할 것.

Ⅷ. 생명 진화의 기록이나, 지형 형성의 중요한 진행 중인 지질학적 과정,
혹은 중요한 지형학적, 또는 자연지리학적 특징 등의 지구 역사의 주요
한 단계를 대표하는 현저한 표본일 것.

Ⅸ. 육상·담수 영역·연안 해양의 생태계나 동식물 군상의 진화, 발전에서
중요한 진행 중인 생태학적 과정 또는 생물학적 과정을 대표하는 현저
한 표본일 것.

Ⅹ. 학술적 또는 보전상 현저한 보편적 가치를 가지는 멸종의 위험이 있는
종의 서식지 등, 생물 다양성의 생식 구역 내의 보전에서 가장 중요한
자연의 서식지를 포함할 것.

참고 2 : 신앙에 관한 세계유산

파파하나우목아케아 : 아메리카 합중국 등록 기준/(ⅲ)(ⅵ)(ⅷ)(ⅸ)(ⅹ)

하와이 제도에서 북서쪽 약 250 km에 위치한다. 1931km의 길이에 걸쳐
작은 섬들과 환상의 산호초 군이 이어진 복합 자산이다. 니호아 섬과 목마
나마나 섬은 하와이 원주민에게는 생명이 태어나거나 사후에 영혼이 머무
는 장소로 여겨지는 성지로서 제사 유적이 남아 있다. 현존하는 하와이 원
주민의 정신적 세계관이나 전통에 따른 매우 중요한 곳이다.

스칸·구아이 : 캐나다 등록 기준/(ⅲ)

태평양 위에 떠있는 150여개의 섬들로 구성된 제도의 최남단 앤서니 섬
에 있다. 19세기 말에 폐허가 된 집락의 선주민족인 하이다 족이 남긴 베이
삼나무 10 채의 주거지를 포함한 취락 유적과, 2000년 전의 것으로 여겨지
는 4개의 패총, 2개의 동굴 묘지 등의 유적이 남아 있다. 10m 가까운 높이

의 토템 폴에는 범고래와 인간, 신화 등이 예술적으로 조각되어 있다. 이것은 뛰어난 인물에게 경의를 표하거나, 혹은 묘비로 만들어졌고, 부족 간에서 호화로운 물건을 서로 보내는 축연 의식 등 에도 사용된 것으로 추정되고 있다.

수장 로이 마타의 땅 : 바누아투 등록 기준/(iii)(v)(vi)

에파테 섬, 레레파 섬, 아토크(래토카)섬에 있는 위대한 지도자 로이 마타의 생애에 관련된 1600년 전후의 3개의 유적군. 로이 마타의 주거, 죽은 땅인 파레스 동굴, 가족들과 함께 매장된 무인도인 아토크 섬으로 구성되어 있다. 로이 마타에 얽힌 전설이나 종족 간의 원만한 분쟁 해결을 위해 그가 도입한 도덕을 소중히 하는 관습 등은 지역 사람들에게 지금도 계속해서 전해지고 있다.

라파 누이 국립 공원 : 칠레 등록 기준/(i)(iii)(v)

남 태평양의 이스터 섬에 있다. 원주민은 4세기경 폴리네시아에서 이주했다고 전한다. 그 후 1300년간 고립 상태에 있으면서 복잡한 문화를 발전시켰는데, 10~16세기에 걸쳐 각 부족의 신격화 된 선조를 마을의 수호신으로서 거대한 석상인 모아이를 남겼다. 그 외에 거석의 제단인 아우나 분묘 등이 남아 있다.

치로에 섬의 교회군 : 칠레 등록 기준/(ii)(iii)

칠레령 파타고니아에 속하는 치로에 섬의 교회군은 목조 교회 건축으로서 유례가 드문 형태를 보이는데 라틴 아메리카에서는 유일한 사례이다. 17~18세기에 예수회의 수도사들에 의해 건설되었다.

에레 판타 석굴군 : 인도 등록 기준/(i)(iii)

인도 서부, 뭄바이 만의 동쪽 앞바다 10km에 있는 에레 판타 섬에 있는 7세기경의 힌두교 석굴 사원. 일곱 개의 석굴로 구성되어 있는데, 제 1 석굴의 높이 5.5m에 3면이 시바 신상은 힌두 조각의 걸작.

델로스 섬 : 그리스 등록 기준/(ii)(iii)(iv)(vi)

에게 해의 작은 섬인 델로스 섬에 있는 기원전 5~3세기의 유적. 그리스 신화의 아폴론과 아르미테스의 탄생지로서 델루피 다음가는 성지로서 번창했다. 그리스의 각 도시국가가 공동으로 암석 위에 세운 아폴론 신전, 거기에 아르미테스 신전, 극장, 광장, 대리석의 사자상 등 최전성기의 유적이 남아 있다.

파토모스 섬의 성 요한 수도원에 있는 역사 지구(호라)와 성 요한 묵시록의 동굴 : 그리스 등록 기준/(iii)(iv)(vi)

파토모스 섬은 에게 해 남동부에 있는 도데카니사 제도의 하나로, 중세의 마을인 호라에는 성벽으로 둘러싸인 성 요한 수도원이 있다. 그리스도의 12사도 중 한 명인 성 요한이 파토모스 섬에 유배되었는데, 95~97년 경에 아시아의 7개의 교회 성도 앞으로 묵시록을 썼다.

아토스 산 : 그리스 등록 기준/(i)(ii)(iv)(v)(vi)

그리스 북부의 반도의 돌출된 끝단에 있는 그리스 정교의 성산으로, 섬은 아니지만 육로로는 갈 수 없다. 10세기경부터 만들어진 수도원이 20여 곳이 있는데, 중세 이후의 성지로서 비잔틴 문화의 보고이다.

세인트 킬다 : 영국 등록 기준/(iii)(v)(vii)(ix)(x)

스코틀랜드의 먼 바다 185km에 4개의 섬과 두 개의 암초 등으로 이루어져 있다. 북 대서양에서 가장 큰 바다새의 번식지로, 힐다 섬에서는 2000년 전의 거대 유적도 발견되었다. 농업, 목양을 생업으로 하고 전통적인 돌집에 살았던 생활의 흔적이 남아 있지만, 1930년 이후부터는 무인도이다.

오크니 제도의 신석기 시대 유적 중심지 : 영국 등록 기준/(i)(ii)(iii)(iv)

스코틀랜드 북부에 있는 다도해의 크고 작은 70여 개의 섬으로 구성된 제도에 있다. 메인랜드 섬에는 대표적인 유적이 남아 있는데, B.C. 3000~2000년 경의 신석기 시대 원형 분묘, 어떤 의식을 위해 세웠다고 생각되는 직경 44m와 104m의 환상 석렬, 거기에 석조 집의 취락 유적을 구성 자산으로 한다. 신석기 시대 북부 유럽 사람들의 높은 문화를 현저히 나타내는 증거이다.

스톤 헨지, 에이우베리와 관련 유적군 : 영국 등록 기준/(i)(ii)(iii)

4000년전 이상의 선사시대 거석의 환상 석렬 유적으로, 높이 6m 이상의 큰 돌기둥이 100m에 가까운 직경 안쪽에 제단을 중심으로 4중의 동심 원형으로 펼쳐진다. 에비베리 이외에 6개의 관련 유적군이 있다.

스케리그 · 뷔히르 : 아일랜드 등록 기준/(iii)(iv)

아일랜드 본토에서 11.6km 떨어진 해상에 위치하는데, 주위가 험준한 절벽으로 둘러싸인 섬 전체가 등록되어 있다. 그리스도교의 수도원이 세워지고 신앙의 장소가 되었으나, 수도원이 폐쇄된 후에는 순례의 땅으로서 무인도가 되었다. 그 험준한 입지 환경에 이른 단계의 수도원 유적이 양호한 상태로 보존되어 있다.

몽생미셸과 만 : 프랑스 등록 기준/(i)(iii)(vi)

요새 같은 웅장한 그리스도교의 수도원을 올린 노르망디 지방의 바위산이다. 수도원 건축 이전에도 성지로서 예배당이 설치되어 순례자가 방문했었다. 수도원은 966년에 창건된 후, 증축과 개축이 반복되면서, 용도도 요새나 감옥으로 변경되는 등 변천을 거듭했지만 현재도 신앙의 장으로서 계승되고 있다.

솔로뷔츠키 제도의 문화·역사적 유산군 : 러시아 등록 기준/(iv)

러시아 북서부, 백해의 오네가 만 어귀에 있는 크고 작은 6개의 섬으로, 15세기에 러시아 정교의 솔로뷔츠키 수도원이 세워진 후 많은 수도원이 세워졌다. 수도원은 강고한 요새로도 알려졌다. 소비에트 시대에는 강제 수용소로 된 뒤, 북방 함대의 기지를 두었다.

키지 섬의 목조 건축 : 러시아 등록 기준/(i)(iv)(v)

생페테부르크의 북동 약 350km, 오네가 호에 있는 작은 섬으로, 「키지」는 원주민의 단어로 「제사의 장소」를 의미한다. 18세기 러시아 정교의 성당 등, 키지 섬 전체가 목조 건축의 특별 보호구로 지정되어 있다.

마추피추 역사 보호구 : 페루 등록 기준/(i)(iii)(vii)(ix)

열대 우림에 뒤덮인 산악지대, 해발 2280m의 사방의 절벽에 낀 자연적 요충지에 있는 잉카제국의 요새도시. 태양의 신전, 공주의 궁전, 취락유적, 계단식 논, 우물, 배수구, 무덤 등이 남아 있다. 고도의 문명과 제사 센터가 존재했던 것을 알 수 있는 흔적이 무수히 보인다.

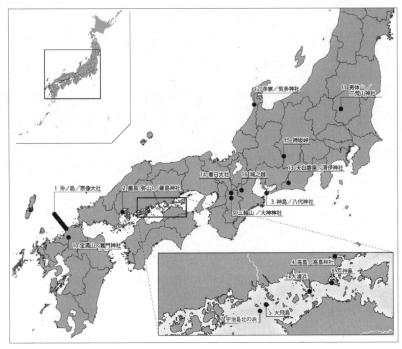

일본 내의 제사유적 위치도

참고 3 : 일본의 제사유적

이츠쿠시마(미센)/이츠쿠시마 신사／히로시마 현 하츠카이치 시/5세기 말~8세기

　이쓰쿠시마(미야지마)는 혼슈에서 약 500미터 떨어진 세토나이카이의 작은 섬으로, 섬 자체가 신앙의 대상인 성스러운 섬으로 전개된 신사인 세계문화 유산「이츠쿠시마 신사」가 위치한다. 21세기에 들어서 미센의 산 정상과 중턱에 위치한 거암군에서 6세기~8세기 후반의 제사유적의 존재가 보고되었는데, 기슭의 이츠쿠시마 신사 주변에서도 5세기 후반 이후의 제사유물이 확인되고 있다. 이츠쿠시마 신사는 원래 무나카타 3여신 중 하나인 이치키시마히메를 모셔온 신사로서, 12세기 이후에 일본에서도 유명한 신사가 되었다.

카미시마/야츠시로 신사/미에 현 토바시/6세기, 8~10세기

아츠미 반도와 시마를 잇는 이세 만 어귀에 있는 카미시마는 조류가 빠르고 암초도 많은 바다의 위험한 곳에 위치한다. 야츠시로 신사의 신성한 보물로 보관되어 있는 제사 유물은 6세기경 8~9세기, 10세기 이후의 것으로 구별되나 그 내력은 불분명하다. 그 제사의 배경에 관해서는 고대 국가와 이세 신궁과 관계 등이 상정되고 있다.

타카시마/타카시마 신사/오카야마 현 오카야마 시/5세기 후반~6세기 전반

타카시마는 세토나이카이의 0.7km 정도 앞바다에 있는 주변 1.5km의 작은 섬으로, 그 북쪽에는 예전에 광대한 얕은 바다가 펼쳐진 항로의 요충지였다. 섬의 가장 높은 곳인 표고 30m 정도의 산 정상 부근 거암 군과, 그 북쪽의 산 기슭, 더욱이 그 북방의 평지 3곳에 제사유적이 분포한다. 산 정상에서는 섬 밖의 집단에 의한 제사가 행해졌는데, 그 외에도 지역의 해변 마을 사람들에 의한 제사가 행해졌다고 알려져 있다.

오오비시마/오카야마 현 가사오카 시/7세기~10세기 전반

오오비시마는 세토나이카이의 거의 중앙에 위치하는 작은 섬인데, 주변의 바다는 만조 때 동서에서 유입되는 조수가 합쳐지고, 간조 때는 동서로 조수가 나뉜다. 제사유적은 모래톱의 기부와 산이 접하는 부분의 거석군에 있는데, 나라삼채소호나 고대의 화폐, 스에키, 하지키 등이 발견된다. 항해의 안전을 비는 제사가 행해진 것으로 생각되고 있다.

오오우라하마/가가와 현 사카이데 시/6세기 전반 8~9세기

유적은 예전에 바다였던 코지마에서 1km 앞 바다의 비산세토에 있는 주변 5.4km의 히츠이시지마에 있는데, 섬 동쪽의 모래톱 위에 입지한다. 제사유구는 확인되지 않고, 포함층에서 제사유물이 출토된다. 5세기 말~6세기 전반에는 제염에 따른 제사가 행해졌고, 8, 9세기의 나라삼채소호, 고대화폐 등이 출토됐다.

우지시마 북쪽의 해변/히로시마 현 후쿠야마 시/8세기~9세기 전반

우지시마는 세토나이카이의 주변 4.25km 정도인 작은 섬인데, 북동 4.6km에 오오비시마가 위치하고 있다. 섬 중부의 바다에 면한 북향의 사구부에 제사유적이 있는데, 넓이 약 10㎡의 범위에서 큰 주먹에서 사람 머리 크기의 해안자갈이 깔려 있었다. 나라삼채의 출토 등으로 미루어, 국가가 관여한 항해의 안전을 기원한 제사로 보고 있다.

코진지마/가가와 현 카가와군 나오시마초/5~8세기

세토나이카이 중앙의 나오시마 군도의 서쪽 끝에 있다. 주변 4km도 안되는 코진지마 북쪽 해변의 아주 작은 평탄지에 위치한다. 해변 마을의 어부가 집단 내에서 행한 제사와, 강대한 사회세력에 의한 항해의 안전을 비는 제사가 행해진 유적으로 상정되고 있다.

미와산/오오미와 신사/나라현 사쿠라이 시/4세기 후반~7세기 전반

미와산은 수려한 모습에서 오래 전부터 신이 머무는 산으로 신앙의 대상이었다. 산의 정상, 중복, 기슭에 3군데의 이와쿠라군이 있다. 기슭에 있는 오오미와 신사는 본전이 없다. 산 자체를 신으로 삼고 배전의 배후에 이와쿠라가 있다. 고대국가의 제사가 행해졌다고 생각되고 있다.

호우만산/카마도 신사/후쿠오카 현 다자이후시 외/7세기 후반~10세기

고대 국가의 규슈 본도의 지배 거점이며 외교의 창구였던 다자이후의 동쪽, 표고 830m인 호우만 산의 산 정부 및 산 중, 산 기슭에 제사 유적이 10곳 이상 존재한다. 정상부에는 암상제사가 행해진 것으로 생각되는데, 다량의 토기와 나라삼채, 시유도기, 고대 화폐 등이 낭떠러지 아래에서 채취되었다.

닛코난타이산/후타라산 신사/토치기 현 닛코시/8세기 후반~10세기

해발 2486m의 난타이산 산정부의 화구 벽상에 진좌되어 있는데, 신사 주변 거암의 암음에 입지한다. 가장 오래된 제사 유구에서는 바위 사이의 틈에 제사유물이 촘촘히 중복되고 퇴적되어 있다. 산악신앙의 대상으로서의 난타이산의 역사는 782년까지 거슬러 올라간다고 본다.

지케/케타 신사/이시카와 현 하쿠이시 시/8세기~9세기

동해에 면한 해안사구 위의 움푹 패인 땅에, 불을 질러 신을 맞고, 제물을 바치는 의식이 장기간에 걸쳐 행해진 제사유적으로 생각되고 있다. 모래 언덕의 능선상에는 제사에 사용하는 도구를 생산한 사람들의 취락이 있었다고 보이며, 인근의 오래된 사원인 케타 신사와 관련된 것으로 상정되고 있다.

텐파쿠이와쿠라/이이 신사/시즈오카 현 하마마츠시/4세기 후반~6세기, 8세기~10세기

오래된 신사인 이이신사 본전 배후의 작은 구릉 정상부에 늘어선 3개의 거암을 중심으로 한 제사유적이다. 가장 큰 바위에 대해 제단을 설치하고 제사가 행해졌다. 그 후 3개의 거암에 둘러싸인 범위 등으로 제사 장소의 범위가 확대되었다. 구릉은 강에 근접하고, 농업을 위한 수원을 모시는 제사가 행해지고 있었다고 생각된다.

카스가 대사/나라 현 나라 시/8세기, 10세기

미카사야마(카스가산 원시림)는 8세기의 수도였던 헤이조교의 동쪽에 위치하는데, 신이 강림하는 성스러운 산으로 산기슭의 카스가 대사의 금족지로 알려져 왔다. 8세기 중반에 창건된 카스가 대사는 후지와라 씨의 수호신을 모시는 신사이다. 산 속에서는 바위를 상대로 한 고대 제사유적 등이 발견되었는데, 연대 등 상세한 것은 명확하지 않다.

미사카 고개/나가노 현 시모이나 군 아치 무라/5세기~10세기

표고 1570m의 나가노 현과 기후 현의 경계에 있는 고대 관도의 하나인 토우산도의 최고 지점에 위치한 제사유적이다. 유적의 중심은 고개 북쪽의 평탄지에 위치하는데, 20cm전후의 자갈로 직경 4m범위에서 봉분형을 띠는 적석유구가 있다. 중요한 교통로에서 도중의 안전을 비는 제사 등이 행해진 것으로 보인다.

죠노코시/미에 현 이가 시/4세기 후반~5세기

이가 분지의 남쪽에서 강이 크게 굴곡지는 표고 170m의 구릉 기슭에 소재한다. 인공의 우물과 거기에서 솟아나는 물을 통과시키는 돌을 붙여 만든 도랑과, 그것으로 둘러싸인 타원형의 광장과 방형의 단으로 구성된 제사 유구가 발견되었다. 성역으로 구획된 장소에서 수원이나 용수를 대상으로 한 제사가 행해졌던 것으로 생각된다.

「오키노시마沖ノ島의 제사와 신앙」에 대한 토론문

이 영 식 (인제대학교)

　김해시의 자매도시 무나가타시宗像市에서 금년 7월에 세계유산등재를 신청하는 오키노시마 유적은 고대의 중국~한국~일본을 연결하는 교통로 상 해양제사의 모습을 원형 그대로 현재까지 보존하고 있는 유적이다. 당연히 일본열도의 왜인이 처음 인식한 외국으로서 가야와의 관련도 깊은 유적으로 해상왕국이었던 가락국의 해상제사와 가야인 들의 신앙을 비추어 짐작할 수 있는 의미를 아울러 가지는 유적이다.

　본 발표는 유적에 대한 간단한 소개와 역사적 의미를 소개한 것으로 특별한 의문은 없으나 가야인의 신앙과 관련되는 부분에 대해 한두 가지 질문을 드리고자 한다.

　첫째, 오키노시마의 오키츠노미야沖津宮~오오시마大島의 나카츠노미야中津宮~무나가다시의 헤츠노미야辺津宮에 무나가타의 세 여신女神이 주신으로 세워지고 3사三社3신三神의 형태를 갖추게 된 것이 언제부터인지, 또 야마타이국邪馬台国 히미코卑弥呼의 귀도鬼道와 통하는 것이 있는지, 고대 국가 권력에 의한 제사의 체계화 이전의 원시신앙이나 오키노시마의 바위제사에서도 그와 같은 모습을 발견할 수 있는지, 고대 일본의 에비쓰惠比寿신앙이나 콘피라金比羅 신앙 등과 통하는 점이 있는지에 대해 의견을 듣고싶다.

　둘째, 이번 학술회의에서 논의하는 허왕후는 우선 바다로부터 온 존재이고, 타고 온 배를 엎어 놓았더니 '돌배'가 되었다는 것과 허왕후의 도래를 감사한다는 해은사海恩寺의 아들 낳게 해준다는 용원의 '몽돌' 같은 김해지역의 전승이 있고, 특히 『삼국유사』 금관성파사석탑 조가 전하는 바와 같이 파도의 신(波神)을 잠재우기 위해 파사석탑婆娑石塔을 싣고 왔다는 것처럼 허왕후가 해상안전의 신과 같이 해석될 수 있는 역사기록이 있다. 이러한 기록과 전승에 대한 생각을 듣고 싶다.

넷째, 발표자도 언급하신 전북 부안 죽막동유적에서는 장경옹長頸甕, 철모鐵矛, 검릉형행엽劍稜形杏葉 등과 같은 대가야의 유물들이 출토되었고, 이 유물들은 479년에 가라국加羅國이 양자강 하구 남제南齊의 도읍 건강健康에 사신단을 파견할 때 해상안전을 기원했던 제사의 흔적으로 생각되고 있다. 출토 상황이나 유물에서 오키노시마의 제사와 통하는 것이 있는지 의견을 듣고 싶다.

끝으로, 오키노시마 세계유산등재추진 과정의 비교연구에서 축적되었을 것으로 생각되는데, 고대 세계에서 인민이나 국가 주제의 해양제사에서 여신女神의 주신으로 받들어 졌던 민족지적 사례에 대한 정보가 있다면 공유를 부탁드리고 싶다.

「오키노시마沖ノ島의 제사와 신앙」에 대한 토론문

차 순 철 (서라벌문화재연구원)

오키노시마는 한반도와 일본열도를 잇는 길목에 위치한 해양제사유적으로 그 이름이 높다. 최근까지 이루어진 조사내용과 연구 성과를 정리해 주어 유적에 대한 이해에 큰 도움이 될 것 같다.

기존에 알려져 왔던 시기별로 제사 장소가 다른 모습에 대해서 일본의 율령체제와 관련된 의견은 주목된다. 「제사의 준비」, 「제사」, 「제사 후의 대응」이라는 문제는 결국 제사를 드리는 주체와 관련된다고 생각한다.

당시 오키노시마에서 이루어진 제사의 성격이 야마토정권이나 율령제 시기에 들어서면서, 아래에서 이루어진 제사의 성격을 중국과 한국의 고대국가에서 『주례周禮』나 『예기禮記』에 기반을 둔 채 행해진 제사모습과 비교할 수 있다고 생각한다.

오키노시마의 제사모습이 변화한 것은 야마토에서 고대 율령국가로 변모해가는 모습 안에서 당시 대륙의 예제를 받아들였을 가능성이 있는지 궁금하다.

고대 동아시아의 항시국가와 김해

권 오 영*

Ⅰ. 머리말

중국의 야심찬 세계경영 전략은 一帶一路(One Belt, One Road)로 압축된다. 一帶는 중국 서부에서 중앙아시아를 거쳐 유럽으로 가는 벨트를 의미하고, 一路는 중국 연안에서 동남아시아를 거쳐 아프리카로 가는 바닷길을 의미한다. 전자는 전통적인 의미의 실크로드와 중첩되고, 후자는 해

---

* 서울대학교 국사학과

상 실크로드와 유사한 개념이다. 전통적인 실크로드의 동방 종착지를 서안이 아닌 경주로 확장하여야 한다는 국내 여론이나 나라(奈良)로 확장하여야 한다는 일본의 여론이 보여주듯 유라시아의 동과 서를 연결하던 교통로는 고정된 것이 아니다. 그런데 기이한 현상은 고대 해양로, 혹은 해상 실크로드와 관련해서는 대개 중국의 廣州나 寧波에서 멈추는 것을 당연시한다는 점이다. 나주나 김해, 혹은 후쿠오카나 오사카로 바닷길을 연장하려는 노력은 잘 보이지 않는다.

필자가 평소에 품고 있던 의문은 해상 실크로드는 과연 중국 연안에서 멈추었는가? 한반도와 일본열도는 무관한가? 하는 점이다. 백제나 금관가야의 해양성을 강조하는 학계의 분위기 속에서도 대부분의 시각은 대개 동북아시아를 벗어나지 못하였다. 백제의 경우는 중국, 일본과의 관계를 거시적으로 파악하려는 경향이 이미 자리잡았지만 가야에 대해서는 일본과의 관계만 운위될 뿐 해양성에 대한 진지한 검토는 아직 이루어지지 못하였다.

해양성을 기초로 성장한 구야국, 금관가야의 국가적 성격을 규명하기 위해서는 참파(Champa, 林邑), 푸난(Funan, 扶南), 랑카수카(Langkaska, 狼牙脩) 등 유사한 환경에서 성장한 동남아시아의 고대국가와 비교해야 한다. 하지만 국내 학계에서 스리비자야나 말라카에 대한 관심은 극히 일부나마 보이지만, 정작 가야와 동시대에 존재하였던 동남아시아 고대 항시국가에 대한 연구는 없다.

그 결과 허황옥 인도출자설에 대한 진지한 학문적인 논의가 이루어지지 못한 채, 긍정론과 불신론으로 나뉜 상태이다. 김해에서 출토되는 다양한 기원의 외래기성품에 대해서는 중국과 일본산, 그리고 중국 동북지방 출토품과 유사한 일부 유물에 대해서는 연구가 미치지만, 동남아시아산 물품에 대해서는 무관심한 상태이다.

이 글은 이러한 한계를 극복하기 위하여 3가지 주제를 다루고자 한다. 우선 고대 바닷길의 개통과정과 한반도, 일본열도가 이 경로에 연결되는 단계를 검토할 것이다. 그 다음은 금관가야와 비슷한 시기에 존속하였던 동남아시아의 대표적인 항시국가 3개를 추출하여 국가적 특성을 추출할 것이다. 마지막으로 김해의 구야국과 금관가야가 지닌 항시국가적 속성을 찾아내어 가야사와 관련된 과제를 풀 수 있는 실마리를 찾고자 한다.

II. 고대 바닷길의 개통과 항시의 성쇠

1. 바닷길의 개통

기원전 500~기원후 500년 무렵의 동남아시아 사회는 철기시대로서 최초의 국가가 출현하고, 국제 해상교역이 발전하던 단계이며 초기 역사시대(Early Historic)에 속한다.[1] 그 중 전단계인 기원전 1000년기 후반기는 돈손(Dong Son)문화와 사휜(Sa Huynh)문화가 발전하던 시기이며 지역 내에서 교섭이 이루어지는 수준이었다.

기원전 3세기 후반 중국을 통일한 秦은 廣東省, 廣西壯族自治區, 북부 베트남 등지를 정복하고 南海郡, 桂林郡, 象郡을 설치하였다. 진시황 사후 방기된 상태의 3군에서 南海郡尉였던 趙佗가 독립하여 기원전 203년 南越國을 세우면서 중국과 동남아시아를 잇는 징검다리가 마련되었다. 남

---

1) Miriam T. Stark, 2010 「From Funan To Angkor -Collapse and regeneration in Ancient Cambodia-」 『After Collapse -The Regeneration of Complex Societies-』 University of Arizona Press, 147쪽.

월국은 기원전 111년 한에 의해 멸망당하고 廣東省에서 중부 베트남에 걸쳐 七郡(南海, 合浦, 蒼梧, 郁林, 交趾, 九眞, 日南)이 설치되었다. 이듬해(기원전 110년)에 海南島에 儋耳, 珠崖의 2군이 마저 설치됨으로써 이른바 嶺南九郡이 완성되면서 새로운 상황이 전개되었다. 현재의 베트남 북부–중부에 걸친 交趾三郡(交趾, 九眞, 日南)은 漢과 동남아시아의 해상교섭의 요충지였다. 漢은 기원전 109년 위만조선을 침공하기 시작하였으며, 기원전 108년에 위만조선은 멸망하고 그 영토에는 4군이 설치된다. 交趾三郡을 통해 베트남 북부–중부와 중국 서남부 사이의 교섭이 급속히 진전되었고 낙랑군을 통해 한반도 및 일본열도가 원거리 바닷길에 연결되었다.

『漢書』에 표현된 당시 중국인의 해상교역로는 番禺(廣州)에서 동남아시아를 거쳐 남인도에 이르는 길이다. 기원후 60~70년 사이에 그리스의 상인이 저술한 기행기인 『에류트라海 안내기(Periplus Maris Erythraei)』에 의하면 당시 유럽인들에 의해 남인도 동측 해안가에서 이미 국제무역이 행하여지고 있었으며 그들은 그 동측의 동남아시아와 중국에 대해서도 알고 있었다. 인도와 동남아시아를 잇는 해상 교역로가 기원을 전후한 시기에 이미 아라비아반도와 홍해를 거쳐 당시 지중해사회 최대의 교역거점인 알렉산드리아로 이어졌고 동으로는 베트남 동부 해안을 거쳐 중국의 番禺, 나아가 한반도, 일본열도로 이어졌다. 각 권역 간의 해로가 서로 연결되면서 지중해에서 동북아시아에 걸친 장거리 교역로가 완성된 것이다(그림 1).

중국의 입장에서는 인도, 동남아시아, 파르티아산 유리, 도기, 금은기, 진주, 로만글라스 등 진귀한 물품을 수입하였다. 이 길을 통하여 131년에는 북부 베트남의 日南郡에 葉調王(자와, 혹은 실론)의 사절이 내방하였고, 159년, 161년에는 天竺 사신이 日南郡을 경유하여 後漢에 입공하였다. 166년 大秦王 安敦(로마의 마르쿠스 아우렐리우스 안토니우스: 161~180년) 사절이 日南郡을 경유하여 입공하였는데 직접 파견은 아니더라도 인도에 체류

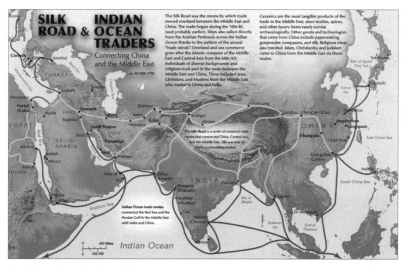

〈그림1〉 고대 바닷길과 교역망

하던 그리스나 로마 상인이 로마황제의 사절이라 칭하고 방문한 것으로 이
해된다.[2)]

　한반도 중부 이남, 특히 영남지역과 일본열도에서는 기원전 1세기부터
종전의 납-바륨 유리를 대신하여 새로운 계통의 포타쉬 유리가 확산된다.
단순히 유리만이 아니라 銅鏡, 銅鼎 등 漢式 물품과 함께 이동하는데 그
과정에서 낙랑군의 역할을 고려하여야 한다. 포타쉬 유리는 중국 서남부
의 兩廣지구(廣東, 廣西), 베트남 북-중부, 동남아시아와 인도 등 다양한 공
방에서 제작된 것으로 추정된다. 포타쉬 유리가 漢式 물품과 함께 한반도,
일본열도에 확산되는 배경에는 交趾三郡과 낙랑군 사이의 네트워크의 형
성이란 변화가 있다.

　영남지역에서 포타쉬 유리의 빈도가 가장 높은 곳은 김해이다. 포타쉬
유리는 김해에 일단 모인 후, 북부 큐슈-산잉-단고를 잇는 해안가를 통해

2) 石澤良昭·生田滋, 1998 『東南アジアの傳統と發展』世界の歷史13, 中央公論社,
　67~78쪽.

확산되었고 이 루트는 철기가 확산된 경로이기도 하다.

226년 로마 상인 秦論이 吳의 지배하에 있던 交趾를 거쳐 建業(南京)에 들어와 손권을 만났다. 그가 돌아가던 229년 交州刺史 呂岱는 康泰와 朱應을 동행시켜 林邑과 扶南 등을 순방하도록 하였다. 그 결과 朱應의 『扶南異物志』가 편찬되는 등 중국의 동남아시아 여러 세력에 대한 지식이 크게 확충되었고 본격적인 교섭이 시작되었다. 이러한 변화는 동북아시아에도 연쇄적인 파동을 일으켰다. 이는 동남아시아산 소다 유리가 이때부터 한반도와 일본열도에 광범위하게 유통되는 현상에서 입증된다.

2. 항시의 발전과 쇠락

이렇게 바닷길이 점차 확산되고 개통되면서 사람들의 이동도 활발하여졌다. 이미 기원전부터 인도인들은 동남아시아에 들어와 이 지역 특산품을 구입하여 인도로 운반하였다.[3] 이런 와중에 기후 여건,[4] 질병 등 다양한 이유로 현지에 정착하는 인도인이 발생하게 되었다. 인도인들은 스스로를 보호하기 위하여 柵을 둘러 거주하게 되고 비록 외부인일지라도 그 안에서 어느 정도의 자유를 누릴 수 있었다.[5] 한편 지역의 수장층은 이들에게 식량을 공급하고 자신의 누이나 딸을 혼인시키게 되면서 귀국하지 않는 인도 상인들이 발생하게 되었다. 그 결과 독특한 분위기 속에서 새로운 사회 집단이 발생하게 되고 이들은 지역 수장의 도움을 받아 물질적 부, 무력과 정신적 지배력을 갖추게 된다(그림 2). 그 결과 인도인들이 왕래하고 때로는

---

3) 石澤良昭, 2009 『東南アジア多文明世界の發見』 興亡の世界史11, 講談社, p.39.

4) 배를 띄우기 유리한 계절풍을 기다리느라 수개월을 소요하는 경우가 빈번하였을 것이다.

5) Jane Allen, 1997 「INLAND ANGKOR, COASTAL KEDAH: LANDSCAPES, SUBSISTENCE SYSTEM AND STATE DEVELOPMENT IN EARLY SOUTHEAST ASIA」 『Indo-Pacific Prehistory Association Bulletin』 16, p.84.

거주하는 항구도시가 발생하게 되는데 이를 港市(Port City)라고 한다.[6] 원래 항시라는 개념은 15세기 이후 동아시아, 동남아시아, 인도양의 교역권에 있던 교역 거점 항구와 그것에 부속된 도시에 한정하였지만 현재는 포괄적인 의미로 사용되고 있다.[7]

현지의 수장층은 자신의 권위와 권력을 강화하기 위하여 산스크리트어, 인도문자, 힌두교, 불교를 적극적으로 수용함으로써[8] 동남아시아의 인도화는 가속화되었다. 이렇듯 인도적인 분위기에서 발전한 대표적 항시가 푸난의 옥 에오, 그리고 참파의 호이안이다. 항시는 풍랑을 피하고 순풍을 기다리며, 화물을 집산하고 물과 식량을 공급받는 등 다양한 기능을 담당하였고, 항시와 항시를 연결하는 형태로 교역망이 확장되었다. 말레카해협을 이용하는 것이 아니라 태국 남부의 크라 지협(Isthmus of Kra)에서 육로로 건너가는 방법이 주로 이용되면서[9] 좁고 긴 말레이반도의 서안과 동안에는 각기 대응되는 항시가 생기고, 그 중간의 육로를 이용하여 물자가 운송되었다.

항시의 발전을 좌우하는 요소는 여러 가지이다. 우선 항시와 관련된 여러 정치체, 국가의 내부와 외부 사정을 들 수 있다. 항시와 관련된 경제적, 정치적 리더들의 리더쉽에 약간이라도 변동이 생기면 해안가의 중심은 급격히 이동하게 된다. 항시국가 내에서 중심적인 위상을 점하는 항시가 변화하듯이, 항시국가 사이의 우열관계도 뒤바뀌게 된다. 거래되는 물품의

---

6) 石澤良昭·生田滋, 1998 『東南アジアの傳統と發展』 世界の歴史13, 中央公論社, 80~82쪽.

7) 가와구치 요헤이·무라오 스스무, 2012 「항시사회론 −나가사키와 광주−」 『해역아시아사 연구 입문』 모모키 시로 엮음(최연식 옮김), 민속원, 243쪽.

8) 매리 하이듀즈(박장식·김동엽 공역), 2012 『동남아의 역사와 문화』 동남아시아지역연구 총서9, p.34.

9) 매리 하이듀즈(박장식·김동엽 공역), 2012 『동남아의 역사와 문화』 동남아시아지역연구 총서9, pp.36~37.

〈그림 2〉 중세 말라카왕국의 왕정에서 전개되는 교역행위(말레이시아 말라카, 필자 촬영)

변화,[10] 선박 제조술과 항해술의 발달에 의한 항로의 변화, 항해시점과[11] 기간의 변화[12] 등도 중요한 변수이다.

게다가 항구, 항만의 활용은 자연적 조건에 크게 좌우된다. 해안선과 지형의 변화에 의해 항구가 기능을 다하거나 이동하는 양상을 자주 볼 수 있다. 환경의 변화에 의해 항구와 교역장소가 이동한 전형적인 사례는 말레이반도 서안의 크다(Kedah)이다. 애초에 항시가 발전할 당시의 농업형태는 구릉의 경사면을 이용한 쌀과 수수의 집약적인 경작이었지만 이로 인하여 구릉 표토층이 유실되고 다량의 실트와 점토가 강에 퇴적되면서 기

---

10) 새로운 산지의 발견, 가격의 변화, 수요자와 공급자의 이해 관계 등 다양한 변수가 있을 것이다.

11) 몬순을 본격적으로 이용하는 항해는 바람의 방향에 맞추어 몇 개월씩 항구에서 체류하는 경우도 많다.

12) 항해기간이 단축되면 중간의 기항지를 생략할 수도 있는데 이 경우 항로에 위치한 항시들의 운명은 뒤바뀔 수 있다.

존 항구의 기능이 정지되고 항구의 이동이 급격히 진행되었다는 것이다.[13] 그 결과 Kampung Sungai Mas, Pengkalan Bujang, Kampung Sireh 등 3개의 유적이 크다지역에서 중심적인 관문의 역할을 번갈아가며 맡게 되었다.[14] 제아무리 번영하던 항구, 항만이라도 환경의 변화로 인해 기능을 상실하게 되면 다른 항시로 그 기능이 이동하는 것이다(그림 3).

해수면의 변화양상(1~14세기)

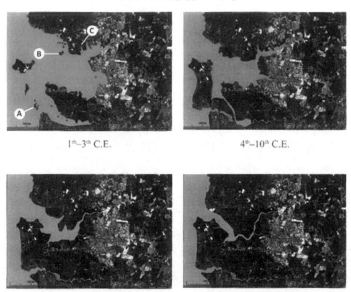

1th–3th C.E.　　　　　4th–10th C.E.

11th–13th C.E.　　　　　14th C.E.

(A- Sungai Mas, B- Pengkalan Bujang, C- Sungai Batu)

〈그림 3〉 말레이시아 크다지역 해안선의 변화와 그로 인한 항구의 이동

13) Jane Allen, 1991 「TRADE AND SITE DISTRIBUTION IN EARLY HISTORIC-PERIOD KEDAH: GEOARCHAEOLOGICAL, HISTORIC, AND LOCATIONAL EVIDENCE」『Indo-Pacific Prehistory Association Bulletin』 10, pp.313~315.
14) Jane Allen, 1997 「INLAND ANGKOR, COASTAL KEDAH: LANDSCAPES, SUBSISTENCE SYSTEM AND STATE DEVELOPMENT IN EARLY SOUTHEAST ASIA」『Indo-Pacific Prehistory Association Bulletin』 16, p.84.

복수의 항시가 네트워크를 형성하는 방식으로 구성된 항시국가에서는 정치경제적 중심이 한 군데에 고정된 것이 아니라 옮겨 다니는 모습을 보인다. 후술할 푸난扶南이나 스리비자야(Srivijaya)의 경우도 영토적 경계가 뚜렷하지 않고 일정한 범위 안에 서로 다른 비중을 가진 몇 개의 권력 중심이 공존하는 형태였다고 한다.[15]

Ⅲ. 고대 항시국가의 발전

동남아시아에서 항시들의 연합체인 항시국가, 혹은 항구도시국가[16]가 등장한 시기는 기원후 1세기 경으로 추정되고 있다.[17] 『梁書』海南傳에는 동남아시아에서 발전하였던 여러 항시국가들이 소개되어 있다. 그 중 대표적 항시국가인 참파, 푸난, 랑카수카를 살펴보고자 한다.

1. 참파(Champa, 林邑)

참파는 日南郡의 남쪽, 베트남 중부의 해안지대를 무대로 성장한 항시국가이다. 오스트로네시아語(Austronesian Language)를 사용하던 참(Cham)

---

15) Jane Allen, 1997 「INLAND ANGKOR, COASTAL KEDAH: LANDSCAPES, SUBSISTENCE SYSTEM AND STATE DEVELOPMENT IN EARLY SOUTHEAST ASIA」『Indo-Pacific Prehistory Association Bulletin』16, p.84.
   메리 하이듀즈(박장식·김동엽 공역), 2012 『동남아의 역사와 문화』, 동남아시아지역연구총서9, 41~42쪽.
16) 모모키 시로·야마우치 신지·후지타 가요코·하스다 다카시, 2012 「해역아시아사의 가능성」『해역 아시아사 연구 입문』도서해양학술총서25, 민속원, p.18.
17) 石澤良昭·生田滋, 1998 『東南アジアの傳統と發展』世界の歷史13, 中央公論社, 12쪽.

족을 주체로 하며,[18] 기원전 500년 이후 발전한 초기 금속문화인[19] 사휜(Sa Huynh) 문화를 기초로 발전하였다.[20] 이들은 중국 사서에서 林邑으로 표현되었다. 南越을 멸망시킨 漢이 嶺南九郡을 설치하면서 이들과 중국의 교섭이 시작되었는데, 交趾, 九眞, 日南이 주요 대상이었다. 137년 日南郡 외곽의 區憐(區蓮) 등 수천인이 交趾郡을 공격하였고, 192년에도 공격하여 日南을 점령하고 九眞을 침입하는 등 세력을 떨쳤다. 참파는 3세기 중엽 경 日南의 대부분을 점령하고 九眞의 변경까지 침입하였고[21] 마침내 베트남 중부를 거점으로 삼아 북부와 남부의 메콩강 델타지대를 차지하고 중국, 말레이반도, 인도를 연결하는 항시국가로 성장하게 된다.

4세기 이후 참파는 東晉과 화전 양면의 교섭을 전개하였다. 372년 백제의 근초고왕이 동진과 공식적인 국교를 개시한 바로 그 해에 林邑王도 동진에 사신을 보내고 있다.[22] 5세기에 접어들면서 交趾를 공격하고, 6~8세기에도 중국과의 공방전이 이어졌다. 참파의 전략적 목적은 해상교역로의 지배를 위해 베트남 북부로 진출하는 것이었다.

한편으로는 인도화가 진전되어[23] 『梁書』와 『隋書』 등 중국 사서에서 참파의 습속은 인도적인 색채가 농후하게 나타난다. 중요 유적으로는 왕성인

---

18) 매리 하이듀즈(박장식·김동엽 공역), 2012 『동남아의 역사와 문화』 동남아시아지역연구총서9, p.37.
19) 石澤良昭, 2009 『東南アジア多文明世界の發見』 興亡の世界史11, 講談社, p.38.
20) Nancy Tingley, 2009 『Arts of Ancient Viet Nam —From River Plain to Open Sea—』 Asia Society, The Museum of Fine Arts, Houston.
21) 유인선, 2002 『새로 쓴 베트남의 역사』 이산, p.61.
22) 『晉書』 券9, 簡文帝紀.
   "二年春正月 辛丑, 百濟·林邑王各遣使貢方物."
23) チャンパ王國の遺跡と文化展實行委員會, 1994 『海のシルクロード チャンパ王國の遺跡と文化』 財團法人トヨタ財團.

〈그림 4〉 짜 끼에우 성 출토 인면문 와당(①)과 중국 거울(②) 및 미썬유적(③), 참파조각박물관(④)

짜 끼에우유적,[24] 건축유구인 고 깜유적,[25] 그리고 불교와 힌두교가 결합된
다수의 사원이다. 그 대표적인 것이 다낭의 미썬유적인데,[26] 이외에도 많은
사원을 건축하였다.[27]

---

24) Ian C. Glover, 1997 『THE EXCAVATIONS OF J.-Y. CLAEYS AT TRA KIEU,
CENTRAL VIETNAM, 1927~1928: FROM THE UNPUBLISHED ARCHIVES OF
THE EFEO, PARIS AND RECORDS IN THE POSSESSIONS OF THE CLAEYS
FAMILY』『Journal of The Siam Society』The Siam Society.
Yamagata Mariko, 2011 『Trà Kiêu during the Second and Third Centuries CE: The
Formation of Linyi from an Archaelogical Perspective』『THE CHAM OF VIETNAM
- History, Society and Art』 NUS PRESS, SINGAPORE.
25) Guimet musée des ARTS ASIATIQUES, 2005 『CHAMPA』.
26) NGUYÊN THÊ THUC, 2010 『champa old towers』.
서규석, 2013 『잊혀진 문명, 참파』 리북.
27) NGUYÊN THÊ THUC, 2007 『CHAMPA SCULPTURE』, Ha Nôi.
Anne-Valérie Schweyer, 2011 『Ancient Vietnam -History, Art and Archaeology-』

짜 끼에우 성은 평지에 입지한 장방형의 성으로서 구운 전돌을 이용하여 축조하였다. 출토된 유물 중 주목되는 것은 인면문 와당인데[28] 동오–동진기 建康(南京)에서 유행하였던 인면문 와당의 영향을 받은 것이다. 그런데 동오~동진의 인면문 와당의 영향을 받은 와당이 출토되는 또 하나의 유적은 서울 풍납토성이다. 참파의 왕성인 짜 끼에우와 백제 왕성인 풍납토성에서 공통적으로 동오–동진의 영향을 받은 인면문 와당이 출토되는 점은 중국 육조문화가 동남아시아와 동북아시아에 유사한 형태로 확산된다는 점에서 매우 흥미롭다.

한편 『일본서기』에는 641년 崑崙 사신과 백제 사신 사이에서 벌어진 분쟁이 소개되어 있다. 분쟁의 원인은 기록되지 않았고 崑崙은 동남아시아를 지칭하는데 여기에서는 참파일 가능성이 있다. 이 시기에 푸난은 이미 멸망하였고 스리비자야는 아직 전성기를 맞지 아니하였다. 736년 林邑 출신의 佛哲(佛徹)이 奈良의 大安寺에 거주하면서 일본인들에게 범어와 참파음악인 林邑樂을 가르친 사실, 그리고 『續日本紀』에 전하는 遣唐使 平群廣成이 표착한 崑崙이 바로 林邑일 가능성이 크다는 점과도 연관된다.

중국에서는 참파를 8세기 후반~9세기 전반에는 環王, 9세기 후반 이후에는 占城이라 불렀다.[29] 占城은 인도풍 국호인 참파나가라(占婆城)의 약칭일 것이다. 『宋史』 占城國條에 "장미수를 의복에 뿌려두면 향이 그치지 않

RIVER BOOKS.

NGUYÊN VĂN KỰ, 2012 『Chăm』 THÊ GIỚI PUBLISHERS.

28) Mariko Yamagata & Nguyên Kim Dung, 2010 『ANCIENT ROOFTILES FOUND IN CENTRAL VIETNAM』 『50 Years of Archaeology in Southeast Asia –Essays in Honour of Ian Glover』, Bangkok.

山形眞理子, 2012 「南境の漢・六朝系瓦 –ベトナム北部・中部における瓦の出現と展開」 『古代』129・130, 早稻田大學考古學會.

29) 占城이란 국명은 877년 이후 등장한다.

Emmanuel Guillon, 2001 『HINDU–BUDDHIST ART –Treasures from Champa–』 p.16.

고 석유에 물을 부으면 화세가 점점 더 왕성해진다. 장미수나 석유 모두 유리병에 담아둔다."라는 기사가 있는데, 이 유리병은 이슬람 유리로 추정되므로 바닷길을 통해 이슬람 세계와 연결되었음을 보여준다. 9세기에는 중국의 무역도자를 취급하여 越窯 青磁, 定窯 白磁를 운송하였는데 당시의 대표적인 항구가 호이안이다. 호이안에는 중국과 일본의 상인들이 거주하던 시가지가 지금도 남아 있다.

10세기 이후에는 베트남 북부의 大越, 캄보디아의 真臘(크메르)의 압박을 받으면서 영토와 중심지의 변화를 겪었지만 망하지 않고 1832년까지 그 명맥을 유지하였다. 참파가 쉽게 망하지 않은 이유는 하나의 단일한 정치체가 아니라 각지에 거점을 둔 항시의 연합체였기 때문이다.[30] 멸망 후에는 참(Cham)족이라 불리는 소수민족의 형태로 산간지대에서 명맥을 유지하고 있다.

2. 푸난(Funan, 扶南)

푸난(扶南)은 현재의 베트남 남부와 메콩강 하류를 무대로 1세기 무렵부터 흥기한 고대 항시국가로서 동남아시아에서는 가장 이른 시기에 등장한 초기국가이다. 건국신화는 인도인과 재지수장의 딸, 혹은 여동생의 결합으로 구성되어 있다. 인도의 브라만인 카운디냐(Kaundinya, 混塡, 훈티엔)가 토착인 수장의 딸인 리우 예(柳葉)와 혼인하여 이 지역을 다스렸다고 한다. 신화는 약간씩 변형되어 이주해 온 인물이 프레아 타옹(Preah Thaong)으로, 공주가 소마(Soma)로 표현되기도 한다. 프레아 타옹은 "육지를 덮고 있는 물을 마셨다"고 하는데 이는 농경을 위해 델타의 배수를 실시한 사실을 상징한다. 건국신화에 나타난 인도의 영향은 실제로도 광범위하게 퍼져 있어서

---

30) 櫻井由躬雄, 1999「南シナ海の世界 − 林邑」『東南アジア史Ⅱ 島嶼部』新版 世界各國史6, 山川出版社.

도작, 관개농법, 종교의례, 법률, 왕권의 개념, 산스크리트어와 문자, 미술 양식, 무기 등에 미친다.[31]

푸난은 강력한 해군을 소유하여 해상왕국으로 발전하였는데 그 전성기는 200년부터 600년 무렵까지이다.[32] 3세기 전반, 4代 왕인 范師蔓은 扶南大 王을 칭하며 베트남 남부와 캄보디아, 타일랜드 일부로까지 세력을 뻗치고 말레이반도의 십여 국을 정복하였으며, 3세기 전반에는 중앙 아시아의 쿠 샨에까지 사신을 파견하였다. 東吳의 孫權은 229년에 통상사절로서 朱應 과 康泰를 扶南에 파견하였고 이후 양국간 본격적인 교섭이 전개되었다.

서진이 들어선 이후에도 푸난과의 교섭은 계속 이어져서 武帝代인 268·285· 286·287년에 사신을 파견한 사실이 『晉書』에 기록되어 있다. 그 런데 이 시점은 마한의 여러 國이 서진에 자주 사신을 보내던 시점과 정확 히 일치한다. 특히 286년에는 "이 해에 扶南 등 21국, 馬韓 등 11국이 사신 을 보내어 왔다."[33]고 하여 중국 외교무대에서 푸난과 마한의 사절단이 조 우하였을 가능성이 있다. 설령 직접 조우하지 못하였더라도 간접적인 교섭 이나 정보 교환의 가능성은 있다.

이 과정에서 푸난에서 생산하거나 푸난을 경유한 인도-동남아시아 물 품이 마한지역에 전해지고 일부가 진변한과 일본으로 유통되었을 수 있다. 왜냐하면 3세기 후반에 한국과 중국, 일본 모두 앞시기의 포타쉬 유리를 대신하여 새로운 계통의 高알루미나 소다유리가 급격히 확산되기 때문 이다. 베트남 남부의 종 카 보(Jion Ca Bo)유적이 이 시기를 대표하는 유리생 산지이다.

---

31) 石澤良昭·生田滋, 1998 『東南アジアの傳統と發展』 世界の歷史13, 中央公論社.

32) John N. Miksic, 2003 「The Beginning of Trade and in Ancient Southeast Asia: The Role of Oc Eo and the ower Mekong River」 『Art & Archaeology of Fu Nan』(Edited by James C.M. Khoo), 3쪽.

33) 『晉書』 武帝紀 太康7年條.

푸난과 중국 왕조의 교섭은 이후에도 지속되어 357년에는 東晉의 穆帝에게 馴象을 공헌하였고, 宋 文帝(424~453)대에도 方物을 공헌하였다고 한다(434년, 435년, 438년). 484년에는 인도 승려(나가세나, 那伽仙)를 齊에 파견하였고, 齊에 의해 安南將軍扶南王에 봉해졌다. 齊를 이은 梁과 푸난의 교섭은 매우 긴밀하여서 503년 양에 산호와 불상을 공헌하였고, 511·514·517·519·520·530·535·539년에도 사신을 보내었다.

『南齊書』에 의하면 푸난의 "주민은 금, 은, 비단을 가지고 교역하며 ――― 금제 반지와 팔찌, 은식기를 만든다."고 하였다. 『日本書紀』에 의하면 543년 백제 성왕은 倭에 扶南産 물품과 노예를 보냈으며, 544년에는 인도산으로 추정되는 毾㲪을 왜와 거래하였다. 595년(推古 3년)에는 아와지시마(淡路島)에 沈木이[34] 표착하였는데 태우니 향이 나서 조정에 바쳤다고 한다.[35] 동남아시아산 침목을 적재한 배가 침몰되는 과정에서 유실된 것으로 판단되며 백제가 중개무역을 실시한 흔적일 가능성도 있다.

200년부터 600년 무렵까지가 푸난의 전성기로서,[36] 그 힘의 원천은 강력한 해군력을 기초로 한 동서교섭망의 장악, 그리고 배후의 델타지대를 농경지로 이용한 농업 생산력이었다.[37] 이후 인도와 중국 사이의 교역이 감소하면서 약화되기 시작하였고, 메콩강 중류에서 흥한 크메르(眞臘)의 공세, 북쪽의 참파와의 충돌, 국내 혼란 등이 이어지면서 628년 멸망당해 크메르에 흡수된다.[38]

---

34) 沈木은 沈香木의 줄인 말이다. 동남아시아에서 생산되는 매우 귀한 약재이자 가구 재료이고, 불에 태워 향기를 맡으면 병을 치료하고 마음을 안정시킨다고 한다.

35) 『日本書紀』卷22 推古天皇 3年 夏四月條.

36) John N. Miksic, 2003 「THE BEGINNING OF TRADE IN ANCIENT SOUTHEAST ASIA: THE ROLE OF OC EO AND THE LOWER MEKONG RIVER」 『Art & Archaeology of Fu Nan』(Edited by James C.M. Khoo) p.3.

37) 石澤良昭, 1996 『アンコール·ワット』講談社 現代新書, 39쪽.

38) 매리 하이듀즈(박장식·김동엽 공역), 2012 『동남아의 역사와 문화』 동남아시아지역연구

푼난의 정치적 중심지는 현재의 캄보디아 영토인 앙코르 보라이(Angkor Borei), 외항이자 원거리 교역항은 베트남 남부의 옥 에오(Oc Eo)이다.

옥 에오(Oc Eo)에 대한 조사는 1941년부터 시작되었고,[39] 베트남 전쟁의 영향으로 잠시 중지되었다가, 1975년부터 베트남 측에 의해 본격적인 발굴 조사가 재개되었다.[40] 그 결과 복잡하게 개설된 운하와 수로, 석조 및 벽돌 건축, 무덤, 취락 등이 조사되었으며 옥과 유리 장신구, 금제품, 토기 등이 다수 발견되었다.[41] 출토된 유물 중에는 안토니우스 피우스(기원후 138~161년 재위), 마르쿠스 아우렐리우스(기원후 161~180년 재위) 등 로마 황제의 이름이 새겨진 금화, 청동불상, 힌두교 신상, 산스크리트어 刻文 錫板, 반지, 한경 등이 중요하다.[42]

옥 에오는 내륙에 위치한 앙코르 보라이와 길이 80Km나 되는 운하로 연결되어 있다.[43] 앙코르 보라이에 대한 조사는 1911년 프랑스의 고고학자들

총서9 p.58.

39) Pierre-Yves Manguin, 2008 「Funan and the Archaeology of the Mekong River Delta」 「Viêt Nam -FROM MYTH TO MODERNITY-」 asian civilisations museum, SINGAPORE.
Nancy Tingley, 2009 「Arts of Ancient Viet Nam -From River Plain to Open Sea-」 Asia Society, The Museum of Fine Arts, Houston.

40) Tong Trung Tin, 2007 「TWENTIETY-CENTURY ACHIEVEMENTS IN THE ARCHAEOLOGY OF VIETNAM」 「VIETNAM ARCHAEOLOGY」2, 20~21쪽.

41) Luong Ninh, 2007 「The Funan state-A Century of Research-」 「VIETNAM ARCHAEOLOGY」2, 90~100쪽, 245~254쪽.

42) Anne-Valérie Schweyer, 2011 「Ancient Vietnam -History, Art and Archaeology-」 RIVER BOOKS.

43) Miriam T. Stark and Bong Sovath, 2001 「RECENT RESEARCH ON EMERGENT COMPLEXITY IN CAMBODIA'S MEKONG」 「INDO-PACIFIC PREHISTORY ASSOTIATION BULLETIN」21, 88쪽.
M. T. Stark, 2006 「PRE-ANGKORIAN SETTLEMENT TRENDS IN CAMBODIA'S MEKONG DELTA AND THE LOWER MEKONG ARCHAEOLOGICAL PROJECT」 「INDO-PACIFIC PREHISTORY ASSOTIATION BULLETIN」26, 100쪽.

에 의해 시작되었는데,[44] 1931년에 피에르 파리스(Pierre Paris)는 항공사진을 판독하여 앙코르 보라이 남쪽에 5개의 운하가 분포함을 발견하고, 그 기능은 또 다른 중요 고대 도시와의 교역, 교통이며, 연대는 기원후 5~6세기일 것으로 추정하였다.[45] 그 후 장기간에 걸친 캄보디아 내전으로 인해 조사가 중지되었다가, 1995년부터 본격적인 조사가 재개되었다.[46]

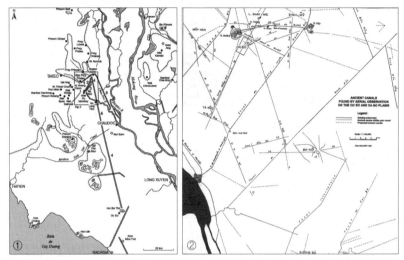

〈그림 5〉 옥 에오의 운하(① : 앙코르 보라이와 옥에오를 연결하는 운하, ② : 옥 에오 주변의 운하)

앙코르 보라이는 해발고도가 2~10m에 불과한 저지대로서,[47] 메콩강 본

44) Miriam Stark, 2001 「EXCAVATING THE DELTA」 『Humanities』 Sep/Oct, 18쪽.

45) Paul Bishop, David C.W.Sanderson, Miriam T. Stark, 2004 「OSL and radiocarbon dating of a pre-Angkorian canal in the Mekong delta, southern Cambodia」 『Journal of Archaeological Science』 31, 321쪽.

46) Miriam T. Stark, 1998 「The Transition to History in the Mekong Delta: A View from Cambodia」 『International Journal of Historical Archaeology』 Vol.2, No.3, 191쪽.

47) Stark Miriam T. Griffin P. Bion, Church Phoeurn, 1999 「Results of the 1995~1996 archaeological field investigations at Angkor Borei, Cambodia」 『Journal of Archaeology for Asia & the Pacific』 Spring, Vol.38, Issue 1, 5쪽.

류의 서편에 위치한 평면 D자형의 성을 중심으로 삼고 있다. 구운 전돌로 성벽의 芯을 만들었는데,[48] 성벽의 둘레는 6km에 달하며, 성벽 안팎으로 돌아가는 해자를 한 줄씩 갖추고 있는데, 내부 면적은 최소 300헥타르에 이른다.[49] 성의 안팎으로 수십 채의 벽돌건물, 100개 이상의 저수시설이 확인되었다.[50]

유적은 대체로 기원전 200년~기원후 200년 사이가 중심연대이므로 옥 에오, 짜 끼에우(Tra Kieu) 등과 동시대임이 밝혀졌다.[51] 양자의 차이로는 앙코르 보라이가 내륙성, 옥 에오가 해안성이란 점을 들 수 있다.[52] 기능면에서도 약간의 차이가 있어서 앙코르 보라이가 쌀농사에 기초한 정치적 거점이라면 옥 에오는 인도, 중국과의 교섭에 무게가 더 실린 교역의 거점이라고 할 수 있다. 하지만 양 유적은 해자와 저수시설, 운하와 수로 등 다양한 수리시설을 갖춘 점에서 동일하다.[53]

---

48) Miriam T. Stark, 1998 「The Transition to History in the Mekong Delta: A View from Cambodia」『International Journal of Historical Archaeology』Vol.2, No.3, 190쪽.

49) David C.W. Sanderson, Paul Bishop, Miriam Stark, Sally Alexander, Dan Penny, 2007 「Luminescene dating of canal sediments from Angkor Borei, Mekong Delta, Southern Cambodia」『Quaternary Geochronology』2, 323쪽.

50) Miriam T. Stark and Bong Sovath, 2001 「RECENT RESEARCH ON EMERGENT COMPLEXITY IN CAMBODIA'S MEKONG」『INDO-PACIFIC PREHISTORY ASSOTIATION BULLETIN』21, 88쪽.
M. T. Stark, 2006 「PRE-ANGKORIAN SETTLEMENT TRENDS IN CAMBODIA'S MEKONG DELTA AND THE LOWER MEKONG ARCHAEOLOGICAL PROJECT」『INDO-PACIFIC PREHISTORY ASSOTIATION BULLETIN』26, 99쪽.

51) Stark Miriam T. · Griffin P. Bion · Chuch Phoeurn, 1999「Results of the 1995~1996 archaeological field investigations at Angkor Borei, Cambodia」『Journal of Archaeology for Asia & the Pacific』, Spring, Vol.38, Issue 1, 18쪽.

52) Miriam T. Stark, 1998「The Transition to History in the Mekong Delta: A View from Cambodia」『International Journal of Historical Archaeology』Vol.2, No.3, 195쪽.

53) 권오영, 2016 「동남아시아 고대국가의 수리시설과 수자원 관리체계 -메콩강유역을 중

3. 랑카수카(Langkasuka, 狼牙脩)

랑카수카는 말레이반도에서 성장한 항시국가이다. 참파나 푸난에 비해
늦게 등장하는데 자세한 사정은 『梁職貢圖』와 『梁書』海南傳에 기재되어
있다. 두 개의 기사는 대동소이한데 랑카수카의 기후와 물산, 풍습 등이 참
파, 푸난과 흡사하며 인도의 영향력이 강하게 퍼져 있음을 알 수 있다. 대
략 1세기 말~2세기 초에 등장하고 건국 후 400년이 지나면서 쇠약해졌다
고 하는데 이는 푸난때문일 것이다. 天監 14년(515년)에 왕인 婆伽達多는
梁에 사신(阿撤多)을 보내어 表를 올리고 공헌하였다. 이후 523, 531, 568
년에도 계속 梁과 통교하는데 이는 푸난의 견제가 느슨해졌기 때문일 것
이다.[54]

『梁職貢圖』에는 고구려, 백제, 신라의 사신과 랑카수카 사신이 나란히
입전되어 있다. 이들 사이에 직접적인 교섭이 전개되었는지는 알 수 없으
나 梁을 무대로 모종의 교섭이 진전되었을 가능성은 충분하다.[55]

7세기에 편찬된 『續高僧傳』에 의하면 梁 武帝의 초청을 받아 546년 南
海(廣州)를 거쳐 建康(南京)에 도착한 인도 승려 Paramartha(眞諦: 499~569)
가 말년에 랑카수카를 거쳐 인도로 돌아가기를 희망하였으나 성공하지 못
하고 南海에서 사망하였다고 한다.[56] 따라서 6세기에 중국과 인도를 연결
한 항로에서 랑카수카의 위상이 높았음을 알 수 있다.

역시 『續高僧傳』에 의하면 義淨은 671년 당을 출국하였다가 695년 귀

심으로-」『한국상고사학보』 92, 한국상고사학회, 14쪽.

54) Paul Wheatley, 1956 「Langkasuka」『T'oung Pao』 44, pp.407~408.

55) 권오영, 2014 「백제와 동남아시아의 교섭에 대한 검토」『충청학과 충청문화』 19, 충청남
도역사문화연구원, p.212.

56) Funayama Toru, 2008(2010), 「The work of Paramārtha —An example of Sino-
Indian cross-cultural exchange—」『JIABS』 vol.31, no.1-2.

국하는데, 그 동안 랑카수카에 머물렀던 것으로 보인다. 역시 그의 저술인 『大唐西域求法記』에 의하면 義郞律師는 푸난을 거쳐 랑카수카에 가서 그 왕에게 환대를 받았고, 義輝法師는 랑카수카에서 병사하였으며, 道琳法師는 랑카수카를 거쳐 裸國으로 갔다고 한다. 이렇듯 인도로 가는 구법승들에게 랑카수카는 중요한 기착지였다.

그러나 8세기 이후에는 스리비자야의 부상으로 인해 세력이 위축되어 갔고, 宋代 이후에는 그 위상이 많이 저하되었다. 17세기까지 명칭이 바뀌면서 그 존재가 확인되는데 Paul Wheatley의 업적을 토대로 랑카수카의 명칭을 정리한 것이 아래의 표이다.

〈표 1〉 중국문헌에 나타난 랑카수카의 표기방식[57]

반영하는 시기	문헌완성시점	문헌명	표기
502~557	526~536년	梁職貢圖	狼牙修
502~557	629년	梁書	狼牙脩
439~589년	627~649년	南史	狼牙脩
439~589년	659년	北史	狼牙須
581~618년	636년	隋書	狼牙須
8세기	801년	通典	狼牙脩
618~907	945년	舊唐書	狼牙脩
618~907	1060년	新唐書	狼牙脩
7~10세기	976~983년	太平寰宇記	狼牙脩
6세기~645년	645년	續高僧傳	楞伽修
7세기	688년	大唐大慈恩寺三藏法師傳	迦摩浪迦
7세기	646년	大唐西域記	迦摩浪迦
641~691년	691년	大唐西域求法高僧傳	郞迦戍
689~691년	691년	南海寄歸內法傳	郞迦戍
13세기	1225년	諸蕃志	凌牙斯加
13세기	13세기 중엽	事林廣記	凌牙蘇家?

---

57) 권오영, 2017 「狼牙脩國과 海南諸國의 세계」 『百濟學報』 20, 백제학회, 220쪽.

6세기~1207년	1317년	文獻通考	狼牙脩加?
14세기	1351년	島夷誌略	龍牙犀角
15세기	1436년	星槎勝覽	龍牙加貌(猊)
15~17세기 전반	1621년	武備志	狼西加

랑카수카의 위치에 대해서는 다양한 견해가 제기되었으나 크게 보면 말레이반도 동안설과 서안설로 나뉜다. 동안설은 공통적으로 현재의 타일랜드 남부, 말레이시아 북부의 국경 일대를 주목한다.[58] 반면 서안설은 말레이시아의 크다(Kedah)지역을 주목한다.[59] 동안설과 서안설은 나름의 근거를 가지고 있으나 가장 합리적인 해석은 동안에 랑카수카의 정치적 중심이 있고 서안의 크다 지역도 그에 버금가는 위상을 지닌 것으로 보는 것이다.

말레이반도의 잘록한 크라지협의 동안과 서안에 각각 항시가 존재하고 이 항시를 잇는 형태의 항시국가가 발전하였던 사실을 고려할 때, 랑카수카 역시 반도의 동안과 서안을 포함하였을 것이다. 『梁書』에 기록된 동서로 30일, 남북으로 20일 거리라는 영토 기사를 보더라도 말레이반도의 동안에만 남북으로 길게 위치하기 보다는 서안을 포함하는 것으로 보는 것이 합리적이다. 말레이 반도에 위치한 항시국가인 頓遜, 盤盤, 丹丹, 干陀利 등이 모두 반도 서안과 동안의 항시를 연결하는 형태였음을 고려하여 狼牙脩는 크다와 파타니라고 명시한 연구가 이미 나온 바 있다.[60] 따라서 랑카수카의 경우도 정치적 중심과 교역항이 반도의 동안과 서안에 병존한 것으

---

58) 藤田豊八, 1913「狼牙脩國考」『東洋學報』3, pp.121~131.
   Paul Wheatley, 1956「Langkasuka」『T'oung Pao』44, pp.406~408.
   Michel Jacq-Hergoualc'h, 2002 『The Malay Peninsula: Crossroads of the Maritime Silk-Road』 p.164.

59) 주수완, 2012「중국문헌을 통해본 중세 동남아의 불교문화(Ⅱ)」『수완나부미』4-1, 부산외국어대학교 동남아시아연구소, p.58.

60) 石澤良昭・生田滋, 1998 『東南アジアの傳統と發展』 世界の歷史13, 中央公論社, p.88.

로 보아야 한다. 그러므로 "말레이반도 동안의 파따니(Pattani) 이동과 동북 지역 동경 101°18′북위 6°48′로부터 말레이시아의 크다(Kedah)州에 미치는 지역을 포괄하였다."라고 하는 견해가[61] 가장 합리적이다.

랑카수카와 관련된 유적은 말레이 동안의 야랑(Yarang) 유적과 서안의 부장(Bujang) 계곡 일대가 대표적이다. 야랑은 파타니에서 남쪽으로 15km 정도 떨어진 곳인데 특히 반 왓(Ban Wat)이란 지점에 유적이 집중되고 운하의 밀도가 높으며 성벽과 해자로 구획된 넓은 방형 구획이 존재한다.[62] 발굴결과 전돌로 만든 건물이 여러 채 발견되었는데 『梁職貢圖』와 『梁書』에서 전돌을 쌓아 성을 만들었다고 한 기사와 부합된다. 참파의 왕성인 짜 끼에우(Tra Kieu) 성과 푸난의 앙코르 보라이 성이 모두 전돌을 이용한 성임을 고려할 때 랑카수카의 왕성도 유사한 형태였을 것이다.

말레이반도 서안의 부장(Bujang) 계곡일대에서는 19세기 중엽부터 유적이 발견되기 시작하여, 1980년대에는 총 87개소의 유적이 확인되었고 인도인들의 영향이 강조되었다.[63] 2007년도에 머복(Merbok) 강의 지류인 바투(Batu) 강변에서 숭아이 바투(Sungai Batu) 유적이 발견되었는데 특히 제의를 위한 건물(2세기, 그림 6), 강변의 선착장(2세기), 제련시설(1세기) 등이 중요하다. 이 조사로 인하여 유적의 출현시점이 종전 견해처럼 4세기가 아니라 1세기로 상향되었고,[64] 이는 랑카수카의 등장시점에 대하여 새로운 시사점

---

61) 동북아역사재단, 2011 『新唐書 外國傳 譯註 下』 동북아역사자료총서31, p.993의 각주 50.

62) Michel Jacq-Hergoualc'h, 2002, 『The Malay Peninsula: Crossroads of the Maritime Silk-Road』 pp.166~191.

63) Jane Allen, 1991 「TRADE AND SITE DISTRIBUTION IN EARLY HISTORIC-PERIOD KEDAH: GEOARCHAEOLOGICAL, HISTORIC, AND LOCATIONAL EVIDENCE」 『Indo-Pacific Prehistory Association Bulletin』 10, p.310.

64) Mokhtar Saidin, Jaffrey Abdullah, Jalil Osman & Azman Abdullah, 2011 「ISSUES AND PROBLEMS OF PREVIOUS STUDIES IN THE BUJANG VALLEY AND THE DISCOVERY OF SUNGAI BATU」 『BUJANG VALLEY AND EARLY CIVILISATIONS IN SOUTHEAST ASIA』(Stephen Chia, Barbara Watson Andya 편

〈그림 6〉 숭아이 바투유적의 제의 관련 유구(필자 촬영)

을 준다.

Ⅳ. 금관가야의 항시국가적 성격

1. 해양성

『三國遺事』駕洛國記에 의하면 許黃玉은 阿踰陀國 공주출신으로서 기원후 48년 駕洛國에 도착하였다. 그녀가 출발한 지역에 대해서는 인도의 아유디아, 타일랜드의 아유타야, 중국의 四川省 등 3개 지역이 거론되지만, 한편으로는 그 사실 자체를 후대에 부회된 것으로 보는 견해가 학계의 주류이다. 필자도 허황옥이란 인물이 실존인물인지, 그녀가 먼 외국에서 왔다는 사실 자체를 선뜻 신빙하는 것은 아니다. 다만 현재의 부정론은 당시의 항해술과 선박 제조술을 고려할 때, 먼 인도에서 출발하여 한반도의 동남쪽 김해까지 항해하여 왔을 리가 없다는 막연한 정황론에 기초하고 있는 점이 문제이다.

앞에서 이미 언급하였듯이 유럽세계와 중국 연안을 연결하는 바닷길은 기원 전후한 시기에 이미 개통되어 있었다. 알렉산드리아에서 홍해와 아라비아반도를 거쳐 인도의 동부 해안지대에 이르는 바닷길은 『에류트라海 안내기(Periplus Maris Erythraei)』에 잘 나타나 있고, 番禺(廣州)에서 인도 동부에 도달하는 바닷길은 『漢書』에 잘 나타나 있다. 로마에서 알렉산드리아를 거쳐 홍해와 아라비아반도, 인도, 말레이반도, 베트남을 경유하여 番禺로 연결되는 항로는 漢代에 이미 개통되어 있었다. 인도와 중국의 교류는 이미 진행형이었으며 嶺南九郡의 중심인 番禺는 한반도의 낙랑과 간접적으로 연결되어 있었다.[65] 인도의 공주가 직접 김해를 향해 항해하여 왔을지는 알 수 없으나, 인도에 대한 정보, 인도행 항로에 관한 지식은 베트남과 중국을 통해 김해에 들어와 있었을 가능성이 있다.

수로왕이 하늘에서 강하하는 天孫의 속성을 지닌 데 비하여, 허황옥은 바다라는 속성을 지니고 있다. 그녀가 처음 육지에 도착하였을 때 비단바지를 벗어서 산신에게 제사지낸 것은 성공적인 항해에 대한 답례였을 것이다. 그런데 항해의 안전을 보장하는 신격으로서 여성을 상정하는 것은 해역아시아에서 일반적인 현상이다. 부안 죽막동유적의 수성당의 개양할미, 일본 무나가타(宗像) 大社의 세 여신, 중국 福建 출신의 여성이 해양신

---

65) 권오영, 2017 「한반도에 수입된 유리구슬의 변화과정과 경로」 『湖西考古學』37, 호서고고학회, 54~56쪽.

으로 승격된 媽祖가 모두 여기에 해당된다. 『三國遺事』塔像 敏藏寺條에는 바다로 장사하러 떠났다가 돌풍을 만나 표류하던 아들이 관음보살상 앞에서 기도한 어머니 덕분에 살아 돌아온 이야기가 전해진다. 관음보살이 항해의 안전을 보장한다는 믿음은 널리 퍼져 있다.

2. 항시적 속성

한반도와 일본열도의 연안과 도서에서는 근거리와 원거리 교섭이 이루어지던 흔적을 남긴 유적을 많이 찾을 수 있다. 인천의 영종도, 사천 늑도와 같이 그다지 규모가 크지 않고 인구도 적은 섬에서 원거리를 이동해온 물품이 많이 발견될 경우 이 섬에서 이루어지던 원거리 교역의 모습을 상정할 수 있고 이 지역은 교역장으로 인정된다. 그런데 포구, 항구, 항만만이 아니라 내륙 쪽으로 농경, 금속기 등의 생산기반이 이어질 경우에는 적극적인 의미의 항시로 규정할 수 있다. 해남 군곡리, 김해, 일본의 카라츠(唐津), 후쿠오카(福岡), 오사카(大阪) 등이 여기에 해당된다. 쓰시마(對馬)와 이키(壹岐)의 경우, 자체적인 농경기반을 갖춘 이키는 항시에, 그렇지 못한 쓰시마는 교역장에 가까울 것이다. 사서에 자주 등장하는 互市라는 개념을 세분하여 교역장과 항시에 비정할 수도 있을 것이다.

항시의 가장 큰 특징은 다양성과 개방성이라고 할 수 있다. 다양한 문화적, 종족적 전통을 가진 상인과 선원들이 모여들면서 항시에서는 이질적인 문화가 공존하고 때로는 융합되어 혼종문화가 나타나게 된다. 싱가포르와 말레이시아에 많이 거주하는 페라나칸과 그 문화가 대표적인 사례이다. 김해지역은 이미 알려진 것처럼 중국과 일본열도의 물품이 많이 수입되고 소비되었다. 김해 대성동고분군 발굴조사 결과는 김해에 유입되는 외래기성품의 산지가 중국 동북지방까지 포괄하였을 가능성을 보여준다. 김해 양동리와 창원 다호리 분묘군에서 출토되는 유리는 유독 포타쉬계의 비중이 높은데[66] 그 산지는 중국 서남부의 兩廣지역(廣東, 廣西)에서부터 베트남 중부-인도에 이르는 다양한 유리공방들일 것이다.[67]

김해지역의 이러한 양상은 이곳이 단순한 海村이 아니라 본격적인 항시임을 보여준다. 김해일원에서 다수 발견되는 외래기성품, 봉황동과 관동리의 선착장, 부산-김해 일원에서 확인되는 왜인의 집단 거주처, 창원 다호리 1호묘 출토 붓과 삭도, 저울용 環 등은 김해를 중심으로 원거리 교역행위가 활발히 이루어졌음을 말한다. 이러한 측면을 종합할 때 김해야말로 동북아시아의 대표적인 항시라고 할 수 있다.

3. 정치구조

그렇다면 狗邪國에서 金官國으로의 전환은 항시에서 항시국가로 발전하는 과정을 의미한다. 항시국가의 운영이 복수의 항시가 연결된 네트워크를 기초로 하는 점을 고려하면 김해 주변의 여타 항구도 포괄적으로 고려하여야 할 것이다. 아울러 전형적인 항시는 항구만으로 완결되는 것이 아니라 배후에 생산 및 채집의 기지를 둔다는 점에서 철의 생산, 칠의 채집[68] 등 다양한 생산활동의 공간을 찾아야 할 것이다. 이런 점에서 김해의 위상을 관문 지역사회(Gateway Community)로 규정한 견해는[69] 여러 가지로 음미

---

66) 박준영, 2016 「한국 고대 유리구슬의 특징과 전개양상」『중앙고고연구』19, 중앙문화재연구원, 98쪽.

67) 권오영, 2017 「한반도에 수입된 유리구슬의 변화과정과 경로」『湖西考古學』37, 호서고고학회, 61쪽.

68) 창원 다호리분묘군에서 자주 발견되는 칠기의 존재를 고려할 때 김해 인근에서 칠의 채취와 칠기 제작이 이루어졌음을 알 수 있다.

69) 이현혜, 1988 「4세기 加耶社會의 交易體系의 變遷」『한국고대사연구』1, 한국고대사연구회, 164쪽.

〈그림 7〉 이키 하루노츠지(原ノ辻)유적의 하역과
선착장 모형(一支國博物館, 필자 촬영)

할 부분이 많다.

　동남아시아 항시국가 중 하나인 랑카수카에는 2개의 중요 항시가 있는
데 하나는 야랑일대이고 다른 하나는 크다일대이다. 야랑일대는 정치적 중
심지로 여겨지므로 푸난의 앙코르 보라이에 대응된다. 앙코르 보라이는 내
륙에 위치한 점에서 옥 에오와는 다른 기능, 예컨대 정치적인 중심, 농경기
반, 산악지대의 물산 집하 등을 담당하였을 것이다. 반면 메콩 강 하구에
위치한 옥 에오, 말레이반도 서안의 크다는 변한사회에서 김해가 지닌 관
문과 같은 기능으로 특화되어 있다.[70] 이런 점에서 야랑은 앙코르 보라이를
닮았고, 크다와 옥 에오는 김해를 닮았다. 금관가야에서 야랑이나 앙코르
보라이와 같은 내륙 쪽의 또다른 중심, 즉 농경과 산악지대의 물산을 모으
던 정치체가 존재하였을까? 이런 점에서 시간적인 차이는 있으나 고령이
나 합천과 같은 내륙 정치체의 성격을 다시 생각하게 된다.

　항시국가를 구성한 항시들은 농업에 기반을 둔 국가처럼 수직적 관계가

---

70) 권오영, 2017 「狼牙脩國과 海南諸國의 세계」 『百濟學報』 20, 백제학회, 232쪽.

아니라 수평적인 관계를 맺는 경우가 많다. 따라서 항시국가 내에서 항시 간 주도권의 이동이 자주 일어나게 된다. 나아가 해안가에 위치한 여러 항시국가 간에도 협조와 경쟁, 동맹과 반목이 빈발한다. 탈해와 수로의 경쟁, 동해안에 위치한 音汁伐國과 悉直谷國의 분쟁을 신라(斯盧國)와 김해의 수로왕이 해결한 사건,[71] 남해안에 소재한 여러 소국 간의 분쟁을 기록한 이른바 "浦上八國의 亂" 등은 모두 전형적인 항시국가 간 분쟁의 모습이다.

V. 맺음말

지중해 세계와 중국의 연안을 연결하는 항로가 기원 전후한 시기에 이미 개통되었음을 인식하는 것이 가야를 비롯한 고대 동북아시아 정치체의 성장에 대한 이해에 긴요하다. 중국 동해안과 한반도, 일본열도를 연결하는 연안항로는 이미 그 전부터 작동하고 있었다. 그 결정적인 증거는 중국 戰國時代 유리 제작기술의 계보를 잇는 푸른 색의 납-바륨계 유리구슬이 초기철기시대 한반도 중서부-서남부, 그리고 북부 큐슈(九州)에서 공통적으로 출토되는 현상이다.

따라서 한반도와 일본열도가 기원 전후한 시점에 동서 바닷길에 접속되었다고 하여 이상할 것은 하나도 없다. 실제로 인도, 동남아시아, 중국 兩廣지역에서 제작된 것으로 추정되는 포타쉬 유리구슬이 이 시기에 한반도와 일본열도에 대거 유입된다. 이런 측면에서 나주, 해남, 창원, 김해, 對

---

71) 『三國史記』 新羅本紀 第一 婆娑尼師今 23年條.

馬, 壹岐, 福岡 등지에서 고대 정치체가 성장하는 과정을 바닷길을 무대로 성장하였던 동남아시아의 항시국가와 비교하는 작업은 의미가 있다. 참파, 푸난, 랑카수카에 대한 이해는 한반도와 일본열도의 곳곳에서 성장한 해양성 짙은 고대 정치체의 새로운 면모를 보여줄 것이다.

특히 김해의 구야국(금관가야)은 항시국가적인 속성을 많이 지니고 있다. 고대국가 발전의 길은 한갈래만이 아니었다. 내륙에서 성장한 고대국가와 바다를 무대로 성장한 고대국가는 성장의 배경과 동력, 과정, 정치구조가 상이하였을 가능성이 매우 크다.

참고문헌

이현혜, 1988, 「4세기 加耶社會의 交易體系의 變遷」『한국고대사연구』1, 한국고대
　　　사연구회.

유인선, 2002, 『새로 쓴 베트남의 역사』 이산.

동북아역사재단, 2011, 『新唐書 外國傳 譯註 下』 동북아역사자료총서 31.

주수완, 2012, 「중국문헌을 통해본 중세 동남아의 불교문화(Ⅱ)」『수완나부미』 4-1,
　　　부산외국어대학교 동남아시아연구소.

매리 하이듀즈(박장식·김동엽 공역), 2012, 『동남아의 역사와 문화』 동남아시아지
　　　역연구총서 9.

모모키 시로, 야마우치 신지, 후지타 가요코, 하스다 다카시, 2012, 「해역아시아사의
　　　가능성」『해역 아시아사 연구 입문』 도서해양학술총서 25, 민속원.

가와구치 요헤이·무라오 스스무, 2012, 「항시사회론 −나가사키와 광주−」『해역아
　　　시아사 연구 입문』 모모키 시로 엮음(최연식 옮김), 민속원.

서규석, 2013, 『잊혀진 문명, 참파』 리북.

권오영, 2014, 「백제와 동남아시아의 교섭에 대한 검토」『충청학과 충청문화』, 충청
　　　남도역사문화연구원.

권오영, 2016, 「동남아시아 고대국가의 수리시설과 수자원 관리체계−메콩강유역을
　　　중심으로−」『한국상고사학보』92, 한국상고사학회.

박준영, 2016, 「한국 고대 유리구슬의 특징과 전개양상」『중앙고고연구』19, 중앙문화
　　　재연구원.

권오영, 2017, 「狼牙脩國과 海南諸國의 세계」『百濟學報』20, 백제학회.

권오영, 2017, 「한반도에 수입된 유리구슬의 변화과정과 경로」『湖西考古學』37, 호
　　　서고고학회.

Paul Wheatley, 1956, 「Langkasuka」「T'oung Pao」44.

Jane Allen, 1991, 「TRADE AND SITE DISTRIBUTION IN EARLY HISTORIC-
       PERIOD KEDAH: GEOARCHAEOLOGICAL, HISTORIC, AND
       LOCATIONAL EVIDENCE」「Indo-Pacific Prehistory Association
       Bulletin」10.

Jane Allen, 1997, 「INLAND ANGKOR, COASTAL KEDAH: LANDSCAPES,
       SUBSISTENCE SYSTEM AND STATE DEVELOPMENT IN EARLY
       SOUTHEAST ASIA」「Indo-Pacific Prehistory Association Bulletin」16.

Ian C. Glover, 1997, 「THE EXCAVATIONS OF J.-Y. CLAEYS AT TRA
       KIEU, CENTRAL VIETNAM, 1927~1928: FROM THE UNPUBLISHED
       ARCHIVES OF THE EFEO, PARIS AND RECORDS IN THE
       POSSESSIONS OF THE CLAEYS FAMILY」「Journal of The Siam
       Society」The Siam Society.

Miriam T. Stark, 1998, 「The Transition to History in the Mekong Delta:
       A View from Cambodia」「International Journal of Historical
       Archaeology」Vol.2, No.3.

Stark Miriam T., Griffin P. Bion, Church Phoeurn, 1999, 「Results of the
       1995~1996 archaeological field investigations at Angkor Borei,
       Cambodia」「Journal of Archaeology for Asia & the Pacific」Spring,
       Vol.38, Issue 1.

Emmanuel Guillon, 2001, 「HINDU-BUDDHIST ART −Treasures from
       Champa−」.

Miriam Stark, 2001, 「EXCAVATING THE DELTA」「Humanities」Sep/Oct.

Miriam T. Stark and Bong Sovath, 2001, 「RECENT RESEARCH ON
       EMERGENT COMPLEXITY IN CAMBODIA'S MEKONG」「INDO-

PACIFIC PREHISTORY ASSOTIATION BULLETIN』21.

Michel Jacq—Hergoualc'h, 2002, 「The Malay Peninsula: Crossroads of the Maritime Silk—Road』.

John N. Miksic, 2003, 「The Beginning of Trade and in Ancient Southeast Asia: The Role of Oc Eo and the ower Mekong River」 「Art & Archaeology of Fu Nan』(Edited by James C.M. Khoo).

Paul Bishop, David C.W.Sanderson, Miriam T. Stark, 2004, 「OSL and radiocarbon dating of a pre—Angkorian canal in the Mekong delta, southern Cambodia」 「Journal of Archaeological Science』31.

Guimet musée des ARTS ASIATIQUES, 2005, 「CHAMPA』.

M. T. Stark, 2006, 「PRE—ANGKORIAN SETTLEMENT TRENDS IN CAMBODIA'S MEKONG DELTA AND THE LOWER MEKONG ARCHAEOLOGICAL PROJECT」 「INDO—PACIFIC PREHISTORY ASSOTIATION BULLETIN』26.

NGUYÊN THÊ THUC, 2007, 「CHAMPA SCULPTURE』Ha Nôi.

David C.W. Sanderson, Paul Bishop, Miriam Stark, Sally Alexander, Dan Penny, 2007, 「Luminescene dating of canal sediments from Angkor Borei, Mekong Delta, Southern Cambodia」 「Quaternary Geochronology』2.

Tong Trung Tin, 2007, 「TWENTIETY—CENTURY ACHIEVEMENTS IN THE ARCHAEOLOGY OF VIETNAM」 「VIETNAM ARCHAEOLOGY』2.

Luong Ninh, 2007, 「The Funan state—A Century of Research—」 「VIETNAM ARCHAEOLOGY』2.

Pierre—Yves Manguin, 2008, 「Funan and the Archaeology of the Mekong River Delta」 「Viêt Nam —FROM MYTH TO MODERNITY—』Asian

Civilisations Museum, SINGAPORE.

Funayama Toru, 2008(2010), 「The work of Paramārtha -An example of Sino-Indian cross-cultural exchange-」『JIABS』vol.31 no.1-2.

Nancy Tingley, 2009, 『Arts of Ancient Viet Nam -From River Plain to Open Sea-』Asia Society, The Museum of Fine Arts, Houston.

Miriam T. Stark, 2010, 「From Funan To Angkor -Collapse and regeneration in Ancient Cambodia-」『After Collapse -The Regeneration of Complex Societies-』University of Arizona Press.

Mariko Yamagata & Nguyên Kim Dung, 2010, 「ANCIENT ROOFTILES FOUND IN CENTRAL VIETNAM」『50 Years of Archaeology in Southeast Asia -Essays in Honour of Ian Glover』Bangkok.

NGUYÊN THÊ THUC, 2010, 「champa old towers」.

Yamagata Mariko, 2011, 「Trà Kiêu during the Second and Third Centuries CE: The Formation of Linyi from an Archaelogical Perspective」『THE CHAM OF VIETNAM - History, Society and Art』, NUS PRESS, SINGAPORE.

Anne-Valérie Schweyer, 2011, 「Ancient Vietnam -History, Art and Archaeology-』RIVER BOOKS.

Mokhtar Saidin, Jaffrey Abdullah, Jalil Osman & Azman Abdullah, 2011, 「ISSUES AND PROBLEMS OF PREVIOUS STUDIES IN THE BUJANG VALLEY AND THE DISCOVERY OF SUNGAI BATU」『BUJANG VALLEY AND EARLY CIVILISATIONS IN SOUTHEAST ASIA』(Stephen Chia, Barbara Watson Andya 편집).

NGUYÊN VĂN KU', 2012, 「Chăm」, THÊ GIÓI PUBLISHERS.

藤田豊八, 1913, 「狼牙脩國考」『東洋學報』3.

チャンパ王國の遺跡と文化展實行委員會, 1994, 『海のシルクロード チャンパ王
　　國の遺跡と文化』財團法人 トヨタ財團.

石澤良昭, 1996, 『アンコール・ワット』講談社 現代新書.

石澤良昭・生田滋, 1998, 『東南アジアの傳統と發展』世界の歴史13, 中央公論社.

櫻井由躬雄, 1999, 「南シナ海の世界 － 林邑」『東南アジア史 II 島嶼部』新版 世
　　界各國史 6, 山川出版社.

石澤良昭, 2009, 『東南アジア多文明世界の發見』興亡の世界史11, 講談社.

山形眞理子, 2012, 「南境の漢・六朝系瓦 ―ベトナム北部・中部における瓦の出
　　現と展開」『古代』129・130, 早稻田大學考古學會.

「고대 동아시아의 항시국가와 김해」에 대한 토론문

차 순 철 (서라벌문화재연구원)

    최근 이루어진 동남아시아 고고학의 성과는 새로운 시각을 전해주고 있다. 해양실크로드 혹은 도자기 길이라고도 불리는 동남아시아 무역로는 지중해지역과 아라비아반도 그리고 인도를 연결하는 무역로와 함께 이해되고 있다.

    인도의 소파라(Sopara)를 비롯한 고대 항구도시를 중심으로 한 도시유적들은 활발한 무역활동의 산물이라고 볼 수 있다.

인도 데칸대학박물관 전시 제철로

이러한 교역을 주도한 사람들의 출신지역과 성격에 대해서 질문 드리고 자 한다. 중국에서 출토되고 있는 자료로 볼 때, 인도(유리), 파르티아(도기), 로마(금은기) 등과 같이 시기별로 다양한 물산들이 교역되었다. 이러한 무역의 주체를 국가에 의한 관영무역으로 보시는데, 인도를 비롯한 여러 지역의 상인집단에 의한 민간무역이 다수를 점하지 않았나 생각 된다.

베트남을 비롯한 동남아시아지역의 힌두문화의 존재 역시 인도인들의 이주와 힌두교의 확산으로 이해된다. 이러한 문화 확산이 해상 무역로의 활성화를 가져온 것이 아닌가 한다. 또한 이 지역에서 출토된 로마금화의 성격이다. 고대 인도에서 로마금화를 비즈와 같은 장신구로 이용한 점으로 볼 때, 당시 동남아시아지역에 거주했던 인도인들과 이들 로마금화를 연결 시켜볼 수 있지 않을까 한다.

또한 옥 에오 유적을 비롯한 이 지역의 유리생산 문제이다. 이들 유리를 비롯한 각종 장신구의 생산과 수출문제는 우리나라 원삼국시대와 밀접한 관련성을 가지고 있다. 발표자의 소개처럼 철 생산기술이 이 지역에 전해 지고 유리를 비롯한 각종 귀중품의 교역이 이루어진 점은 중요하다고 생각 된다.

고대 기록에 나오는 석탈해가 철기기술을 가진 사람으로 표현된 점을 생각해본다면, 동남아시아지역에서의 문화전파를 고려할 수 있는지 궁금 하다.

가야·신라의 철기기술체계 형성에 미친 인도의 영향과 그 가능성에 관한 연구

박장식*

目次

Ⅰ. 서론

철과 탄소의 합금인 철강소재는 탄소함량에 따라 연철, 강철 및 주철의 세 종류로 분류된다. 탄소를 거의 함유하지 않아 순철에 가까운 연철은 쉽게 변형되므로 두드림 가공에 유리하나 도구나 무기와 같이 높은 강도가 요구되는 제품의 제작에는 부적합하다. 이에 비하여 탄소함량이 매우 높은 주철은 녹는 온도가 낮아 주조제품 제작에 적합한 반면 취성이 매우 높아 작은 충격에도 쉽게 파손되는 단점이 있어 도구나 무기와 같이 충격에 대

---

* 홍익대학교 재료공학부

한 저항력이 높아야하는 경우에는 사용하기 어렵다. 한편 탄소함량 면에서 연철과 주철의 중간에 해당하는 강철소재는 두드림 가공이 가능할 뿐 아니라 열처리 공정을 통하여 강도와 연성을 다양하게 조절할 수 있어 각종 철기제작에 가장 널리 쓰이는 중심소재에 해당한다.

철제품은 철광석에서 철소재를 생산하는 제련공정과 제련된 철소재의 탄소함량을 조절하는 제강공정 그리고 제품의 형태를 만드는 성형공정과 소재의 물성을 조절하기 위한 각종 열처리 공정을 거쳐 제작된다. 고대로부터 산업혁명에 이르기까지 세계의 제철산업은 해면철 또는 주철을 생산하는 두 가지 서로 다른 제련법을 근간으로 성립되어 있었다. 이들 중 연철에 해당하는 해면철은 인류가 최초로 만들어 사용한 철소재로서 이의 생산에는 블루머리(bloomery) 제련법이 적용되었다. 반면 주철제련은 해면철보다 약 1천 여 년 늦은 기원전 5세기를 전후한 시기에 중국에서 시작되어 이후 중국을 대표하는 기술로 자리한다(Tylecote, 1992; Rostoker and Bronson, 1990).

도구나 무기와 같은 철기에 해면철 또는 주철소재를 그대로 사용하기는 어려우므로 이들의 탄소함량을 조절하여 강철소재로 변환시키는 제강공정이 반드시 필요하다. 이를 위하여 연철에 가까운 해면철 소재에는 탄소함량을 높이기 위한 침탄공정이 수행되며 주철소재에는 탄소함량을 낮추기 위한 탈탄공정이 수행된다. 이것은 제련공정의 성격에 따라 적용할 수 있는 제강법이 결정되며 이후 제품제작과정에서 수행되는 성형 및 열처리 등의 제반 공정에도 차이가 발생할 수 있음을 의미한다. 그러므로 특정 지역과 시대의 철기기술체계는 제련, 제강, 성형, 열처리 등의 여러 요소기술이 조합되어 성립된 것으로 보아야하며, 철기를 통한 역사연구에는 이러한 요소기술 개개에 대한 연구와 더불어 이들의 조합으로 이루어지는 철기기술체계의 전반적 특성에 대한 개관이 필요하다.

중국의 경우 漢대에 이르면서 블루머리법이 실행된 고고학적 흔적을 찾기 어려울 정도로 주철제련이 철기산업의 중심에 자리하면서 주철소재를 대상으로 하는 다양한 탈탄기술이 개발되어 제강공정으로 실행되게 된다(Rostoker and Bronson, 1990; Wagner, 2008). 지정학적 여건으로 보아 한반도에도 이와 유사한 철기기술이 실행되고 있었을 가능성은 충분하며 이는 그간의 고고학적 연구결과에도 잘 드러나 있다. 여기에서 한 가지 주목할 점은 한반도의 경우 주철중심의 중국식 기술과 더불어 해면철 제련에 근거하는 별도의 기술이 병행되고 있었다는 사실이다. 한국에 철기가 유입되는 시기 주철소재가 중국 철기기술의 근간을 이루고 있었던 점을 고려할 때 한반도에서 확인되는 해면철 기술의 기원을 중국으로 보기는 어려울 것이다. 그럼에도 불구하고 한반도에 존재하던 해면철 가술의 기원에 대한 질문이 아직까지 제기되지 않은 것은 한국 철기기술의 기원을 당연히 중국으로 보는 견해에 기인한 것으로 판단된다(Taylor, 1989).

최근 본 연구자는 한반도 남부 특히 옛 가야와 신라지역에서 출토된 철기유물을 대상으로 하는 분석실험을 통하여 이들 지역의 철기기술체계가 유물의 수량이나 종류 및 용도의 측면에서 주철보다는 해면철 생산에 기반을 두고 있었다는 사실을 확인하였다(Park and Rehren, 2011; Park, 2012). 이에 본 연구자는 가야와 신라에서 실행되던 블루머리 제련법의 기원에 대한 질문을 제기하고 그 답을 찾고자 중국을 제외한 아시아 지역의 고대 철기기술에 대한 탐구를 시작하였다. 본고에서는 인도 고고학자들과의 협력연구를 통하여 기원전 6~7세기로 편년되는 인도 낙푸르(Nagpur)의 거석문명 유적지에서 (그림 1) 출토된 철기유물에 대한 분석결과를 (Park and Shinde, 2013) 바탕으로 기술적 측면에서 인도와 한반도 간의 직접 또는 간접적인 교류의 가능성을 살펴보고자한다.

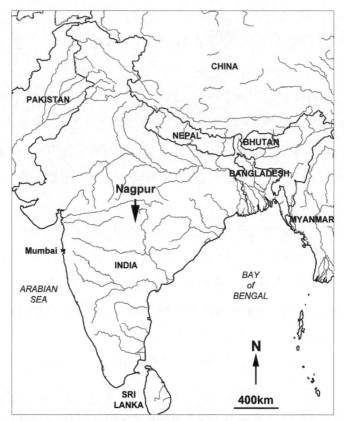

그림 1. 철기유물 출토지인 인도의 거석문명 유적지 낙푸르(Nagpur) 지역의 위치.

Ⅱ. 분석방법

본 연구에서는 분석대상 유물로부터 소량의 편을 취하여 이를 일종의 플라스틱 재료에 고정시킨 후 연마와 부식을 포함하는 표준 과정을 거쳐 분석용 시편으로 준비하였으며, 필요할 경우 메틸알코올 97㎖에 3㎖의 질산을 혼합하여 만든 나이탈 용액으로 그 표면을 부식한 후 광학현미경과 주

사전자현미경(SEM: Scanning Electron Microscope)을 이용한 미세조직 관찰에 사용하였다. 각 시편의 탄소함량은 미세조직을 근거로 추정되었으며 그 결과는 무게를 기준으로 하는 백분율로 제시되었다.

Ⅲ. 분석결과

그림 2a에 제시된 유물은 장방형 철편으로 용도 면에서 도끼로 사용되었을 가능성이 큰 철기이다. 소재의 특성과 제작기법을 추정하기 위하여 이 도끼의 날과 몸체와 후미로 판단되는 화살표 a, b, c의 곳에서 각각 취한 작은 시편의 미세조직을 관찰한 결과 그림 2b, 2c, 2d가 얻어졌다. 그림 2b는 날에서 취한 시편을 촬영한 전자현미경 조직사진으로 여기에는 전 부위에 걸쳐 펄라이트(pearlite)로 불리는 치밀한 공석조직이 자리하고 있으며 이를 배경으로 간간이 철탄화물인 시멘타이트(cementite)가 미세한 입자형태로 분포하고 있다. 이러한 조직은 탄소함량이 공석조성(0.77%)을 다소 상회하는 고탄소강 소재에서 볼 수 있는 것으로 도끼의 날 부위에 이처럼 탄소함량이 높은 강소재가 사용되었음을 분명하게 보여준다. 반면 몸체, 즉 화살표 b에서 취한 시편의 광학현미경 조직사진인 그림 2c에는 페라이트(ferrite) 결정립으로 이루어진 밝은 바탕에 횡 방향으로 다소 늘어진 검은 불순 개재물이 자리하고 있다. 페라이트는 순철에 가까운 금속상인 점을 고려할 때 도끼의 몸체에는 탄소를 거의 함유하지 않는 연철소재가 사용된 것으로 판단할 수 있다. 전자현미경사진인 그림 2d는 그림 2a의 화살표 c, 즉 도끼의 후미에서 취한 시편의 미세조직을 보여준다. 여기에 보이는 층상의 조직은 펄라이트로서 이 시편이 약 0.77%의 탄소를 함유하는 공석강

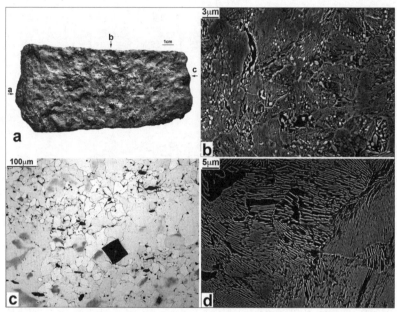

그림 2. 인도 낙푸르(Nagpur)의 거석문명 유적지 출토 철제 도끼에 대한 분석결과. a) 외형; b)-d) 그림 2a의 화살표 a, b, c에서 각각 취한 시편의 미세조직을 보여주는 광학현미경 조직사진.

소재로 되어 있음을 말해준다.

　이상에서의 미세조직 분석결과에는 도끼의 몸체에 연철이 사용되었으며 날과 후미에는 탄소함량을 높인 강소재가 사용되었다는 사실이 잘 드러나 있다. 우선 도끼의 몸체에 연철이 사용되었다는 것은 이 철기의 제작에 연철이 기본소재로 공급되었다는 것을 나타내며, 그림 2c에서와 같이 연철소재에 존재하는 불순 개재물은 이 소재가 블루머리법을 적용하여 생산된 해면철이라는 점을 시사한다. 해면철의 경우 일반적으로 탄소함량이 매우 낮아 강도가 요구될 경우 탄소함량을 높여야할 필요가 있다. 그러므로 특별한 기능이 요구되는 도끼의 날에 그림 2b에서와 같은 강소재가 사용된 것은 충분히 예견되는 것일 뿐 아니라 주어진 유물이 실제로 도끼로서의 기

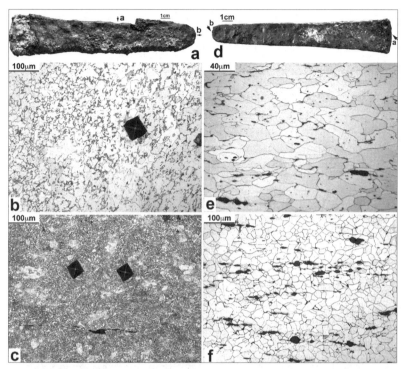

그림 3. 인도 낙푸르(Nagpur)의 거석문명 유적지 출토 판상철부에 대한 분석결과. a) 외형; b), c) 그림 3a의 화살표 a, b에서 각각 취한 시편의 미세조직을 보여주는 광학현미경 조직사진; d) 외형; e), f) 그림 3○의 화살표 a, b에서 각각 취한 시편의 미세조직을 보여주는 광학현미경 조직사진.

능을 담당하였거나 그를 목표로 제작된 것임을 방증한다. 반면 도끼의 후미에 그림 2d에서와 같은 강철소재를 사용한 것은 예상에 크게 어긋나는 것으로 그 배경에 주목할 필요가 있다.

그림 3a는 긴 철편으로서 발굴기관에서는 이를 우리말로 까뀌에 해당하는 영어의 'adze'로 명명하였다. 본고에서는 이들 철기가 한반도에서 자주 출토되는 판상철부와 형태면에서 유사함을 고려하여 이를 판상철부로 부르기로 한다. 이 판상철부의 날에는 부식이 심하게 진행되어 조직관찰이 가능한 금속시편을 취할 수 없었다. 이에 화살표 a로 표시된 몸체와 화살

표 b의 후미에서 각각 한 점의 시편을 취하여 미세조직을 관찰한 결과 그림 3b와 3c의 광학현미경사진이 얻어졌다. 그림 3b를 보면 어둡게 보이는 곳에 약간의 공석조직이 관찰되나 전 부위가 대부분 페라이트로 되어있다. 이것은 이 판상철부의 몸체에 연철소재가 사용되었음을 의미한다. 반면 그림 3c에는 전 부위에 걸쳐 공석조직이 자리하고 있으며 하단 근처에 횡으로 길게 늘어진 불순 개재물의 존재가 확인된다. 이는 이 판상철부의 후미에 사용된 철소재가 탄소함량 약 0.77%인 공석강이라는 사실을 보여준다. 그림 3b와 3c의 두 조직사진에서 마름모 모양의 검은 부위는 비커스경도 측정 자국으로 이들의 크기를 비교할 경우 후자의 강조직에서의 경도가 전자의 연철에 비하여 월등하게 높다는 것을 알 수 있다.

그림 3d에 보인 철기는 형태상 그림 3a의 유물과 유사하며 발굴기관에서도 동일한 용도의 유물로 판단하였다. 화살표 a와 b의 곳, 즉 이 판상철부의 날과 후미에서 시편을 취하여 광학현미경으로 조직을 관찰한 결과 그림 3e와 3f가 얻어졌다. 이들 두 조직사진에는 전 부위에 걸쳐 페라이트 결정립이 밝게 보이는 바탕을 이루고 있으며 여기에 수평방향으로 길게 늘어진 검은 불순 개재물이 자리하고 있다. 형태면에서 추정되는 용도가 유사함에도 불구하고 이 판상철부에는 그림 3a에 보인 것과는 달리 날 과 후미에 모두 연철소재가 사용되었음이 분명하다. 이러한 조직분포는 이 철기유물 전체가 연철로 되어있음을 의미한다. 한편 이들 조직에서 공통적으로 발견되는 불순 개재물은 이 철기 제작에 공급된 연철이 블루머리법을 적용하여 제련된 것임을 말해준다.

이상의 두 판상철부에 대한 분석결과를 비교할 경우 두 점 모두 해면철소재를 기본소재로 사용하였다는 결론에 도달하며, 이를 두드려 형태를 만들기 까지는 제작공정 면에서 양자 간에 별다른 차이가 없었음을 알 수 있다. 그러나 이후 전자의 철부에는 그 후미에 탄소함량을 높이기 위한 공

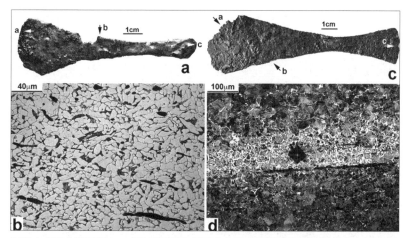

그림 4. 인도 낙푸르(Nagpur)의 거석문명 유적지 출토 소형철편에 대한 분석결과. a) 외형; b) 그림 4a의 화살표 b에서 취한 시편의 미세조직을 보여주는 광학현미경 조직사진; c) 외형; d) 그림 4c의 화살표 c에서 취한 시편의 미세조직을 보여주는 광학현미경 조직사진.

정이 추가되었으나 후자에는 별도의 공정이 추가되지 않았다. 특히 전자의 경우 기능상 중요하지 않은 후미에 탄소함량을 높인 강소재가 사용되었다면 날 부위에도 강소재가 사용되었을 가능성이 높다.

그림 4a에 제시한 철기는 두께 약 1mm에 길이 9cm 정도의 소형 철편으로 그 양쪽 끝이 부채꼴인 독특한 형태를 취하고 있다. 이 철기의 좌측 단과 몸체 중간 그리고 우측 단에 해당하는 화살표 a, b, c에서 각 한 점의 시편을 취하여 관찰한 결과 세 점 모두에서 유사한 미세조직이 관찰되었다. 그림 4b는 광학현미경사진으로 몸체인 화살표 b에서의 조직을 보여준다. 이 사진에는 밝게 보이는 페라이트 결정립을 배경으로 좌우로 길게 늘어진 검은색 개재물이 자리하고 있다. 이 조직은 앞서 살펴본 그림 3e 또는 그림 3f와 유사한 것으로 그림 4a의 철기 역시 해면철 소재를 두드려 가공된 것임을 나타낸다.

그림 4c에 보인 철기는 크기와 형태면에서 그림 4a의 것과 크게 다르지

않다. 이 철기에서도 좌측 단과 몸체 그리고 우측 단의 화살표 부위에서 시편을 취하여 광학현미경으로 분석한 결과 모든 시편에서 유사한 조직이 관찰되었다. 이들 중 화살표 c에서 얻은 결과인 그림 4d를 보면 중심 근처에 좌우를 가로지르는 일부 밝은 영역을 제외할 경우 전 부위에서 공석조직이 관찰된다. 그러므로 이 시편에는 평균적으로 공석조성에 가까운 약 0.77%의 탄소가 함유된 것으로 볼 수 있다. 다만 중심 근처의 밝은 영역에는 공석조직과 페라이트가 함께 자리하고 있으므로 그 탄소함량은 주변에 비하여 다소 낮을 것이 분명하다. 한편 그림 4d에서도 그림 4b에서와 같이 길게 늘어진 검은 불순 개재물의 존재가 밝은 영역의 하단을 따라 확인된다. 이러한 조직상의 특징으로 보아 이 철편 역시 해면철을 기본소재로 하여 두드림 공정을 거쳐 제작된 것이 분명하다. 해면철 소재의 탄소함량이 일반적으로 매우 낮음을 고려할 때 이 철편에는 탄소함량을 높이기 위한 처리가 가해진 것으로 판단할 수 있으며 이러한 판단은 그림 4d에서 확인되는 조직의 분포상황과도 일치한다. 이 처리는 탄소를 주입하기 위한 침탄 공정이어야 하며 그 시기는 형상가공이 완료된 후였을 것이 분명하다. 이것은 그림 4a의 철기가 그림 4c에 보인 철기의 제작에 필요한 중간소재에 해당함을 의미한다.

IV. 고찰

인도 낙푸르 지역의 거석문화 유적지에서 출토된 다량의 철기 가운데는 도끼, 낫, 칼, 창, 호미 등의 도구 또는 무기류가 주를 이루는 가운데 일부 가사용품이 포함되어 있다. 이들 철기는 형상과 용도 면에서 큰 차이를 보이기는 하나 소재나 제작공정의 측면에서는 크게 다를 것이 없는 유사한 제품이다. 그러므로 그림 2a, 3a, 3d, 4a 및 4c에 제시된 철기는 그 지역에서 통용되던 당대의 소재와 철기제작 기술체계를 대표하는 유물로 볼 수 있다. 이들의 제작에는 대부분 연철에 해당하는 해면철 소재가 사용되었으며 날에서와 같이 특별히 강도가 요구되는 곳에 한하여 탄소함량을 높인 것으로 밝혀졌다. 이것은 당시 낙푸르 지역의 거석문명 유적지 주변에 블루머리법에 의한 해면철 생산에 기반을 둔 철기기술체계가 성립되어 있었음을 의미하는 것으로 이는 인도의 고대 철기기술에 관하여 지금까지 얻어진 관련 학계의 연구결과와도 일치한다.

해면철을 기본소재로 할 경우 제품의 형상가공은 주로 두드림 작업을 통하여 이루어지며 제강공정으로는 해면철 소재의 탄소함량을 높이는 침탄법이 적용된다. 탄소함량을 높임은 기능상 필요한 부위의 강도를 보강하기 위한 것으로 도끼날이나 창끝처럼 극히 일부에 한하여 필요하다. 그러므로 침탄작업은 형상가공이 완료된 후 실시하는 것이 가장 효율적이다. 이를 위하여서는 두 가지 방법 중 한 가지를 선택할 수 있다. 첫째는 필요한 부위에 직접 침탄법을 적용하여 탄소함량을 높이는 것이며 두 번째는 적당한 크기의 강 철편을 미리 준비한 다음 이를 필요한 부위에 접착하는 것이다. 후자의 경우 강철편은 해면철 철편에 침탄법을 적용하여 제작된다. 그림 2a에 보인 도끼나 그림 3a의 판상철부에서 확인되는 강철소재는 이 두 방법 가운데 한 가지에 의하여 제작된 것으로 볼 수 있으나 주어진 자료를 근거로 정확하게 어느 방법이 적용되었는지를 판단하기는 어렵다. 이들두 철기에서 특별히 주목해야할 점은 기능 면에서 주요 부위가 아닌 그 후미에 탄소함량을 높인 강소재가 사용되었다는 사실이다. 이는 매우 이례적인 것으로 중요한 의미를 갖는다. 본고에서는 놀랍게도 이와 정확하게 같은 상황이 한반도 남쪽의 가야와 신라지역에서 제작된 도끼와 판상철부에서 확인된다는 점에 주목하고자한다.

  김해 대성동의 금관가야 유적지와 신라 황남대총 남쪽 무덤에서 출토된 판상철부와 도끼에 대한 연구를(Park, 2012) 참고할 경우 이들 철기가 시공간상의 상당한 거리에도 불구하고 형상과 제작기술의 측면에서 위에서 살펴본 인도 철기와 매우 유사하다는 결론에 도달하게 된다. 침탄공정에 요구되는 기술과 시설을 고려할 때 인도와 한반도 두 지역 모두에서 도끼나 판상철부의 후미에 탄소함량을 높이는 독특한 기술을 적용한 데는 그에 드는 유무형의 비용을 상쇄하고도 남음이 있다는 사실을 공통적으로 인식한 결과로 볼 수 있다. 도끼 후미에 탄소함량을 높임으로써 얻을 수 있는 가장 큰 이득으로는 사용 도중 마모로 인하여 날의 기능이 저하될 경우 후미를 날로 만들어 재사용이 가능하다는 점을 들 수 있다. 전문적인 기술과 시설이 요구되는 침탄공정과는 달리 후미를 두드려 날로 만드는 작업은 망치나 화로를 갖춘 곳이면 어디에서나 가능하다. 그러므로 후미의 탄소함량을 높인다는 것은 소비자에게는 제품의 수명을 두 배로 연장하는 것에 해당하며 이는 그에 추가되는 비용을 크게 능가하는 이득을 창출하였을 것으로 판단된다.

  소비자의 입장에서 침탄공정을 피해갈 수 있는 또 하나의 방법으로는 침탄처리를 통하여 생산된 강철소재를 구입하여 필요한 부위에 사용하는 것을 들 수 있다. 그림 3d에 보인 판상철부에는 날과 후미 모두에 몸체와 동일하게 연철소재가 사용되었다. 이 철기에 침탄법을 적용하여 필요한 곳에 탄소함량을 직접 높일 수도 있겠으나 이 작업은 전문기술과 시설을 갖추지 않은 일반 소비자에게는 불가능한 일이다. 반면 그림 4d에 보인 것과 같은 소형 강철편이 가용할 경우 이를 적당한 크기로 잘라 날 부위에 접착한다면 침탄공정을 거치지 않고도 그에 버금가는 효과를 얻을 수 있을 것이다. 이것은 그림 4c에 보인 소형 철편이 강철소재를 공급하는 중간소재로서의 역할을 감당하고 있었음을 의미한다. 이러한 소형 강철편은 양적인 측면에서 극히 일부에 불과하였을 것이나 해면철과 더불어 인도의 고대 철기기술 체계를 지탱하는 두 축 가운데 하나였을 것이 분명하다. 이러한 강철편은 그림 4a에 보인 것과 유사한 연철편에 침탄공정을 적용할 경우 쉽게 제작된다. 따라서 그림 4a의 연철편은 그림 4c의 강철편 제작의 중간소재로 사용하기 위하여 특별히 만들어진 것으로 보아야한다.

이상의 결과에서 특별히 주목해야할 점은 연구대상 철기가 모두 중간소재로서의 기능을 지니고 있다는 점이다. 우선 그림 2a의 도끼나 그림 3a와 3d에 보인 판상철부와 같은 대형 철제품의 경우 그 자체를 완제품 도구로 볼 수도 있겠으나, 필요에 따라 적당한 크기로 자르거나 변형시켜 한 개 이상의 다른 제품제작에 사용할 수 있다는 점에서 이들을 연철소재를 공급하기 위한 중간소재로 보아 무방하다. 또한 그림 4a에 보인 소형 연철편의 경우는 그림 4c에 보인 것과 같은 강철편 제작용 중간소재이며, 그림 4c의 강철편은 강소재를 공급하기 위한 수단으로서의 중간소재로 볼 수 있다. 주요 부위에 침탄처리를 가한 그림 2a의 도끼나 그림 3a에 보인 판상철부는 있는 그대로 사용될 수도 있으나, 그 중간을 자른 다음 후미였던 부위를 날로 변형시킬 경우 비슷한 도구 두 자루가 만들어질 것이다. 사용 도중 이들의 날 부위가 마모될 경우 그림 4c에 보인 강철편을 이용한 수선이 가능하며, 경우에 따라서는 이들을 소재로 삼아 칼이나 화살촉과 같이 전혀 다른 용도의 철기를 제작할 수도 있을 것이다.

V. 결론

본고에서는 기원전 6~7세기경으로 편년되는 인도 낙푸르 지역의 거석 문화 유적지에서 출토된 다량의 철기를 대상으로 하는 금속학적인 분석실 험을 수행하였다. 이 유적지는 인도에 철기가 유입되는 이른 시기의 유적 지 가운데 하나로서 이곳에서 출토되는 철기는 인도의 고대 철기기술의 기 원과 발전과정을 파악함에 매우 중요한 고고학적 유물에 해당한다. 당시 이 지역에서 실행되던 철기제작 기술체계는 탄소함량이 낮은 연철소재를 생산하는 블루머리 제련법에 근거하여 성립되어 있었으며 제강법으로는 침탄법이 사용되고 있었던 것으로 밝혀졌다. 이처럼 블루머리 제련법과 침 탄 제강법을 근간으로 하는 기술은 인류가 발견한 가장 오래된 철기기술로 서 주철제련과 탈탄에 의한 제강법을 근간으로 하는 전통적인 중국식 기술 체계와는 분명하게 구별된다.

낙푸르 유적지 출토 철기유물은 연철소재를 두드려 판상 또는 봉상의 비 교적 단순한 모양으로 제작한 후 그 한쪽 끝을 날 형태 또는 침상으로 가공 하여 칼이나 도끼 또는 화살촉 등의 기능을 수행할 수 있게 한 것이 대부분 이다. 형상가공이 완료된 후에는 기능상 높은 수준의 강도가 요구되는 특 수 부위에 침탄처리를 가하여 탄소함량을 높이거나 미리 준비한 별도의 강 소재를 사용함으로써 강도를 높인 흔적이 관찰되었다. 이러한 분석결과에 는 철기유물 대부분이 한 편으로는 완제품으로서의 역할을 감당하면서 또 한 편으로는 필요할 경우 언제든지 다른 용도의 철제품 제작에 기본소재로 사용될 수 있도록 특별히 제작되었다는 점이 잘 나타나있다.

이상에서와 같은 인도의 독특한 철기기술체계가 한반도 남단의 옛 가야 와 신라 지역에서 거의 그대로 실행되고 있었다는 점 그리고 이 기술이 주철을 근간으로 하는 중국식 기술체계와 분명하게 구별된다는 사실은 한국 철기기술의 기원을 중국으로 보는 견해와 정면으로 대치된다. 고대의 유리 제작기술에 투영된바 한반도와 인도의 교류 가능성에 비추어 볼 때 (Lankton and Lee, 2006) 한반도에 존재하던 이러한 비 중국식 철기기술의 기원을 밝힘에 인도의 철기기술이 의미하는 바가 크다.

* 이 연구는 한국연구재단의 연구비 지원으로(NRF-2017R1A2B4002082) 수행되었다.

참고문헌

Lankton, J.W., Lee, I.S., 2006. Treasures from the Southern Sea: Glass ornaments from Gimhae-Yangdong and Bokcheondong, compositional analysis and interpretation, in Yogo Kim Pyongmo kyosu kinyom nonmunjip kanhaeng wiwonhoe, ed. Kogohak: Sigan kwa konggan ui hunjok. Hagyon munhwasa, Seoul Korea.

Park, J.S., Rehren, Th., 2011. Large-scale 2nd to 3rd century AD bloomery iron smelting in Korea. Journal of Archaeological Science, 38, 1180~1190.

Park, J.S., 2012. A preliminary study on the role and implication of plate-type iron artifacts in the ancient iron technology of Korea. Journal of Archaeological Science 39, 1925~1932.

Park J.S., Shinde S., 2013. Iron technology of the ancient megalithic communities in the Vidarbha region of India. Journal of Archaeological Science 40.11, 3822~3833.

Park J.S., Shinde S., 2014. Characterization and comparison of the copper-base metallurgy of the Harappan sites at Farmana in Haryana and Kuntasi in Gujarat, India. Journal of Archaeological Science 50, 126~138.

Rostoker, W., Bronson, B., 1990. Pre-Industrial Iron - Its Technology and Ethnology. Archeomaterials Monograph No. 1, Philadelphia, Pennsylvania.

Taylor, S., 1989. The introduction and development of iron production in Korea: a survey. World Archaeology 20.3, Archaeometallurgy,

422~433.

Tylecote, R.F., 1992. A history of metallurgy-2nd ed.. The Institute of
    Materials.

Wagner, D.B., 2008. Science and civilization in China Joseph Needham
    Volume 5 Chemistry and chemical technology Part 11: Ferrous
    metallurgy. Cambridge University Press.

종합토론

- 일시 : 2017. 4. 8. 13:30~16:00
- 장소 : 국립김해박물관 대강당

임학종 : 오늘 토론의 좌장을 맡은 임학종입니다. 어제 오늘 이틀간 주제 발표에서 가야의 불교와 사상에 대한 여러 의견이 나와서 오늘 상당히 열띤 토론이 될 것 같습니다.

저는 토론의 좌장이 아닌 어제와 오늘 발표한 발표자와 토론자들의 순서를 잘 정하고 시간배분을 잘 해 진행하는 역할이라고 생각하고 토론을 진행하도록 하겠습니다. 토론자 분들이 세 분 계십니다만, 약정토론은 없습니다. 개인에 대한 토론이 없기 때문에 먼저 토론자 선생님들이 발표 순서대로 미리 질문을 하시고 그 시간이 지나면 발표자 끼리 토론을 해 주시고, 마지막으로 청중 분들도 메모를 주시면 저희들이 답을 드리도록 하겠습니다.

먼저, 멀리 인도에서 오셨습니다. 현재 서울대학교 규장각에 계시는 산토쉬 굽타 선생님의 발표에 대해 이영식 교수님 먼저 질문 해 주십시오.

이영식 : 인제대학교 이영식입니다. 제가 토론문 순서에 앞에 있기 때문에 먼저 말씀을 드려야 할 것 같습니다. 우선 토론자이기 이전에 기획자로서 여러분들과 축하해야 할 일이 있습니다.

김해시 학술위원으로서 가야사학술회의를 이끌어 오신 신경철 교수님이 김해 대성동고분박물관에 가야관련 장서 1만 권을 기증하셨다고 합니다. 좌장님 허가를 받아 여러분들의 박수로 감사를 드리고자 합니다.

본론으로 들어가겠습니다. 산토쉬 굽타 선생님 같은 경우에는 저희가 발표 의뢰할 때, 허왕후사 서기 48년에 온다고 『삼국유사』에 기록이 되어 있는데 그렇다면 그 시기에 과연 아유타국이라고 기록되어 있는, 현재 지명으로는 아요디아를 중심으로 한 한·인도의 역사는 어떤가 하는 것이었습니다. 기원 전후로 한 아요디아의 역사적 상황을 정리해 주십사 부탁을 드렸습니다.

발표를 듣고 나서 보니 인도에서는 그런 연구가 거의 없다, 그리고 1285년경에 아마 저술되었을 것으로 생각되는 『삼국유사』에 있는 허왕후 관련 얘기를 다시 가져와서 인도사의 재구성 요소로 삼아야겠다는 발표를 해주셨습니다.

우선 첫 번째 질문은 이런 얘기입니다. 사실 우리는 인도를 몰라도 너무 모릅니다. 인도 공주 허왕후 이야기가 인도를 모르는 상태에서 계속 증폭되어왔다는 느낌을 지울 수가 없습니다. 여기 청중들 가운데 인도의 2대 서사시 중 하나인 『라마야나』에 대해 읽으신 분이 과연 몇 분이나 되십니까. 여기 앉아있는 발표자와 토론자 선생님들도 『라마야나』를 읽은 분이 별로 없을 것 같습니다. 『라마야나』는 인도를 중심으로 동남아시아, 말레이시아·인도네시아·베트남 등은 말할 것도 없고 북쪽으로 실크로드의 기점인 호탄 같은 나라 또 중국과 일본에도 들어갑니다.

중국이나 일본에 들어온 『라마야나』는 라마왕자가 출발하는 성도로서 아요디아가 나오고, 그래서 지금의 스리랑카인 남쪽 실론 섬까지 가서 부인을 납치한 괴물 라바나를 퇴치하고 세상을 잘 다스렸다는 내용입니다. 이런 힌두교 최고 성전의 이야기가 중국이나 일본에서는 불교 경전에 섞여 들어가면서 불교 설화로 만들어집니다.

그러니까 『라마야나』에 수록된 라마가 출발했던 아요디아라는 곳은 경전에서는 최고의 이상향입니다. 그래서 아마 이광수 선생님께서는 이곳이 곧 인도를 뜻하는 것으로 말씀하셨던 것 같습니다.

워낙 유명한 이야기였기 때문에, 저는 결론적으로 말하면 이렇습니다. 허왕후가 왔죠, 왔는데 허왕후는 우리가 얘기하는 인도공주 허왕후 그 자체가 아니고 수로왕과 함께 가락국을 구성했던 절반의 세력이 아닌가 생각됩니다. 즉, 김해의 반을 차지하고 있었던 왕비의 위상을 반영한 것으로 해석할 수 있습니다.

허왕후 세력이 바다에서 오긴 왔는데 어디서 왔는지는 몰랐던 것입니다. 그래서 인도를 중심으로 한 동아시아에 널리 퍼져 있는 『라마야나』 이야기가 불교 경전에 들어가서 중국과 일본에도 널리 전파된 것으로 생각됩니다.

1285년 일연스님이 1076년에 편찬된 「가락국기」를 채용했을 때, 「가락국기」에는 아유타국이라고만 되어있었고 일연스님이 그것을 인용했습니다. 일연스님은 아주 객관적인 분이여서 「가락국기」 자체에는 손을 대지 않았습니다. 축약을 했습니다. 그래서 거기에는 아유타국이라고만 썼습니다.

그런데 일연스님 스스로 호계사 석탑을 보고 쓰신 「금관성파사석탑조」에는 아유타국 앞에 서역이 붙습니다. 이런 것들이 어떻게 만들어졌는가 하면, 불경 속에 들어가 있는 라마야나 이야기 가운데 라마의 출발지로서 최고의 성소이며 이상향인 아요디아에 붙인 것으로 보입니다. 그 다음에 아요디아를 4세기부터 7세기까지 법현 이래의 중국 승려들이 방문하고 있습니다. 1285년 편찬한 『삼국유사』의 허왕후 이야기는 1200년 이상의 시간이 흘러 수록된 것입니다. 아무래도 시기가 내려오면서 『라마야나』의 라마 이야기가 차용돼서, 최고의 이상향이라고 하는 야요디아를 공주의 출발지를 서술하기 시작했고, 이것이 되풀이 되고, 전승되어 오늘 우리가 이런 이야기를 하는 것이 아닌가 생각합니다.

다음으로 발표자께서는 『삼국유사』 「가락국기」에 허왕후가 가지고 온 물품이 '한사잡물'로 기록되었고, 허왕후를 따라 왔다는 신보와 조광의 관직으로 기록된 '천부경'과 '종정감', 그리고 허왕후와 직접적 관계는 없지만 5대 이시품왕 왕비의 부친인 극충의 관직이 '사농경'이라 기록된 것에 대해,

고대 인도의 역사가 배경이 되었던 것 같다고 했습니다.

그러나 '한사잡물'은 문자 그대로 중국 '한漢 나라의 사치스러운 여러 물건' 이라는 뜻이고, 천부경·종정감·사농경은 신화시대부터 전해지는 중국의 관직명입니다. 중국의 물품과 관직명을 어떻게 고대인도 역사의 배경으로 이해할 수 있는지 모르겠습니다. 이와 관련된 설명도 부탁드립니다.

마지막으로 새로운 이름으로 '스리라트나'가 나타납니다. 전 인도대사 빠르따사라띠가 '스리라트나'가 그녀였음을 지어 내 정부출판사에서 출판하고, 2016년 인도 수상 모디가 방한 때 언급하였던 사실을 소개하였는데, 인도 사람들에게 상당한 호응을 받고 있다고 합니다. '스리라트나'가 어떤 의미이며, 언제 어떤 인물이고 허황옥과 어떻게 같은 인물로 통한다고 주장하였는지에 대해 조금 더 설명해주셨으면 합니다.

임학종 : 산토쉬 선생님 답변 부탁드립니다.

 **산토쉬굽타** : 현재, 동남아시아에 가면 『라마야나』이야기 관련 자료가 많이 확인됩니다. 중국에도 실크로드를 따라 『라마야나』이야기를 비롯한 인도문화적 요소가 확인됩니다.

　　　　일단 저는 『라마야나』의 내용이 중국에서 불교 경전에 맞게 발전되어 채용되었다고 생각하지 않습니다. 인도문화의 자체적 발전 또는 인도문화 자체가 다른 나라에 가서 발전된 것이라 생각합니다.

인도문화의 발전을 살펴보면, 처음에는 힌두문화를 외국으로 전파하거나 내부적으로 최하층 계급까지 전파하지 않았습니다. 원래 힌두교 문화는 비밀스러웠습니다. 『라마야나』에도 다른 사람에게 이것을 알려주지 말라는 이야기가 나옵니다. 그래서 인도 내에서도 카스트 4계급 가운데 상층

3계급까지만 이야기를 공유했습니다. 힌두교 경전 『베다』에서는 외국 사람을 말리차라고 합니다. 카스트 제4계급인 수드라나 그 아래 불가촉천민보다도 더 밑에 있는 것으로 봤습니다. 그래서 처음에는 외국인, 말리차에게 『라마야나』를 비롯한 힌두교문화를 알려주지 않았습니다.

동남아시아나 중국에 『라마야나』가 불교를 배경으로 갔던 것이 아닌가에 대해, 저는 이렇게 이야기 하고 싶습니다. 전체적으로 보면 인도 종교가 아주 심오하고, 여러 가지 문제가 있기 때문에, 불교가 발전하면서 동남아시아도 가고 실크로드를 통해 중국에도 가면서 1세기 이후에 『라마야나』가 전파된 것이 아닌가 생각합니다.

이영식 : 『라마야나』 이야기가 전 아시아적으로 확산된 문화로 보시는 건가요?

산토쉬굽타 : 네 그렇습니다. 한사잡물에 대한 질문은 답변하기가 조금 어려워서 다음 질문으로 넘어가겠습니다. 스리라트나라는 이름은 2012년인가 2013년부터 갑자기 나타났습니다. 인도에는 스리라트나라는 이름이 많습니다. '스리'는 인도에서 높은 사람이나 상대방을 높일 때 쓰는 말입니다.

이영식 : 영어의 '써(Sir)'와 같은 말이군요.

산토쉬굽타 : 네 그렇습니다.

임학종 : 답변 잘 들었습니다. 간단히 요약하면, 인도의 『라마야나』이야기는 불교의 전래와 함께 전 아시아적으로 확산되었을 가능성이 있다고 하셨습니다. 스리라트나의 '스리'는 극존칭을 뜻하는 말이라고 해주셨습니다.

다음으로 차순철 선생님 질문해 주시기 바랍니다.

 **차순철 :** 먼저 저는 스리라트나라는 인물을 인도사람들이 어떤 관점에서 보고 있는지가 궁금합니다.

산토쉬굽타 : 허황옥과 스리라트나를 비교하자면, 인도 사회에서는 허황옥이나 김수로에 관한 이야기를 잘 모릅니다. 스리라트나는 주로 민족주의 정치인들이 많이 언급하고 있습니다. 출발이 정치적인 목적이었기 때문에 나중에 인도의 정치지형이 바뀌면 여러 가지 문제가 될 수 있습니다.

임학종 : 다음으로 김해시 송원영 선생님 질문있으십니까?

 **송원영 :** 저는 따로 토론문을 준비하지 않았지만 한 말씀 드리겠습니다. 허황옥이라는 단어는 한자로 되어있습니다. 당시 허황옥이 어디에서 왔는지는 차치하고, 이름만 본다면 황색의 옥 이렇게 의역을 한 것이 스리라트나가 아닌가 생각됩니다. 쉽게 얘기하자면 인도에서는 허황옥을 스리라트나라고 부르는 것으로 이해하면 될 것 같은 생각이 듭니다.

대표적으로 정치에서 인물을 이용하는 것은 옛날부터 있어왔지 않습니까? 선조도 이순신을 정치적으로 이용했고, 또 근현대사에서 봤을 때도 그런 경우가 많습니다. 때문에 이름가지고 너무 얽매일 필요는 없다고 생각됩니다.

임학종 : 말씀 잘 들었습니다. 다음으로 이광수 선생님 발표에 대해 이영식 선생님 질문 부탁드립니다.

이영식 : 처음에 김해지역 불교 관련 문헌기록에 대한 검토를 부탁드렸는데, 오히려 그것보다 고대의 가야사 보다는 현대의 가야사를 보여주신 발표가 아니었나 생각됩니다. 몇 가지 질문이 있습니다.

　먼저, 허왕후 신화가 형성되는 배경에 대해 4가지 정도를 들고 계십니다. 하나는 불교에 의한 창작과 윤색, 또 하나는 설화의 역사화 그리고 사원비지니스 라고 하셨습니다. 마지막으로 사이비 역사학자에 의한 원 사료의 왜곡적 전파와 한국·인도 민족주의의 결합을 말씀하셨습니다. 특히 인도 민족주의와의 관련성은 아주 잘 지적해 주신 것 같습니다.

　그리고, 예전에 호계사의 파사석탑 설화와 양천 허씨 등의 허왕후릉 비정과 족보화, 김해 명월사 등의 신화 만들기 등에 대해 상세히 다루신 적이 계신데, 앞의 청중들을 위해 간단하게라도 설명을 좀 부탁드리겠습니다.

　마지막으로 요즘 김해를 중심으로 허왕후에 대한 학술회의가 두 번 정도 열린 것 같습니다. 대단히 죄송하지만 역사학적 접근과는 거리가 굉장히 먼 학술회의였습니다. 거기서 드라비다어가 한국어하고 아주 유사하다고 했는데, 사실 이런 학설은 대한제국 말기 헐버트가 한국 문화의 남방기원론을 설명하면서 이미 언급한 내용입니다. 그런데 이런 얘기가 다시 나타나 어떤 말이 우리말과 같다고 주장하는 실정입니다. 사실 이광수 선생님은 국내에서 유일한 인도 고대사 전문가가 아닌가 싶습니다. 그래서 이런 얘기들에 대해서 어떤 생각을 가지고 계신지 알고 싶습니다.

이광수 : 앞서 말씀하셨듯이, 제가 이영식 선생님으로부터 처음 발표 부탁을 받은 것은 김해지역 불교 관련 기록 검토였습니다. 제 생각에 이것보다는 허황옥 얘기가 나와야 할 거 같아서 허황옥 이야기를 하면 안 되겠나 하고 요청 드렸습니다. 이 이야기가 안 나오면 학술적이지 않는 이야기가 될 것 같아서 그렇게 했습니다.

몇 가지 짧게 제가 드리고 싶은 말씀은 일단 역사학이 문학보다 위에 있다고 생각한 적은 없습니다. 제 발표에서 말씀드렸습니다만 새로운 신화라는 것은 계속 만들어져 가는데, 처음 만들어져 가는 과정이 7~9세기로 알려져 있고 이때부터 인도에서 왔다는 내용이 퍼지기 시작한 것으로 생각됩니다.

또한 명월사에서 처음으로 장유화상이라는 이야기가 나온 것이 불과 몇 년 되지 않았습니다. 이러한 내용들이 나쁘다는 것이 아니라 김해지역에서 허왕후 설화와 여러 불교설화, 지역설화가 결합하여 전승하고 있는 것입니다. 허왕후는 아까도 말씀드렸듯이 분명히 동남아시아를 거치든 인도에서 바로 왔든 2~3세기 이후에는 가야 인도가 교류가 있었음을 부인할 수는 없지만 적어도 허왕후는 아니다. 전 이렇게 정리를 하겠습니다.

다음으로, 드라비다어는 딱 잘라 이렇다 저렇다고 말할 수 있는 사람이 한국에는 없습니다. 드라비다어와 한국어를 동시에 아는 사람도 없습니다.

헐버트라는 사람도 선교를 하면서 그 때만 해도 어떻다고 말할 수 있는 상황이 아니었습니다. 그런데 한국에 와서 한국어를 들어보니까 엄마, 아빠 단어가 드라비다어와 같다고 한 것입니다. 이런 식으로 세계 모든 언어를 무작위로 뽑아 비교하면 3~7%는 같은 단어가 있을 수 있습니다. 보다 전문적인 연구를 거쳐 두 언어의 연관성을 검토해야 할 것으로 생각됩니다.

임학종 : 네 답변 고맙습니다. 다음으로 차순철 선생님 질문해주십시오.

차순철 : 이광수 선생님 발표 잘 들었습니다. 들으면서 궁금했던 점이 많이 풀렸고 질문지도 앞서 발표하시면서 언급해주셨기 때문에 한 가지 부분만 여쭤보겠습니다.

허황옥 문제를 살펴보면 조선시대 또는 근세에 허왕후를 비롯한 고대의 여러 인물들을 자신들의 족보에 올리고 그것을 하나의 이야기로 만들어 역사적 진실처럼 꾸미는 것은 계속 있어왔습니다. 그런 측면을 놓고 봤을 때 김해를 중심으로 허왕후 이야기가 존재하는 것이 어떠한 가치가 있는지 말씀해주시면 좋겠습니다.

이광수 : 연구를 하면서 재미있는 현상을 발견했습니다. 「가락국기」에 아유타국이 나오는데, 이 책은 1076년에 쓴 것으로 생각됩니다. 그럼 왜 이 책에 아유타국이 있을까라고 추정 해보면, 적어도 9세기 이후 10세기, 11세기 경 이 지역에서는 아유타라는 말을 많은 사람이 아는 것은 아닐지라도 불교에 박식한 사람들이 썼기 때문에, 전혀 모르는 것을 집어넣을 필요는 없어서 「가락국기」에 썼을 것으로 보입니다. 『라마야나』를 통해 인도라는 나라가 이상향이라는 이미지가 어느 정도 있었던 것으로 생각됩니다.

이후 『삼국유사』를 편찬할 당시에 이르러 허왕후가 아유타 공주라고 하는 이야기가 만들어지면서, 이후 약 200년에 이야기가 점점 커지게 됩니다. 남해 금산에 가면 석탑이 있는데 그 석탑도 허왕후 관련이라고 하고, 김해 분산성에도 그런 얘기가 있습니다. 진해 용원에도 허왕후 관련 이야기가 있습니다. 이 지역에서는 바다를 통해 왔다는 전설이 있기 때문에 허왕후를 바다와 관련한 여신女神, 바다를 수호하는 존재로 여긴 것으로 생각됩니다.

허왕후 이야기를 김해와 경남 서부의 사람들이 어떻게 받아들였으며, 그들이 주체적으로 설화로 만들어 어떻게 우리의 이야기로 성숙해 나갔는지에 대한 연구가 이루어져야 할 것으로 생각됩니다.

임학종 : 충분한 답변이 되셨습니까? 마지막 토론자로 송원영 선생님 질문 부탁드립니다.

송원영 : 저는 이광수 선생님이 얼마 전에 출간하신 책을 열심히 읽었습니다. 그 책을 쓰신 목적은 이번 학술회의에서 이야기하는 것과는 조금 다른 측면이 있는 것 같습니다. 사실 저도 고고학을 하는 입장으로서 가락국기의 내용을 믿지 않았습니다. 솔직히 제가 김해출신이고 김해에서 계속 살아왔지만 증명이 된 것이 없었기 때문입니다.

근래에 수로왕의 나성 축조 기사라든지 그런 것들이 발견되면서 「가락국기」의 내용들에 대한 가치가 새롭게 조명되고 있습니다. 대표적으로 수로왕의 경우 사람이 알에서 태어나고 158세에 죽는 내용을 그대로 믿는 사람은 없습니다. 역사적으로 고고학적으로 어떻게 해석을 해야 할까 하는 문제입니다. 대성동고분군을 발굴한 신경철 교수님에 따르면, 금관가야 최초의 수장급 무덤을 3세기 후반의 29호분으로 보고 있습니다. 만약 수로왕이 실존인물이라면 29호분이 수로왕릉일거라는 추정도 할 수 있습니다. 그렇게 본다면 허왕후가 죽은 해가 198년으로서 2세기에서 3세기로 넘어가는 단계입니다. 허왕후가 실존인물이냐 아니냐가 중요한 것이 아니라 해상교역을 했던 상인 집단이든 종교 집단이든 그런 집단들이 있었고, 이들과 금관가야를 연관한 것으로 해석하는 것이 보다 맞지 않을까 생각 합니다.

이광수 : 간단히 말씀 드리면 저는 인도 고대사를 전공하는 사람입니다. 인

도는 신화라고 하는 것 자체가 사료입니다. 어제도 말씀 드렸지만 역사서라는 사서가 없기 때문에 온통 신화밖에 없습니다. 신화를 볼 줄 아는 힘을 좀 길렀다고 할까요. 신화는 몇 가지 아주 부인할 수 없는 특징이 있습니다. 그 중 하나가 한 시기에 만들어진 것이 아니라는 것입니다. 그 안에 교묘하게 역사성이 들어가 있고, 158세라든지 이런 여러 가지 실질적으로 불가능한 이야기가 들어가는 것들은 그 당시 사람들이 가지고 있는 세계관이 들어가 있는 것입니다. 역사성, 신화성, 설화성 등이 모두 섞여 있는 것입니다. 이렇게 섞여있는 이야기에서 역사성을 추출을 해야 하고, 상징적 의미를 찾아야 합니다.

임학종 : 감사합니다. 송원영 선생님 질문은 최근 가야사 연구의 전반적인 이야기입니다. 해석의 문제, 신화적인 역사성 이런 것 때문에 상당히 민감한 부분이 있는 것 같습니다. 다음 발표로 넘어가겠습니다. 주영민 선생님의 발표에 대해 이영식 선생님부터 질문을 해주십시오.

이영식 : 세 가지만 말씀드리겠습니다. 우선 하나는 질문은 아닙니다. 13년 전에 김해시 의뢰로 인제대학교 가야문화연구소가 가락불교의 전승에 관련된 유적지 정밀지표를 진행하였습니다. 이 조사 성과를 주영민 선생님이 정리해서 발표 하면서 13년 전 조사 이후로 「가락국기」에 대한 사실들을 확보한 적이 없다고 했습니다. 뼈아픈 지적으로 받아들여야 할 것 같습니다.

우리가 조사나 연구하는 노력은 하지 않고 자꾸만 불교가 있다 없다 이런 주장만 하는 것은 옳지 않다고 생각합니다.

질문입니다. 왕후사지에 대한 발표자 자신의 직접적은 지표조사 성과를 바탕으로 문헌적 사실과 부합하는 유적으로 추정한 것은 좀 과도한 추정이 아닐까 생각합니다. 발표자가 확인했던 관련유물은 12세기 이후의 수막새와 암키와, 그리고 기형을 알 수 없을 정도로 작은 경질토기편 뿐입니다. 전 왕후사지가 장유 수가리패총 인근에 위치한다는 데서 비롯한 과도한 추정이라 생각됩니다. 왕후사지가 있는 장유 율하지역은 최근 경상문화재연구원에서 유적 조사를 한 내용이 꽤 상세하게 밝혀졌습니다. 이곳에서 도로와 건물지 등이 나온 보고서를 봤습니다. 조사내용과 관련한 위치가 원래부터 지역전승으로 내려오는 왕후사의 후보지입니다. 그래서 이와 관련하여 보완 설명을 듣고 싶습니다.

우리가 고고학적으로 가야불교에 관련한 자료를 찾기 힘든 것이 현실입니다. 그런데 오늘 주영민 선생님은 과감히 1세기를 올려서 4세기부터 가야불교가 들어와 정착한 것으로 볼 수 있다고 하셨습니다. 신라에서도 원래 공인되기 전 이차돈의 순교 같은 사실도 있었기 때문에, 이러한 것들을 참고하여 1세기 정도 올려 4세기 대에 가야불교가 전래되었다는 볼 수도 있다고 하셨습니다. 논리적으로는 충분히 납득이 가지만, 그렇다면 신라에는 이차돈이 있는데 가야불교에는 불교전승과 관련된 증거나 기록이 있느냐 인데, 현재로는 없는 것 같습니다. 이와 관련하여 답변해 주시면 좋겠습니다.

주영민 : 첫 번째 질문에 답변 드리겠습니다. 김해율하2지구택지개발사업지구 발굴조사 과정에서 많은 유적들이 확인되었습니다. 이곳에서 주목해야 할 유적이 건물지입니다. 도로유적도 상당히 잘 보존 되어 나왔습니다. 이 유적들 주변으로 길이나 역, 원 같은 것들이 계속 설치가 되어있었던 것으로 생각됩니다. 일반적으로 고려시대에는 행정의 중심지 안에 도로 유적이 나왔습니다. 때문에 2004년 이후 조사되었던 유적지 가운데 만약 왕후사, 허왕후 일족이 온 것을 기념해 절을 만든 곳의 위

치로서, 이 지역도 살펴봐야할 필요가 있습니다.

　또 한 가지 말씀드리자면, 2004년 당시 조사에서는 일반적인 구조의 가람만 찾아다녔습니다. 그래서 탑재라든지 많은 것을 찾았습니다. 백제에서 불교가 공인되고 1년 후에 절을 만들었다고 하는데, 보통 대규모 절을 건립하려면 10년 넘게 걸릴 때도 있습니다. 1년 안에 바로 사찰을 만들 수는 없다고 생각됩니다. 그렇다면 기존의 건물을 활용해 절로 만들었을 것으로 생각됩니다. 기존에 조사 되었던 유적들, 또 앞으로도 조사되어야 할 유적들을 모두 왕후사의 후보지로 두고 살펴볼 필요가 있습니다. 그리고 두 번째 질문의 경우 앞의 것은 사료적으로 문제가 있습니다. 만약 「아도비문」에 등장하는 것을 묶어서 얘기 하면 100여 년의 시간이 경과되었다고 볼 수 있는데, 당시에는 신라에 불교가 공인되지 못했습니다. 만약 가야도 그랬다면, 상황이 비슷했을 거라 생각됩니다. 그리고 80년 후에 가야가 신라에 병합되었기 때문에 그 흔적이 남아있기 힘들다고 봅니다. 일반적으로 당시의 어수선한 시기에 큰 절을 새로 만들 수 있는지에 대해, 저는 없었다고 봅니다. 제가 생각하기에 가야에서는 신라에 비해 불교 수용에 대한 이질감이 더 컸던 것으로 보이며, 때문에 1세기 정도는 올려 봐도 큰 문제는 없을 거라고 생각합니다.

임학종 : 답변 감사합니다. 다음으로 차순철 선생님 질문 부탁합니다.

차순철 : 크게 봤을 때 가야 불교의 근거 자료로 삼는 것 중 『김해읍지』에 실려 있는 「명월사사적비문」이라고 생각됩니다. 발표자가 언급을 간단히 하셨지만 명문와의 존재는 사실여부를 떠나서 당시 사람들의 인식을 보여주는 점에서 주목됩니다. 중국 후한 순제시기인 서기 144년이라는 연대가 왜 이 사적비에서 다루어졌는지 궁금합니다. 가야불교의 역사를 이 시기로 특

정지은 이유가 궁금합니다.

가야 불교의 남방계 측면에서는 저는 백제문물의 남해안 진출 과정과 고령 지역의 진출 등을 본다면 아마도 웅진 백제 시기의 불교가 들어온 것으로 생각하고 있습니다. 이 부분은 좀 더 보완이 필요한 부분이지만 남해라든가 거제가 좀 더 검토가 필요할 것 같습니다.

마지막으로 한국사에 관련된 석불을 보면, 부처님 주변에 뱀이 양쪽으로 올라가는 모습입니다. 이것이 남방불교이고 가야불교의 한 축이라고 나와 있습니다. 석조미술에서 보면, 신라시대 하대와 고려시대 초기 석탑에 천인이 조합되어 있는 양식일 가능성이 많은 석조물로 보는 것이 타당하지 않겠나 싶습니다. 만약 이것이 뱀이라면 남방불교 뿐 아니라 인도적인 불상의 흔적이 보여야 하는데 그러한 모습이 보이기엔 좀 곤란하지 않을까 싶습니다. 이상입니다.

임학종 : 답변 부탁드리겠습니다.

주영민 : 명문와에 대해서는 그 연원을 찾을 수가 없습니다. 연호 또한 고려를 해봐야하는 부분입니다. 사찰의 연기에 지역의 설화나 이런 것들이 섞여 들어간 것이라 볼 수 있습니다.

두 번째로 불교가 들어왔을 경우, 백제의 불교가 남해안을 통해 들어온 것 같습니다. 오늘 권오영 교수님도 말씀해주셨지만 당시에는 물자 교역이 활발했습니다. 교역과 관련한 진시황의 불로초 이야기도 동남아시아, 우리나라 남해안 그리고 일본에서도 확인됩니다. 우리나라 같은 경우, 남해, 사천 늑도 이런 곳에도 지역 전승이 있습니다. 때문에 백제 불교가 가야로 전래 되었다고 하면, 그 길을 통해서 해안으로 와 내륙으로 올라온 것으로 추정됩니다.

임학종 : 답변 감사합니다. 송원영 선생님 질문이 있으십니까?

송원영 : 파사석탑조에 보면 **'해동에는 절을 건립하고 불법을 받드는 일이 아직 없었다.'**고 되어있습니다. 저는 이 기록이 굉장히 정확하다고 생각합니다. 불교가 여기에서 널리 퍼지고 했다는 얘기가 아니라 허왕후를 대표했던 상인 집단이 불교를 가져왔지만 전파가 안됐다고 생각합니다. 당시 가야에 있던 극소수 외국인만 믿고 있었다고 본다면 신뢰성이 더 높아질 것으로 생각됩니다. 또한 김해 시내에 있었던 호계사 절터의 경우, 경주나 부여에서 볼 수 있는 절처럼 도성 인근 평지에 있는 절의 모습을 띠고 있기 때문에 절을 지었던 시기가 훨씬 올라갈 거라 생각합니다.

주영민 : 파사석탑조에 보면, 허왕후가 가야에 왔을 때 바닷가에서 내린 가까운 곳에 절을 만들었는데, 그 절이 왕후사라고 했습니다. 글자 그대로 해석하면 먼저 절을 만들고, 그 후에 왕후사를 만든 것으로 됩니다. 일반적으로 바닷가 주변에 만들었던 절을 호계사라고 보고 있습니다. 그런데 실제로 호계사는 조선 후기쯤 만들어진 절로서, 절의 연기에 허왕후 설화를 붙인 것 같습니다.

송원영 : 호계사 절이 조선시대에 건립하는 것이 절대 불가능한 사실이 김해 읍성 안에 위치하고 있는 것입니다. 조선시대 객사 바로 옆인데 그 곳에 절을 지을 수는 없습니다. 불가능한 이야기입니다.

임학종 : 호계사가 아마 호계천 때문에 김해 시내에 있어야 하는 것으로 보고 있습니다. 호계사가 아무리 바닷가라고 해도 장유에 가있을 수는 없을 것 같습니다. 혹시 호계사에 관련해 이영식 선생님 간단하게 말씀하실 게

있습니까?

이영식 : 아니요. 호계사는 아니고, 송원영 선생님이 얘기한 것 중에 불교가 전래되지 아니하여서 그 지방 사람들도 불교를 믿지 않았다 이런 기록을 언급하였습니다. 이런 기록을 허황후가 일족이 개인적인 차원에서 불교를 믿었기 때문에 기록되지 않을 수 있다고 한 것은 잘못된 의견인 것 같습니다.

임학종 : 네 일단 주영민 선생님 발표의 토론은 여기까지 하겠습니다. 윤호필 선생님의 발표에 대해 차순철 선생님 질문 부탁합니다.

차순철 : 간단히 여쭤보겠습니다. 윤호필 선생님께서는 수변제사가 청동기시대부터 시작하여 계속 이어지는 것을 밝히고, 김해를 포함한 가야지역의 수변제사 또는 바다와 그 밖의 제사의 존재 가능성을 사례를 들어 발표하셨습니다.

사례에 제시된 유물 중 고성 동외동 패총에서 출토된 청동제 새모양 장식의 경우 전라남도 영광군 수동유적에서 유사한 제품이 출토된 바 있습니다. 양 지역에서 비슷한 유물이 확인된 점으로 볼 때, 양 지역의 제의문화가 유사할 가능성과 상호교류의 산물로 볼 수도 있는데 어떻게 보시는지 궁금합니다.

또한 중국 남부지역과 삼한시대 마한과 변한세력이 해양을 통해서 서로 교류한 산물로도 볼 수 없는지 궁금합니다. 그리고 김해 부원동유적에서 출토된 복골의 존재는 수변제의 유적과 다른 별도의 제사로 볼 수 있을지 궁금합니다.

임학종 : 윤호필 선생님 간단히 답변해 주십시오.

윤호필 : 먼저 새모양 청동기에 대해 말씀하셨는데, 이러한 모양의 청동기는 제사 의례로 사용했던 것으로 보입니다. 남해안 지역에서 확인되는 새모양 청동기의 형태들은 다 비슷하다고 생각 됩니다.

지금까지 확인된 바로는 저 청동기 외에도 다른 청동기를 많이 사용했습니다. 의식을 할 때 청동 거울 혹은 방울도 많이 사용하기 때문에 그렇게 보는 것이 맞습니다. 김해 봉황동 유적의 경우 중심부와 주변부 구분 없이 여러 의식들이 많았을 것으로 생각됩니다. 삼한의 경우에는 그 집단을 기준으로 해서 의례가 행해졌다고 하면 삼국시대에 들어오면서 금관가야나 소가야 중심지역에서 집단적으로 지속적인 의례행위가 있었다는 것이 중요할 것 같습니다.

고고학적으로 얘기하면, 누구나 다 볼 수 있는 언덕에서 대규모 의례 장소가 확인되고, 출토한 의례유물들이 독특하게 나타나는 경우, 이러한 의례는 국가가 주도하여 했을 것으로 생각합니다.

임학종 : 답변 감사합니다. 다음으로 야마다 히로유키 선생님의 오키노시마의 제사와 신앙에 대해 먼저 이영식 선생님 질문 부탁드립니다.

이영식 : 가야 불교 이전에 가야의 신앙이나 정신세계가 없었던 것은 아닙니다. 이러한 것과 관련해서 무나가타시 오키노시마 제사 유적의 신앙을 살펴보면 가야불교 이전의 신앙과 관련해 참고할 만한 내용이 있을 것이라 생각 됩니다.

그런데 발표 중 금반지에 대해서 야마다 선생님께서는 신라 계통이라 설명하셨습니다. 하지만 이러한 반지에 대해서 로마 계통이라 주장하는 일본인 학자 요시미츠 츠네오의 연구도 있습니다. 이러한 점에 대해서 야마다 히로유키 선생님의 의견이 궁금합니다. 그리고 오키노시마 제사 유적의 해상의례와 유사한 전 세계의 민족지적 사례에 대한 내용이 궁금합니다.

또, 전북 부안의 죽막동 유적과 오키노시마 제사 유적과 상관관계가 있는가, 있다면 어떤 특징들을 이야기 할 수 있는지에 대해서 궁금합니다. 그리고 허왕후 전승과 관련하여 의견이 있으시다면 말씀 해주시면 좋겠습니다.

야마다 히로유키 : 첫 번째 질문에 대해서 답변 드리겠습니다. 금반지의 원산지 문제에 대해서 일본에서 진행된 연구의 결과를 살펴보면, 금반지가 신라산이라는 의견이 지배적입니다. 하지만 제가 보기에는 반지의 형태나 문양이 유럽에서 실크로드를 통해서 넘어온 물건일 가능성도 배제하기는 어렵다고 생각됩니다. 이에 대해서 연구가 더 진행될 필요가 있다고 생각 됩니다.

두 번째 질문에 대해서 답변 드리겠습니다. 일본에서는 여신을 모시는 곳은 오키노시마 제사 유적 이외에도 존재합니다. 대표적으로 시마네현의 이즈모 대사가 있습니다. 하지만 전 세계적으로 살펴 볼 때, 여신을 모시고 있는 곳은 많이 없는 것으로 알고 있습니다.

세 번째 질문에 대해서는 대답하기가 힘들 것 같습니다. 가야의 역사나 한국의 문화에 대해 관심을 가지고 연구를 한 이후에 답변을 드릴 수 있을 것 같습니다.

마지막 질문에 대해서 답변을 드리겠습니다. 죽막동 유적에서는 일본계통의 유물이 출토 되는 것으로 알고 있습니다. 대가야 계통의 마구도 출토된 것으로 알고 있습니다. 그런데 한반도의 국제정세가 바뀌면서 왜가 가야의 금속제품을 요구하기 어려운 상황으로 바뀌었습니다. 그 대신, 무역 상대가 백제로 변해가는 양상이 확인 됩니다.

그런 의미에서 살펴보자면 죽막동 유적에서 왜나 백제 혹은 가야계 유물이 나오는 것은 너무나 당연하다고 생각됩니다. 석제 모조품들이 죽막동 유적에서 발견 되는 점은 오키노시마 제사 유적과의 공통점이라 생각됩니다. 그 다음 동경, 마구, 갑주, 철정 등이 발견 되는 점도 공통점 중 하나라 생각됩니다.

이영식 : 부안 죽막동 유적과 오키노시마 제사 유적 간의 제사 형태에 대한 점이 궁금합니다. 특히 오키노시마 제사 유적의 마지막 단계에 노천제사 단계가 있는데, 저는 이와 관련된 점이 궁금합니다.

야마다 히로유키 : 노천제사에 대해서는 연구자들 사이에 다양한 의견이 있습니다. 그 중, 노천제사의 장소가 최근에는 제기를 폐기시키는 폐기장이 아닐까 라는 의견도 있습니다. 그런 면에서 보자면 토기를 사용하고 있는 제사형태 라는 점에서 공통점이 있다고 생각 합니다.

임학종 : 야마다 선생님께서 답변하기 곤란한 부분도 있었을 것이라 생각됩니다. 답변 감사합니다. 차순철 선생님 질문 부탁드리겠습니다.

차순철 : 오키노시마 제사 유적의 제사를 주관한 사람은 지역 호족으로 추정되는 무나가타 씨족입니다. 무나가타 씨족이 이러한 국가적 규모의 제사를 진행 할 수 있는 배경은 과연 무엇인지, 왜냐하면 호족이 국가적 제사를 드릴 수 있는 것인지, 아니면 이러한 제사를 위임받음으로써 무나가타 씨

족이 지역에서 국가로부터 부여받은 권력을 나타내는 것인지 궁금합니다.

그리고 오키노시마 제사에 국가적인 율령제 부분이 언급되는데 이것이 동아시아에 중국과 한국에서 보이는 전통과 동일한 것인지, 아니면 일본만의 변형이 있는지 궁금합니다. 마지막으로 오키노시마 제사 유적 출토 유물을 살펴보면, 철기 중심이었다가 금공품으로 변화되는 모습이 보이는데 이러한 유물의 변화에서 혹시 한반도 내의 교류대상의 변화를 반영하는 것은 아닌지 여쭤보고 싶습니다.

야마다 히로유키 : 첫 번째 질문에 대해서 답변 드리겠습니다. 무나가타 초기, 국가적인 규모의 제사를 지낼 수 있었던 첫 번째 이유로 지리적인 원인이 있습니다. 오키노시마 제사유적은 한반도를 연결할 수 있는 가장 가깝고 편리한 장소에 위치하고 있습니다. 그렇기 때문에 무나가타 씨가 국가적 제사를 올릴 수 있는 배경이 되지 않았을까 라고 생각합니다.

발굴조사를 진행 한 결과, 해상교류와 관련되는 유적, 유물이 많이 발견이 되었습니다. 해상 항해가 당시에는 매우 중요했습니다. 그렇기 때문에, 국가에서는 무나카타씨를 해상 항해, 해상교역의 일환으로써 중요시 여겼을 것이라 생각합니다.

그 결과로 무나카타씨가 국가적 규모의 제사를 진행 할 수 있었던 것이라 생각합니다.

두 번째 질문에 대해서 답변 드리겠습니다. 제사에 대해서는 아직 말씀드리기 어려울 것 같습니다. 아직 그것 까진 연구가 진행되지 않았습니다. 하지만 율령제에 대해서는 일본의 것이 중국, 한국의 것과는 유사한 것 같습니다.

세 번째 질문에 대해서 답변 드리겠습니다. 출토 유물의 종류가 변하는 이유는 율령체제 하의 변화 양상과 관련성이 있다고 생각됩니다. 그리고 제사에 토기를 사용하기 이전 단계의 시기에 있어서는 고분시대라고 말씀 드릴 수 있습니다. 이 시기에는 제사와 의례가 아직 미분화된 형태로 진행 되는 시기로 알려져 있습니다. 이 시기에는 고분시대의 중요 고분에서 출 토되는 유물들과 유사한 유물들이 많이 출토되고 있습니다.

제가 아직 이 부분에 대해서는 연구가 많이 진행되지 않아 정확한 답변 을 드리기는 어려우나, 무역 상대가 바뀌어서 그에 따라 출토되는 유물이 조금씩 바뀌는 게 아닐까 생각 됩니다.

임학종 : 답변 감사합니다. 발표자 분들 중에서 혹시 질문하실 것이 있으십 니까?

윤호필 : 오키노시마 제사 유적에서 제사를 지내는데 기원 목적이 정확하게 어떤 것인지 궁금합니다.

야마다 히로유키 : 역시 항해의 안전을 기원하는 것으로 생각됩니다.

윤호필 : 기본적으로 섬에 유적이 위치하고 있다 보니 항해의 안전을 기원 한다고 볼 수도 있을 것 같습니다. 다른 관점에서 살펴보면 제사 형태들이 바위 위에서 지내는 형태도 있지만, 암음이나 동굴 안에서 진행하는 것들 도 있습니다.

한국의 경우를 살펴보면, 항해제사는 기본적으로 바다를 바라보며 주로 진행됩니다. 그렇기에 이러한 제사 형태와 오키노시마 제사 유적의 제사형 태와는 다른 점이 존재합니다. 발표 하실 때, 오키노시마 섬이 중간 기착지 고, 가까운 위치라 말씀하신 것이 있습니다. 사실은 경상도에서 쓰시마섬 이나 이키섬을 거쳐서 일본으로 가는 것이 더 좋은 경로이고, 또한 오키노시마 섬은 사람이 살지 않는 섬입니다. 기착지라는 것은 중간에 정박하여 배들이 쉬어가면서 식량이나 식수를 보급하는 데에 그 목적이 있습니다.

사천 늑도 유적의 경우에는 그 역할을 많이 수행한 흔적이 보입니다. 하지만 오키노시마 제사 유적에서는 그 역할을 수행한 흔적을 전혀 살펴볼 수 가 없기 때문에 그렇다면 제사유물 자체가 중간에서 한 것이 아니고 일본에 갔다가 일본에서 제사를 위한 공간을 별도로 마련한 것이 아닐까 하는 생각이 듭니다.

이러한 점을 살펴 볼 때, 오키노시마 제사 유적의 제사행위는 해양 안전을 위해서 라기보다는 다른 목적이 더 크지 않았을까? 라는 생각이 듭니다. 만약 이 제사행위를 호족세력이 주도 했다면 호족세력의 안정을 기원하는 부분이 더 컸을 것이라 생각됩니다.

야마다 히로유키 : 말씀하신 바와 같이 한국에서 일본으로 가는 가장 효율적인 경로는 쓰시마섬과 이키섬을 거쳐 오는 경로입니다. 답변을 드리기에 성급한 점이 조금 있으나, 하나의 가설로써 말씀 드리자면 오키노시마 섬을 통하는 경로가 항해 관련 위험이 제일 적을 수 있지 않았을까 합니다.

임학종 : 예. 좋습니다. 윤호필 선생님의 지적이 저희들이 생각해도 중요한 지적이라 생각 됩니다. 기착하지 않는 섬에 가서 제사를 지낸다는 것은 기타큐슈에 존재하는 집단의 기구가 아닐까 하는 가능성을 제시 해주셨습니다.

무나카타 신사에 대한 것 중 이영식 선생님께서 질문하셨던 것들을 권오영 선생님께서 일부 답변을 해주시겠다고 합니다.

권오영 : 아까 이영식 선생님께서 질문하신 내용 중에, 세계적으로 항해와 관련된 여신을 제사 지내는 유적이 있는가에 대한 내용이 있었습니다.

제가 알고 있는 것 중에선 중국의 마조신앙이 있습니다. 항해와 관련된 신인 마조를 모시는 사당이 20여 개 국가에 5천여 개가 존재하며 이 신앙을 따르는 사람들은 약 2억 명 정도라 합니다. 이러한 것이 허왕후 전승과 관련되어 참고가 되지 않을까 합니다.

임학종 : 좋은 답변 감사드립니다. 권오영 선생님의 발표와 관련해서 토론자 분들 질문 해주십시오.

차순철 : 권오영 선생님께서 남방유적과 관련해서 동남아시아 여러 유적들을 소개하고 계십니다. 여기에서 주목되는 것은 고대 인도인들의 진출과 그에 따른 무역항 또는 무역도시라고 보고 있습니다. 소개하고 계신 로마 금화의 출토 같은 경우에는 아마도 인도인들의 교섭과도 관계가 된다고 생각합니다.

이와 관련해서 『삼국사기』를 살펴보면 석탈해 설화가 있는데, 이 설화 속에서 석탈해는 자기 자신을 야장이라 소개하고 있습니다. 그렇다면 석탈해의 출신 부분을 이러한 동남아시아의 하나의 세력 또는 철을 제련하는 기술과 관련된 세력에 연관 지을 수 있는지 궁금합니다.

권오영 : 석탈해의 부분에 대해서는 생각을 해보겠습니다. 저는 이와 관련해서 생각을 못했었는데, 그럴 수 있겠다는 생각이 방금 들었습니다.

그 다음 말씀하신 것 중에 인도인들의 활동을 이야기 하셨습니다. 사실은 여기에 아라비아 상인들, 인도 상인들, 중국 상인들이 중간 중간에 계속

엮여있습니다.

처음부터 계속 갈 순 없고, 자기들이 아는 바다에 한계가 있기 때문에 다니면서 선원도 바꾸고 선장도 바꾸기 때문에 결과적으로 유럽과 아라비아, 인도와 중국 이 곳들의 중간에 엮이는 곳이 동남아시아와 한반도, 예를 들자면 김해 혹은 백제가 되지 않을까 생각됩니다.

임학종 : 석탈해에 관련된 부분은 사실은 차순철 선생님께서 보다 잘 알거라 생각합니다. 석탈해가 김해도 거쳐 갔다는 기록이 있기 때문에 이런 이야기가 나올 수 있지 않을까 생각됩니다. 혹시 다른 분들 중에 질문 하실 분 있으십니까?

송원영 : 물적 교류가 있었다는 것은 저도 충분히 동감합니다. 여기에 조금 보충을 하자면, 묘제 부분도 보완이 되었으면 하는 생각이 듭니다.

이에 대해서 권오영 선생님이 아니라 윤호필 선생님께 질문을 드리고 싶습니다. 윤호필 선생님은 인도의 지석묘에 대해서도 연구를 많이 하셨기 때문에 이에 대해 많은 자료를 가지고 있으시리라 생각되어 이에 대해 보충해서 들어보고 싶습니다.

임학종 : 윤호필 선생님, 간단히 부탁드립니다.

윤호필 : 지금 보시는 사진은 인도 고인돌의 기본적인 형태입니다. 한국의 탁자식지석묘와 유사한데, 차이점은 가운데에 구멍이 하나 있는 것입니다. 이 구멍을 혼구멍이라 이야기해서 귀신이 왔다 갔다 한다고 이야기를 하는데 이것이 인도 고인돌의 가장 큰 특징입니다. 이런 혼구멍이 있는 것이 러시아나 몇 군데에 확인이 됩니다. 하지만 한국에는 이러한 형태가 없습

니다. 형태는 유사한데 매장하는 장송의례가 다르다고 봐야 됩니다. 그러니까 무덤의 형태가 같다고 해서 인도와 한국을 연결시키기 보다는 당시에는 거석문화가 전 세계적으로 있기 때문에 형태는 유사하지만 장송의례가 다르면 민족도 다르고 생각도 다 다르다고 봐야 될 것 같습니다.

다음 사진은 무덤들이 모여 있는 형태입니다. 역시 형태는 탁자식지석묘와 똑같은 형태입니다. 이것이 구릉 전체에 수백 기가 밀집되어 있습니다. 그런데 차이점이 무엇이냐면, 한국은 지석묘가 독립적으로 되어 있는데, 인도는 이것들이 군집을 이루면서 가족묘라고 생각이 되고, 구릉 정상부에 수백 기 이상 입지를 하고 있습니다. 특징적인 것이 무엇이냐면, 여기 보이는 것들이 다 바위입니다. 바위산인데, 돌을 세워서 한다는 것이 특징이라할 수 있습니다. 홈을 내어서 판석을 쌓고 주변에 할석들이 많은데, 무너지기 쉽기 때문에 할석들을 묘역처럼 쌓아서 붕괴를 방지하기 위해서 묘역을 만든 형식 입니다.

다음 사진도 똑같은 형태인데, 탁자식지석묘가 있고 혼구멍이 있습니다. 그런데 여기서 재미있는 것은, 옆에 판석을 기대어 놓았습니다. 이것도 아마 저희들이 가서 조사 하면서 생각을 해 보았을 때, 적석을 하지 못하니까 판석을 기대어놔서 붕괴를 방지하기 위한 것이라 생각 됩니다. 고구려의 장군총이나 다른 것들을 보면 벽석을 기대어 놓은 그런 형태라 생각이 듭니다.

다음 사진은 아마 가장 발달된 형태의 탁자식 지석묘인 것 같습니다. 중간에 이렇게 무덤방을 만들고 주변에 연꽃처럼 묘역을 만들어서 이렇게 한것도 있고, 이것 말고 옆에 있는 탁자식 지석묘는 똑같은데, 형태가 판석을 卍자형으로 만든 것도 있습니다. 이런 것들을 연결시키려면 끝이 없겠지만, 역시 형태나 구조는 비슷하다 생각됩니다. 이렇게 만든 어떤 장송의례의 형식 자체는 다른 것으로 생각이 듭니다.

다음 사진은 탁자식 지석묘와 유사하게 생겼지만, 안에 주체부가 없습니다. 제단처럼, 한국에서는 이러한 제단 비슷한 것들이 확인이 되긴 하는데, 이런 형태들이 산꼭대기에 많이 있으며 종류도 다양하게 확인이 됩니다. 오히려 박장식 교수님께서 말씀하신 그 무덤에서 나온 것들은 이런 것들에서 나온 것은 아닙니다.

제가 인도에 가서 보았을 때, 형식이 두 가지가 있었습니다. 이렇게 탁자식 지석묘가 있고, 한국에서 말하는 묘역 지석묘라는 것이 있습니다. 그러니까 개석식 지석묘인데, 그것도 거석문화의 한 종류이긴 한데 이렇게 상석을 쌓아서 만든 것이 아니고 환상석렬이라고 해서 묘역 자체의 가장자리에 돌을 돌려서 만든 다음에 가운데에 무덤을 만들고, 그 무덤과 묘역 사이에 매장공간을 만들어서 거기에다가 철기나 여러 가지 농공구, 무기, 마구 등을 매납하는 형태가 되겠습니다. 매장 주체부는 가서 조사하였을 때, 목관묘나 목곽묘와 같은 나무로 만든 것을 사용하였던 것을 확인하였습니다.

형태는 한국의 것과 비슷할지는 모르나 다른 방식이고, 시기도 기원전 6세기나 8세기정도 되는 것들입니다. 제가 아까 보여드린 지석묘들은 시기가 많이 올라갑니다. 기원전 10세기나 그 이후 까지도 올라가는 걸로 생각이 됩니다.

그리고 이런 탁자식 지석묘에서는 도굴이 이루어 졌기 때문에 유물을 거의 확인할 수 없었습니다. 이들도 거석문화의 일종 이지만 묘제가 한국의 것과는 다른 것으로 이해를 하시면 될 것 같습니다. 이상입니다.

임학종 : 답변 감사합니다. 원래는 뒤에서 살펴보아야 할 내용이지만 송원영 선생님께서 질문을 하셔서 같이 살펴보았습니다. 권오영 선생님 발표 중에서 인도와 동남아시아와 관련되는 항시에 대해서 아주 중요한 말씀을 해주셨기 때문에 우리 김해의 불교뿐만 아니라 문화 자체에 대한 설명도

앞으로 베트남, 동남아시아 쪽과 관련되는, 요즘 중국 남쪽으로 학자들이 많이 조사를 하고 있습니다.

이와 관련되어 학자 분들이 유념해야할 부분이 아닌가 생각됩니다. 귀중한 발표 감사합니다.

이제 마지막 발표에 대한 토론으로 넘어가겠습니다. 박장식 선생님께서 발표해 주신 금속과학적 부분입니다. 차순철 선생님 질문해 주시겠습니까?

차순철 : 교수님께서 제철기술에 있어서 선철기술과 해면철 기술 두 가지로 구분을 하고 계십니다. 인도 쪽에서 발견되는 해면철 기술이 우리나라의 삼국시대 철기에 보인다는 것을 중점으로 하여 발표해 주셨습니다. 해면철 기술과 선철기술의 차이가 제가 인도 데칸대학에서 조사한 제철로 관련 자료를 본 기억으로는 제철로의 규모에서는 사실 큰 차이를 찾기 어렵다고 들었습니다.

그렇다면 결국 제철로를 운영하는데 있어 온도관리의 문제가 가장 크지 않았을까 생각됩니다. 온도관리 문제라면 결국 그 당시에 연료로 썼던 숯 또는 흑탄 등이 관련되어 있을 것 같은데, 이 인도지역에서 제철을 하는데 있어서 해면철 기술을 쓰는 원인이 연료적인 문제 때문에 된 것은 아닐까 생각이 되어 이에 대해 여쭤보고 싶습니다. 물론 저온으로 하기 때문에 효율성이 높고 다량 생산이 가능 하지만 이러한 철기에 대해서는 결국 대규모의 인원을 동원한 단야작업을 통하여 철기를 가공하는 부분이 있기 때문에 이러한 부분이 있는 것이 아닌지 여쭤보고 싶습니다.

두 번째는 최근에 한강유역에서 조사되고 있는 백제시대 주거지에서 나타나는 철기의 제작기술을 보면, 주조철부를 이용해서 이것을 단야작업을 통해 철판을 만들고, 이 철판을 재단을 통해 원하는 철기를 만드는, 어떻게 보면 상당히 많은 노동력이 투입되는 기술을 사용하고 있습니다. 이러한 것들의 원인도 결국 연료적인 부분을 따졌을 때, 가장 효율적인 방법을 선택한 것이 아닌가 생각됩니다.

왜냐하면 염사치 기사를 놓고 보더라도 남부지방에서 대규모 숯을 만드는 기록이 나오고 있는데, 이러한 숯을 만드는 것은 결국 제철과 관련된 것이고, 거기에 사용하는 숯을 우리는 일반적으로 백탄이라 생각하고 있습니다.

하지만 교수님의 발표를 본다면 이런 것은 백탄이 아니라 흑탄으로도 충분히 가능한 것인지, 그렇다면 이러한 해면철 기술과 선철기술의 구분점이나 차이점이 혹시 연료적인 부분이 아닌가에 대해 여쭤보고 싶습니다.

 **박장식** : 제가 대답하기 힘든 부분이 조금 있습니다. 선철기술과 주철기술, 해면철 기술 가운데 해면철 기술은 집 뒷마당에서도 할 수 있습니다. 한 두 사람이 있으면 소규모로 기술만 있으면 얼마든지 할 수가 있습니다.

그런데 주철 기술은 일반적으로 대량생산에 적합합니다. 주철제련에 철광석을 집어넣고 선철이 녹은 상태로 나오기 때문에 해면철일 때보다 온도가 보다 더 높아야 됩니다. 그래서 세계적으로 주철기술을 사용한 나라는 중국밖에 없다고 생각하시면 됩니다. 그 다음 한국과 일본, 몽골이 일부 사용하였습니다.

그런데 적어도 남한은 해면철 기술이 훨씬 크게 작용하였다고 보시면 되겠습니다. 기술적인 차이가 있는가에 대해서는 제가 볼 때는 규모의 문제라고 생각합니다. 해면철은 소규모로 할 수 있고, 주철은 적어도 커뮤니티라던지 국가기관이 개입해야 생산이 가능한 그런 상황이 됩니다.

그래서 중국의 염철론을 살펴보면, 철 생산을 국유화 하였고, 아무나 쓰지 못하였으며, 철을 전매할 수 있었던 것은 대규모기 때문에 개인이 할 수가 없었습니다. 이러한 규모의 차이라 생각 하시면 될 것 같습니다.

다음으로 백제권에서 선철을 두드려서 생산하였다 하는데, 일반적으로 선철은 두드릴 수가 없습니다. 깨지기 때문입니다.

하지만 선철을 두드릴 수 있는 경우가 있습니다. 온도를 높여 두드리면 깨지면서 강도가 단단해집니다. 이렇게 해서 강철을 만든 예가 중국에 많이 있습니다. 하지만 우리나라에 이러한 경우가 있었는지에 대해서는 잘 모르겠습니다.

만약, 말씀하신 백제 유적지에서 주철을 생산한 후에 두드려 완제품을 만들었다고 하는 것은 아마도 중국의 기록에 등장하는 선철을 이용한 제강 기술이 백제에서 시행이 되지 않았을까 라는 생각이 듭니다.

임학종 : 답변 감사드립니다. 그런데 아까 발표하시면서 언급하셨던 블루머리에 대해서 간단한 설명 부탁드립니다.

박장식 : 블루머리법은 철광석과 숯을 같이 집어넣습니다. 원래 철광석이 철과 산소가 붙어있는 것입니다. 그런데 상온 800도 이하에서는 철하고 산소가 더 잘 붙습니다. 그런데 800도 이상으로 온도가 오르게 되면 산소가 철보다는 카본하고 잘 붙습니다. 그리고 온도가 800도 이상 올라가면 숯에 있는 탄소가 철광석에 있는 산소와 붙습니다. 그러면 가스가 되어서 날아갑니다. 그 자리에 철만 남습니다. 고체 상태로 남습니다. 탄소가 거의 없습니다. 이것이 블루머리법입니다.

블루머리법에서 나오는 것은 순철입니다. 탄소가 거의 없습니다. 말랑말랑 합니다. 이것을 강철로 만들기 위해서는 나중에 탄소를 집어 넣어줘야 합니다. 이것을 침탄법이라 합니다. 그런데 주철은 반대입니다.

오늘날의 모든 기술은 주철을 근간으로 한다고 생각하시면 됩니다. 포항제철이나 광양제철에서 생산되는 것은 주철입니다. 이것을 가져가서 액체 상태에서 산소를 불어넣어 주면 주철에 있는 탄소를 태워서 나갑니다. 그럼 주철 내에 있는 탄소가 다 없어지고 연철이나 강철이 됩니다. 연철이 되었다 하면 다시 탄소를 집어넣어서 강하게 만들어야 합니다. 요즘에는 주철을 만든 후 옮겨가서 강철로 만드는 두 단계 작업을 하게 됩니다.

블루머리법은 아주 옛날 방식의 기술입니다. 그리고 생산량도 얼마 많지 않습니다. 이건 가내수공업으로 가능하다고 생각됩니다. 그런데 주철을 생산 하려면 상당한 규모의 시설이 필요합니다. 연료도 많이 들어갑니다. 그러니까 본격적으로 주철을 생산하기 시작한 것은 산업혁명 이후, 유럽에서 시작이 되었다고 보시면 됩니다.

임학종: 답변 감사합니다. 그리고 송원영 선생님 질문 해주시겠습니까?

송원영: 한 가지 궁금한 게 있습니다. 봉황동유적의 경우에는 굴껍질이 90%이상 되는 패총이 있습니다. 지금까지 패총은 대개 쓰레기장으로 생각해왔는데, 최근 옛날 제철기술을 재연하는 분들을 살펴보니 조개껍질을 연료로 사용하여 온도를 맞추는 기술이 있었다고 하시는데, 실제로 그런 것들을 활용해서 제철기술에 사용할 수 있는지에 대해 궁금합니다.

박장식: 조개껍질의 산화칼슘입니다. 원래 철광석은 철 산화물입니다. 철 산화물을 녹이려면 온도가 높아야 됩니다. 그런데 산화칼슘을 집어넣어 주면 이 온도를 높일 수 있습니다. 그렇기 때문에 충분히 제련 유적지에 조개껍질들이 있을 수가 있습니다. 충분히 가능성이 있습니다. 발굴하시는 분들과 저 같은 사람이 함께 같이 연구를 해서 실제로 나오는 성분 등을 비교

하여 산화칼슘 양이 다른 데에 비해서 많다는 결과가 나오면 이곳에 있는 조개껍질 들이 제련에 사용될 수 있을 것이라 추측 할 수 있습니다.

임학종 : 슬래그가 있으면 추후에 분석이 가능하다는 말씀이십니까?

박장식 : 제가 슬래그를 분석할 수 있는 능력이 많지 않지만, 적어도 다른 곳보다 산화칼슘 양이 많냐, 적냐 그런 이야기를 할 수는 있습니다.

임학종 : 질문도 아주 좋은 질문이었고, 고고학 하는 분들에게 많은 도움이 될 것 같습니다.

박장식 : 제가 한 가지 더 이야기 하자면, 중국의 기술이 주철을 중심으로 했다는 것은 고고학 하시는 분들에게 많은 도움이 될 것이라 생각합니다.
왜냐하면 주철기술이 나온다면 십중팔구 중국의 영향을 받았을 가능성이 큽니다. 대성동유적에서 많지는 않지만 주조철부가 발견되었습니다. 그런데 이 주조철부는 아마 제 생각에는 경주에서 수입 한 것 같습니다. 이 주조철부의 성분을 살펴보면 비소라는 것이 있습니다. 주조철부의 비소 함유량이 매우 높습니다. 비소 함유량이 높다는 이야기는 철광석에 원래 비소가 많이 들어가 있었다는 이야기입니다.
우리나라에서 비소가 많이 나오는 철광석을 생산하는 광산은 달천광산 밖에 없습니다. 그렇다면 대성동 유적에서 나온 주조철부는 경주에서 왔을 가능성이 굉장히 큽니다. 제가 이것을 분석하였고, 그 결과가 신경철 교수님이 예측하신 것과 딱 맞게 나왔습니다.
이런 것들을 볼 때, 중국 주변에 있는 국가들이 주철을 얼마나 사용하고, 해면철을 얼마나 사용하고 이런 것들은 당시 철기가 들어올 때 어느 루트를 통해서 들어왔느냐가 굉장히 중요합니다. 제가 답사를 다니며 연구를 한 결과 중국을 제외한 대부분의 국가의 철기기술 체계가 해면철 기술 체계입니다.

중국은 원래 인구가 많기 때문에 대량생산이 가능했습니다. 하지만 다른 국가들은 인구밀도도 낮기 때문에 이런 곳에서 대량생산이 가능한 주철 중심의 기술체계를 사용하기 힘들었을 것이라 생각됩니다. 그렇기 때문에 이런 것들이 주변 국가들이 중국에게 영향을 얼마나 받았냐가 굉장히 중요합니다.

임학종 : 예. 잘 알겠습니다. 더 많은 토론이 있을 수 있는데, 1차 토론은 여기서 마치도록 하겠습니다. 토론자와 발표자의 질문은 여기서 마치고 객석으로 마이크를 넘기겠습니다.

정영도 : 저는 경남 향토사 연구회의 회원으로 있는 정영도입니다. 오늘 토론을 들으면서 아주 아쉬운 부분이 있어서 말씀드립니다. 첫째는 주영민 선생님께서 호계사 관련해서 이야기 하시는데 있어서 송원영 선생님께서 조선시대 만들어진 것은 아닐 것이다 이런 취지로 말씀 하셨는데, 그렇지 않다, 조선시대에 호계사가 만들어 졌다고 답변 하셨습니다.

이 호계사 이야기, 파사석탑 이야기가 나오는 책이 『삼국유사』에만 있고 호계사 이야기는 『김해읍지』나 『신증동국여지승』, 『조선왕조실록』에 나오지 않습니다. 즉 조선시대 때에는 서지학 적으로 호계사가 안 나오고, 또 치사어기지置寺於其地 이런 이야기를 하는 것은 현재 이야기하고 있는 금관 호계사 석탑을 이야기 하는 것이기 때문에 왕후사를 짓기 전에 호계사를 짓고 그 다음에 왕후사를 지었다고 하는 것이 맞지 않나 생각이 됩니다. 말하자면 원문 해석에 착오가 있지 않나 생각이 듭니다.

그리고 이광수 선생님께서 말씀하신 것을 살펴보니 제가 보았을 때는 연구 논문이라 보기에는 다른, 칼럼 형식 정도의 장르이지 않을까 생각됩니다. 말하자면 이종기나 김병모 선생 같은 분들이 발표하거나 저술한 내용이 역사학자 입장에서 봐서 잘못되었으면 그것을 구체적으로 집어서 역사학자가 봤을 때 이렇다, 이렇다 하면 될 것 같은데, 사이비 역사학 이라고 하는 것은 어감이 아주 안 좋은 이미지가 있습니다. 제가 가야사 학술회의에 여러 번 참여 하면서 이런 정치적인 용어가 나오는 것은 처음 봅니다.

만약에 이러한 용어가 이러한 학술회의에 마음대로 쓰일 수 있다면, 아까 토론석에서 이야기가 나온 신경철 교수가 대성동 20호분이 가야 최초의 왕묘라는 발표한 것을 엉터리라 이야기 할 수 있습니다. 20호분이 가야 최초의 왕묘라고 할 것 같으면, 지금 현재 있는 수로왕릉이 진짜가 아니다 라는 논증을 해야 합니다.

이게 아니면 수로왕이 맞으면 수로왕은 가야 최초의 왕이 아니다 라는 논증이 되어야 합니다. 그런데 거두절미하고 20호분은 3세기 말경에 무덤인데 가야 최초의 왕무덤이다 이렇게 하고 있습니다. 저는 이것을 엉터리라 하지 않는 것은 수로왕릉에 대한 것은 언젠가는 연구를 해서 발표 하지 않을 까 싶어서 엉터리라 하지 않습니다. 그런데 사이비 역사학이라는 용어가 등장하니 용어가 과하지 않나 생각이 됩니다. 다음에는 언어가 순화되었으면 좋겠다는 생각이 듭니다.

주제 자체도 그렇습니다. 제23회 가야사 국제학술회의라 하는데 23회 가야사학술회의라 하면 맞을 거라 생각합니다. 국제학술회의라 하면 안 맞다 생각 됩니다. 일일이 이런 식 으로 비판하고 따지면 끝이 없는데 적어도 이종기라 하는 분이 70년대에 인도를 다녀올 때, 어려운 시기에 다녀와서 자신의 책에 자기는 역사학자가 아니며 역사학의 울타리에도 들어갈 수 없는 글이라 하면서 나름대로의 답사 내지의 탐사기를 썼습니다. 그런데 이것이 사이비 역사학으로 분류되고, 치부되는 것은 이미 고인이 된 사람에게 가혹하지 않나 생각됩니다.

임학종 : 선생님, 질문을 좀 간단하게 해주시겠습니까?

정영도 : 예 알겠습니다. 간단하게 하겠습니다. 앞으로는 이 용어가 계속 유지될 소지가 있는지, 아니면 다음에 순화를 할 의사가 있는지 이것만 묻고 넘어가겠습니다.

임학종 : 자 먼저 호계사 문제에 대해서는 주영민 선생님 간단하게 답변 해주시겠습니까?

주영민 : 그 지적하신 부분은 맞습니다. 제가 발표를 하면서 조금 착오가 있었습니다. 그 호계사가 있었던 것은 분명하고, 현재 추정하고 있는 위치 있지 않습니까. 그것이 조금 맞지 않는다는 이야기를 하려다가 말이 엇나간 것 같습니다.

임학종 : 예, 이광수 선생님 제가 질문 요약을 좀 해드리겠습니다. 언어 순화를 좀 해주셨으면 좋겠다는 말씀하고, 혹시 아마 이종기 선생님 건에 대해서는 질문자 분의 오해가 있는 것 같습니다.
이광수 선생님 발표 하실 때도 그분에 대한 사이비 이야기는 하지 않으셨습니다. 그것은 후에 가야사를 쓰시는 분이 잘못 이용한 것 아닌가 이렇게 말씀 하셨으니까 이것에 대해서 간단하게 말씀 해주시겠습니까?

이광수 : 지적 감사합니다. 그런데 사이비 역사학이라는 것은 역사학계에

서 용어로 사용 합니다. 저도 이 용어를 사용해서 논문을 한국고대사연구에 냈습니다. 이번에 책으로 낸 것은 푸른역사에서 책으로 나온 것입니다. 사이비니까 사이비라고 하는 것입니다. 사이비 역사, 사이비 과학 전부 학문적 용어로 사용하는 것입니다.

선생님이 지금 모르시는 겁니다. 고인에 대한 모독 아닙니다. 학자가 비판을, 틀렸다면 틀렸다고 하고 방법론이 잘못되었다고 하면 잘못되었다고 하는 것이고, 역사학이 아니기 때문에, 영어로 말씀드리면 shadow입니다. 유사역사학이라 하기도 하고 사이비 역사학이라고도 합니다. 최근에 나온 역사비평 시리즈 좀 읽어보세요. 공부를 안 하셔서 그렇습니다. 그 다음, 사회자 선생님께서 말씀하셨다시피 저는 이종기 선생님을 직접 만나 뵙고 어제 발표 때도 말씀드렸지만 그분은 아동문학가라 하셨습니다. 저는 그분에 대해서 고인에 대한 모독을 할 생각도 없고, 그분에 대해서는 아동문학가가 탐사의 형식을 빌려서 책을 쓴 것이 무슨 죄입니까, 죄가 아닙니다. 역사학이 아니라 문학적 작품이기 때문에 그 뒤로 역사학적 방법을 사용하지 않고, 더군다나 예를 들어, 언론 사이비 역사학 아닙니다.

신문 방송 다 마찬가지입니다. 역사학을 유사하게 비슷하게 사용을 하면서 논문의 형식을 갖추지도 않고 비슷하게 소설도 아니고 논문도 아니고 쓰는 많은 사람들보고 사이비 역사학이라 하는 것입니다. 이에 대한 정식 용어도 있습니다.

그 다음, 저는 「허왕후 신화 만들기 - 민족, 콤플렉스, 힌두민족주의」에 대해서 글을 쓴 것입니다. 논문발표 한 것이 아닙니다. 이미 논문이 발표되었습니다. 근데 여기서 제가 논문발표를 왜 합니까.

선생님께서 말씀하신대로 제 책 내용의 일부입니다. 여기서 허왕후가 이러니 저러니 하고 싶지 않았고, 이미 관련된 것은 논문에서 나왔기 때문에 그 다음에 논문에서 나온 것을 일일이 고증하면서 하기에는 분량이 작고,

그래서 고증을 싣지 않았습니다. 이 발표는 아이디어를 내는 겁니다. 그래서 서로 토론을 해 논문으로 발전을 시키든지, 책으로 발전시키든지 하는 겁니다. 여기서 논문이니 아니니 말씀을 하시면 안 됩니다. 이상입니다.

임학종 : 예. 다른 질문하실 분이 계십니까. 다들 긴장하고 계신 것 같은데 그럴 필요 없습니다. 저는 이번 토론의 좌장을 맡으면서 생각을 했습니다만, 불교와 사상이라는 것이 의례라는 것이 어렵고 형이상학적인 것이기 때문에 생각에 따라서 서로 다른 점을 발견할 수 있습니다. 틀린 것이 아닙니다.

그래서 우리 김해가 가야에 대해서, 허왕후에 대해서 여러 문화행사를 하고 문화자산으로 활용하는 것은 얼마든지 좋습니다. 그렇지만 언젠가는 이 주제를 한번쯤 검토를 하고 걸러진 다음에 오늘 발표내용이 논문집으로 나옵니다. 이러한 과정을 거쳤으면 하는 마음입니다. 여기서 공식적인 토론회는 종료하도록 하겠습니다. 이영식 선생님, 혹시 따로 마무리멘트 한번 해주시면 감사하겠습니다.

이영식 : 아마 가야사국제학술회의가 왜 국제가 아닌지는 잘 모르겠습니다. 2개국 이상 참여하면 국제학술회의가 됩니다. 아무튼 국제학술회의 역사상 가장 글로벌하고 범위가 넓은 무대를 누비지 않았나 생각이 되어 감개무량 합니다.

지금 잠깐 이야기가 오간 것은 사실 인도 공주에 관련된 이야기가 거의 카더라 통신으로 지금까지 재생산을 거듭하여 왔기 때문에 재생산 과정을 짚어봐야 된다는 것이 발표 내용 중에 일부가 있었습니다. 예를 들어 인도 공주 이야기를 가장 적극적으로 하셨던 분도 고고학자임에 불구하고 가장 위의 원로이신데도 논저의 형식으로 발표한 것이 아닙니다.

김해김씨와 김해허씨가 결혼할 수 없다, 이유가 무엇인가를 찾아 떠나는 수필 형식입니다. 하지만 그것을 역사로 잘못 인식하는 부분이 있기 때문에 오늘 학술회의 성격의 1/3정도 할애를 했던 것입니다.

그 다음에 마지막에 권오영 선생님하고 박장식 교수님하고 구체적인 물건을 가지고 등장하시니 인도에서 왔나 하는 생각이 조금 듭니다.

오늘 굉장히 글로벌하고, 새로운 가능성을 연 것은 중요한 의미가 있다고 생각됩니다. 하지만 여러 확인해야 할 요소 중에 하나를 확인 했을 뿐입니다. 박장식 교수님도 몽골에 가서 확인하신 것도 잠깐 소개해 주셨고, 또 기법이 인도, 유럽 쪽이라 하면 과연 유럽 쪽의 기술들을 전부 검토를 하면, 유리도 그렇습니다. 덴마크에서 비엔나까지 쭉 가보면 아까 동남아시아에서 보여준 유리들을 똑같이 볼 수 있습니다.

그래서 이런 것들을 어떻게 점검을 해야 할 것이냐, 이제 오히려 가야사가 글로벌하게 시작 된 것 아닌가에 의미를 두는 것이 좋다 생각됩니다. 아까 말씀 드렸지만 경주에서 나온 상감구슬에 떠있는 여섯 마리의 거위, 그 부리의 발이 노란색인 것은 동남아시아에선 있을 수 없습니다.

근데 우리는 제임스 랭턴이라는 사람이 해서 KBS에서 역사스페셜과 같은 형식을 빌려 하다 보니 인도네시아에서 왔다고 되는 겁니다. 지금도 금방 후다닥 하면 색깔 유리봉을 해가지고 불로 이용해서 금방 상감구슬을 만들더라 하는데 지금 상감구슬의 거위라는 것은 흑해연안이나 가야 볼 수 있는 것들이니 로만 글라스 쪽 계통이 실크로드를 통해 들어와야 가능하다는 반대증언도 있습니다.

우리는 지금 수많은 점검해야할 요소 중 하나가 나왔다고 해서 그럼 인도에서 왔나 라고 직결해서 생각할 수 는 없다고 생각합니다.

임학종 : 예. 말씀 감사합니다. 질의 토론을 마치도록 하겠습니다.